일본 주식시장의 승부사들

나는 이 회사 주식으로 부자가 됐다!

II

일본 주식시장의 승부사들

나는 이 회사 주식으로 부자가 됐다!

II

이레미디어 日經マネー

《일본 주식시장의 승부사들 Ⅱ》는 우리보다 먼저 저성장 시대를 살아왔던 일본 투자자들의 고민과 대응을 담고 있다. 일본 투자자들이 1980년대 버블과 붕괴, 그리고 잃어버린 20년 동안 어떻게 대응하고 성공했는지를 실감 나게 보여주는 한편, 서구 투자자들의 가르침을 어떻게 성장주·가치주 투자에 적용했는지도 상세히 알려준다. 일본 주식에 관심이 있는 분뿐만 아니라 저성장 시대를 맞은 한국에서의 주식투자를 고민하는 분들에게 많은 인사이트를 줄 것이다. 또한 우리보다 먼저 해외에 눈을 돌려 큰 성공을 거둔 생생한 사례들을 통해 미국, 일본 같은 선진국은 물론 중국, 아시아 투자를 모색하는 투자자에게도 중요한 시사점을 던지고 있다.

— 신환종, NH투자증권 FICC리서치센터장

일반 투자자가 주식 고수들을 실제로 만나고 생생한 경험담을 들을 기회는 거의 없을 것이다. 그렇다면 주식투자로 돈을 번 고수들의 노하우를 지면으로 엿보는 것은 어떨까? 노하우의 일부분만이라도 내 것으로 만들 수 있다면, 그 책은 충분히 읽을 가치가 있다고 생각한다. 우리나라와 일본은 정치적 · 경제적으로 많은 상관관계가 있다. 일본 주식 고수들이 담담하게 풀어놓은 노하우 가운데 그들의 투자방법을 조금이라도 배운다면 기관과 외국인에게 늘 밀리는 개인 투자자들에게 많은 도움이 되고, 성공의 시작점이 될 것이다.

— 김형준, 《실전투자의 비밀》 저자, 실전투자대회 12회 수상자

　퇴직한 펀드매니저가 수조 원의 연기금을 운영하는 방식을 회고한 책은 흥미롭긴 하지만, 수천만 원에서 수억 원 정도를 운용하는 개인 투자자들에게 실질적인 도움이 되지 않는 경우가 많다. 그러나 이 책은, 일본에서도 슈퍼 개미가 아닌 그저 개미 투자자들의 진솔한 이야기들을 담고 있다. 그들도 몇십에서 몇백만 원으로 시작해 억대 자산을 일궜다. 그래서 더욱 신뢰가 가고, 참고할 만한 내용이 많다. 초보자들이 바로 실전에 적용할 수 있는 다양한 기법들이 가득 차 있다.

　위편삼절韋編三絕이라는 말이 있다. 공자가 책을 하도 많이 읽어서 그것을 엮어 놓은 끈이 세 번이나 끊어졌다는 데서 비롯된 말이다. 이 책은 위편삼절해야 할 투자자들의 필독서로 보인다. 다른 책을 읽을 것 없다. 이 책만 위편삼절할 정도로 읽고 실천해나간다면, 바로 초급자는 중급자로, 중급자는 좀 더 깊이 있고 성찰하는 투자자로 거듭날 것으로 확신한다. 더 이상의 주식투자 책은 필요 없다!

－ 김철광, 네이버 카페 〈보수적인 투자자는 마음이 편하다〉 운영자

《일본 주식시장의 승부사들 Ⅰ》은 6개 분야의 투자자 30명을 다뤄 일본의 성공한 개인 투자자들의 다양한 투자 기법을 배울 수 있었다. 다만 풍부한 내용에 비해 깊이에서 다소 아쉬움이 있었는데, 이번 책《일본 주식시장의 승부사들 Ⅱ》에서 전작의 아쉬움이 완전히 해결되었다. 구체적인 사례를 들어 성장주와 가치주 투자법에 대해 집중 설명했고, 매매와 종목 발굴에 유용한 기법을 상세히 정리했다. 특히 직장인 투자자들은 회사에 다녀 시간이 부족하다는 단점은 있지만 고정 수입(급여)이 있고, 직장이나 사회 흐름을 빨리 캐치하는 등 장점이 더 많아 투자에 훨씬 유리하다는 주장이 명쾌했다. 이것은 평소 내 생각과도 일치한다.

성공한 개인 투자자들이 멘토로 삼은 워런 버핏, 피터 린치, 벤저민 그레이엄 같은 대가들을 통해 자신만의 투자 철학을 만들고 실행하는 과정을 솔직하게 밝혀, 평범한 투자자들이 투자할 때 갖게 되는 다양한 의문에 답을 얻을 수 있다. 주식투자로 경제적인 자유를 추구하는 개인 투자자들에게 적극 권하는 멋진 책이다.

— 숙향, 《이웃집 워런 버핏, 숙향의 투자 일기》 저자

*일러두기

이 책에 수록된 내용은 〈닛케이 머니〉 2016년 11월호부터 2017년 11월호에 실린 기사를 재편집한 것입니다. 이 책은 투자에 참고될 정보를 제공할 뿐이며 투자를 할 때는 자신의 책임 아래 신중한 판단을 부탁드립니다.

주식투자로 억대 자산을 쌓은 개인 투자자들을 취재하다 보면 스스로 노력해서 만들어낸 그들의 독자적인 투자 스타일에 감탄하게 된다. 일본의 개인 투자자 중에 그런 수준 높은 사람이 많다는 사실을 알리기 위해 《일본 주식시장의 승부사들 I》이라는 책을 출간했다. 이번 책은 그 후속편이다. 억대의 자산을 운용하는 투자자들이 자신의 힘과 기술을 총동원해 주식투자라는 전쟁에 임한 실전 보고서를 모은 것이 이 책이다. 그들이 주가와 격투를 벌이면서 터득한 살아 있는 지혜는 많은 개인 투자자에게 큰 도움이 될 것이다.

– 닛케이 머니 편집부

차례

Part3 승리의 기본 패턴을 배운다

Part4 이익실현과 손절매 기법

Part5 투자에 들어가는 시간을 줄인다

Part6 급락장에 대비한다

Part7 뼈아픈 실패에서 배운다

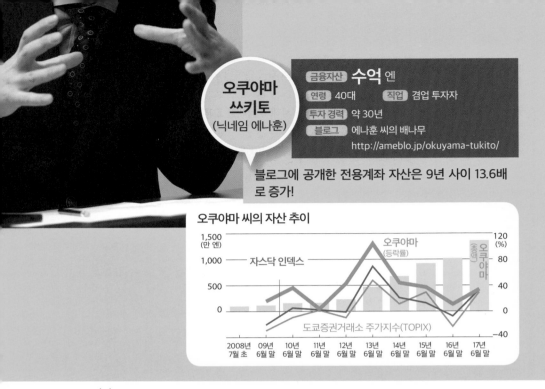

오쿠야마
쓰키토
(닉네임 에나훈)

금융자산	**수억** 엔		
연령	40대	직업	겸업 투자자
투자 경력	약 30년		
블로그	에나훈 씨의 배나무		
	http://ameblo.jp/okuyama-tukito/		

블로그에 공개한 전용계좌 자산은 9년 사이 13.6배
로 증가!

오쿠야마 씨의 자산 추이

인기
블로거
특별 대담 1

실력파 겸업 투자자가 말하는
대박 주식 공략법

회사원으로 일하면서 성장주에 투자해 자산을 10배 이상 불린 오쿠야마 쓰키토와 스
포. 두 명의 인기 블로거가 대박 주식의 위력과 주식투자의 매력에 관해 열정적으로
대담을 나눴다.

두 분 모두 성장주 투자로 자산을 10배 이상 불리셨는데요. 자산을 불리는 데 크게 기여
한 종목을 소개해주시겠습니까?

오쿠야마 다섯 종목 정도에 집중투자 하는 전략을 계속 사용해왔기 때문에 종목의
수는 그리 많지 않습니다. 가장 기여도가 큰 종목은 저가 돈카츠 전문점

금융자산 **수천만** 엔

연령 40대 **직업** 겸업 투자자

투자 경력 약 10년

블로그 스포 씨의 투자 블로그
http://www.spotoushi.net/

스포
(닉네임)

약 5년 만에 자산을 10배로 불리는 데 성공!

스포 씨의 운용 성적 추이

10.23배

13 (배)	
10	
7	
4	
1	

2012　13　14　15　16　17(년)

오쿠야마 쓰키토×스포

'가츠야'를 운영하는 아크랜드 서비스 홀딩스와 DVX입니다. 둘 다 '10배 상승주10bagger'가 되었지요. 그리고 재활용품점인 트레저 팩토리와 시간 제 대여 주차장을 운영하는 파라카는 매수가의 5배가 되었습니다. 이 네 종목 덕분에 운용자산이 10배로 불어났다고 할 수 있죠.

스포　가장 크게 기여한 종목은 인포마트입니다. 상품의 수주·발주와 전표 처리 등을 디지털화하는 서비스를 제공하는 회사인데, 마지막 보유분을 판 시점에 매수가의 14배가 되어 있었어요. 다음으로 크게 기여한 종목은 M&A(기업의 인수합병) 중개회사인 일본 M&A센터입니다. 이 종목의 경우 매수가의 5배 가까이 올랐을 때 매도했습니다.

반면에 오쿠야마 씨도 경험해보셨겠지만 매도 후에 10배 상승주가 되어서 땅을 친 종목도 있습니다. 의료・개호 업계에 인재를 소개하는 회사인 SMS와 화장품 정보 사이트를 운영하는 아이스타일입니다.

처음부터 '10배 상승주'를 노리지 않았다

투자한 종목 수가 많지는 않더라도 10배 상승주 같은 대박 주식이 나오면 역시 운용자산이 크게 불어나는군요.

오쿠야마 저는 블로그에 공개하기 위한 용도의 전용계좌를 갖고 있는데, 100만 엔으로 시작해서 6년 차에 670만 엔으로 불어났습니다. 그런데 운용 수익 570만 엔 중에 400만 엔이 아크랜드 서비스 홀딩스와 DVX, 트레저 팩토리의 평가 수익이었어요. 즉 운용 수익의 70%를 대박 주식으로 벌어들인 거죠.

스포 제 경우 그 정도까지는 아니고, 대박을 친 두 종목 덕분에 자산이 3~4배 정도 늘어났습니다.

아크랜드가 운영하는 돈카츠 전문점 '가츠야'의 외관과 내부 모습

그런 위력을 지닌 대박 주를 발굴하기 위해서는 특별한 비결이 있을 것 같은데요.

자신만의 비결을 말씀해주시겠습니까?

스포   제 경우, 처음부터 10배 상승주를 노리고 투자하지는 않았습니다. '5년 후에 2배'를 목표로 했지요. 이것이 실현되면 안타를 친 겁니다. 안타를 노리고 5년 안에 주가가 2배로 상승할 것 같은 종목을 보유하면 종합적으로 봤을 때 돈을 잃지는 않을 것이라고 생각했습니다.

　　　그러니까 기본적으로는 5년 안에 주가가 2배가 될 것이라는 예상이 가능할 만큼 실적이 성장하고 있는 기업의 주식을 보유합니다. 그러면 그중에서 PER(주가수익비율, 주식가격을 주당순이익으로 나눈 값)이 상승하거나 어떤 이유로 수익이 증가해서 EPS(주당순이익, 당기순이익을 주식 수로 나눈 값)가 늘어나 결과적으로 5배나 10배 상승하는 종목이 나오지요. 야구에 비유하면 메이저리그의 이치로 선수처럼 기본적으로 안타를 노리는데, 그러다 보면 이따금 홈런도 나오게 되는 것이죠.

오쿠야마   저는 시장에서 전혀 관심을 못 받고 있지만 '이건 크게 오를 것 같은데'라는 생각이 드는 종목을 다른 사람들이 눈치 채기 전에 사들일 때 가장 큰 즐거움을 느낍니다. 그리고 나중에 시장이 그 종목을 제대로 평가하기 시작하면 "거 봐, 내 눈이 정확했다니까"라고 우쭐대지요. 주식시장이 폭락해서 모두가 비관에 사로잡혀 있을 때 '이건 오르지 않을까?' 싶은 종목을 발견하면 의욕이 솟아납니다.

　　　회사원으로 일하면서 재산을 크게 불리고 싶다면 대박 주식 한 종목을 찾아내는 것이 매우 효과적이라고 생각합니다. 다만 스포 씨와 마찬가지로 저도 처음부터 10배 상승할 주식을 노리고 투자하지는 않습니다. 이건 '10배 상승주가 될지도 모른다'고 생각할 때는 있습니다만….

스포   저도 그런 생각이 들 때는 있습니다.

오쿠야마   기본적으로는 3년에서 5년 사이에 2~3배 정도 오르는 것을 목표로 삼고 투자하는데, 그러다 보면 힘이 붙어서 5배나 10배 상승하는 주식이 나오기도 합니다.

스포   저도 그렇습니다.

자신의 성장도 실감할 수 있다

어떨 때 주식투자의 재미를 느끼십니까?

오쿠야마 주식투자는 마작 게임과 비슷합니다. 운과 실력의 조화가 재미있지요. 실력만으로 이길 수 있는 장기와 달리 주식투자는 운이 내 편이 되어줘야 합니다. 실력 있는 기업의 주식을 매수해도 운이 없으면 손실을 볼 때가 있어요. '이번에는 운이 좋아서 수익을 낼 수 있었네'와 '이건 실력으로 얻은 거야'가 공존한다는 점이 재미있습니다.

스포의 10배 상승주

PER과 EPS가 모두 3배가 되어 주가가 10배 상승 돌파

인포마트

— 13주 이동평균선 — 26주 이동평균선

주봉

주가 (엔)

600

400

2014년 6월 27일 매도

약 14배

2011년 5월 매수

거래량 (만 주)

200

2011/1   13/1   15/1   17/1

오쿠야마 쓰키토의 10배 상승주

고수익 점포를 전국으로 확대해 20배 주가 되다

아크랜드 서비스 홀딩스

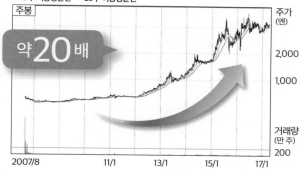

이익 4배 증가와 적정가 반영으로 10배 상승주가 되다

DVX

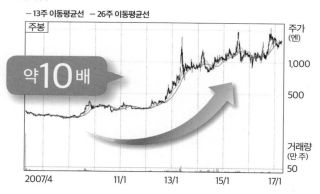

스포   저는 비즈니스 모델을 분석하는 것이 가장 재미있습니다. 이과 출신이지만 취직한 뒤로 경영학에 관한 책도 많이 읽으면서 비즈니스 모델을 분석하기 위한 이론과 프레임워크를 공부했어요. '왜 이 회사는 이익을 내고 있는가?'를 분석해서 계속 이익을 낼 가능성이 있는 회사를 이른 단계에

찾아내는 것이 가장 큰 즐거움입니다.

또 오쿠야마 씨께서 말씀하신 게임적인 요소도 염두에 두고 수익을 내기 위해서는 어떻게 해야 할지 연구하면서 저 자신이 성장하고 있음을 실감하는 점도 재미있습니다.

그리고 주식투자를 통해 기업의 활동이나 경제의 움직임을 이해하고 '세상은 어떻게 돌아가고 있는가?'를 깨닫게 되는 점도 주식투자의 묘미가 아닐까 싶습니다.

일상 속에서 투자 대상을 물색한다

두 분 모두 성장주에 투자하고 계신데, 성장주란 무엇이라고 생각하십니까?

오쿠야마 미국의 펀드매니저 프레더릭 코브릭은 자신의 저서 《빅 머니The Big Money》에서 '재현 가능한 승리 패턴을 가진 회사'라고 지적했습니다. 또 피터 린치(34쪽 참조)는 "이미 이익을 내고 있으며, 그 아이디어로 사업 확대가 가능함을 알고 있는 작은 회사를 찾아라"고 말했지요. 즉 단발성이 아니라 재현 가능성이 있어야 한다는 조건입니다. 점포든 무엇이든 성공한 비즈니스 모델이 하나 있고, 그것을 확대해나가는….

스포 그러니까 복제해나가는 느낌이군요.

오쿠야마 맞습니다. 복제품이 퍼져나가는 것이지요. 애플의 스마트폰 '아이폰'을 예로 들면, 새 모델이 나올 때마다 수요가 생겨납니다. 이것도 재현 가능성이라고 할 수 있어요. 똑같은 제품이나 서비스를 조금만 바꿔서 내놓으면 또 이익을 내고, 이것을 기술적인 한계라든가 지리적 한계에 부딪힐 때까지 확대합니다. 저는 이런 회사의 주식이 성장주라고 생각합니다.

스포 저는 니즈needs가 열쇠라고 생각합니다. 어떤 비즈니스든 고객이 사라지면 성장은 멈추게 되니까요. 비즈니스의 라이프 사이클을 보면 처음에 도입기가 있고 성장기, 성숙기, 쇠퇴기의 단계로 넘어갑니다. 이 사이클에서 성장기에 들어서기 전의 회사가 아니면 주가가 5배나 10배로 상승하는 경우는 거의 없습니다.

미국의 아마존닷컴처럼 거대해진 뒤에도 계속 성장하는 기업도 있으므로 회사 규모를 판단의 기준으로 삼는 것이 항상 적절하다고는 볼 수 없어요. 하지만 성장기에 들어선 기업을 찾아보면 이제 막 니즈를 발견해서 아직 시장을 키우지 못한 작은 기업들이 많습니다. 그래서 결과적으로 그런 기업을 발굴하는 데 주력하면서 '이 비즈니스의 니즈는 어디까지 확대될 것인가?', '고객은 어느 정도까지 늘어날 것인가?'라는 시각으로 성장을 지켜봅니다.

"항상 눈에 들어오는 모든 것을 '투자 대상이 될 수 있지 않을까' 의식하면서 바라봅니다." - 스포

그런 성장 종목을 발굴하기 위한 포인트를 말씀해주세요.

오쿠야마　먼저 《회사사계보会社四季報》❶나 신문, 잡지 등을 읽고 어떤 회사가 있는지 광범위하게 물색합니다. 그러다 보면 '이 회사는 이런 것을 시작했구나'라는 것을 발견할 때가 있어요.

또한 일상의 업무나 생활 속에서도 발견할 때가 있습니다. 요즘 편의점에 가보면 패키지로 포장되어 있는 반찬들을 볼 수 있는데, 어디서 만들고

---

❶ 동양경제신보사가 발행하는 투자자를 위한 기업 정보지. 1년에 네 차례 발행하며, 일본의 모든 상장기업에 대한 소개와 사업 실적 등의 데이터가 실려 있다.

있는지 찾아보니 겐코마요네즈라는 회사더군요. 이런 형태로 관심이 생긴 회사를 조사할 때가 많습니다. 하지만 스크리닝(조건 검색)은 거의 하지 않습니다.

스포   저는 《회사사계보》를 전혀 읽지 않습니다. 하지만 평소에 거리를 걸으면서 흥미로운 비즈니스나 회사를 발견하면 '이 비즈니스는 어떤 구조일까? 이 회사는 무슨 일을 하고 있을까?'에 대해 생각합니다. 기사나 뉴스를 보면서도 '이 회사는 이렇게 해서 이익을 내고 있겠구나'라고 추측해봅니다. 이렇게 항상 눈에 들어오는 모든 것을 '투자 대상이 될 수 있지 않을까'라고 의식하면서 바라봅니다.

일반적으로 주식투자라고 하면 뭔가 특별하고 재능이 있어야 할 것 같은데, 이에 대해 어떻게 생각하십니까?

오쿠야마   투자 대상이 될 것 같은 종목을 발견할 때까지는 특별한 행동이라고 할 만한 것이 없습니다. 편의점에 부식 상품이 늘어난 것 같은 변화는 누구나 눈치 챌 수 있어요. 다만 그다음에 비즈니스 모델이나 경쟁 관계를 분석해서 앞으로도 계속 성장할 수 있을지 판단하거나, 주가가 저평가 상태인지 고평가 상태인지 판단하는 것에는 전문적인 지식이 필요합니다. 때문에 이런 분석은 조금 특별하다고 생각하기는 합니다.

스포   저는 '성장', '비즈니스 모델', '저평가'라는 세 축만 있으면 기업의 대략적인 분석이 가능하다고 생각합니다. 실제로 이 세 가지 이외에는 보지 않습니다.
주식투자의 기법이 워낙 다양하다 보니 어렵게 보일 뿐입니다. 제가 실천하고 있는 투자 자체는 어렵지 않습니다. 블로그나 트위터에서도 제 블로그의 글을 읽고 '어떻게 투자해야 할지 감을 잡았습니다'라는 반응을 많이 볼 수 있어요.

오쿠야마 조금 특별하다고 말하기는 했지만, 그렇게 복잡하지는 않아요.

스포   맞아요. 사실은 조금도 어렵지 않습니다.

오쿠야마 간단하지만, 모두가 알고 있는 게 아닌 것뿐이죠.

스포   머리가 좋아야만 할 수 있는 것도 아니에요.

오쿠야마 초등학교에서 배우는 덧셈, 뺄셈, 곱셈, 나눗셈만 할 줄 알면 돼요(웃음).

자신의 머리로 생각하는 사람이 성장한다

하지만 현실은 아마도 손실을 보는 사람이 더 많을 겁니다. 무엇이 승패의 명암을 가르는 것일까요?

오쿠야마 지금까지 한 이야기의 연장선상이지만, 특별한 사람만이 주식으로 돈을 벌 수 있다는 선입견을 떨쳐내고 주식투자는 어렵지 않다고 인식해야 합니다. 그리고 하나하나에 흥미를 갖고 몰두합니다. 여기에서 차이가 생기게 됩니다. 또한 주가의 오르내림에 휘둘리는 사람은 투자에 성공할 수 없습니다. 그런 사람들은 주가가 조금만 하락해도 '망했구나'라며 절망하고, 조금만 올라도 좋아서 어쩔 줄 몰라 하지요. 하지만 이런 태도는 바꾸려고 노력하면 극복할 수 있습니다.

스포   그런 측면에서 가장 중요한 것은 정보를 무작정 받아들이지 않는 자세라고 생각합니다. 주식을 사고 나서 불안한 마음에 이것저것 찾아보다가 주식투자를 많이 한 것 같은 사람의 글, 예를 들어 제 블로그의 글을 읽은 후 그것이 진리라고 받아들이며 안심해버리는 사람은 절대 성장하지 못합니다. 저는 자신 있게 '이거다'라고 생각한 내용이 아니면 블로그에 글을 올리지 않습니다. 그 정도로 주식에 관해 깊게 생각하고 머릿속에서 곱씹은 뒤, 확신이 서면서 눈앞의 주가에 동요하지 않는 담력이 생겼습니다. 성장주 투자를 예로 들면, 아무리 주가가 하락해도 실적이 오르면 언젠가 회복될 것이라고 생각할 수 있게 되었습니다.

2배가 될 때도 있지만 반 토막이 날 때도 있는 것이 주식입니다. 그렇기 때문에 '나는 이렇다'라는 확고한 생각을 바탕으로 자신 있게 투자해야 합니다. 그렇지 않으면 오르고 내리는 주가를 보면서 '팔아야 할 때인가?', '사야 할 때인가?'라는 판단을 내리지 못하게 됩니다. 명암이 갈리는 것은 이 부분이 아닐까요?

오쿠야마 그 말씀에는 저도 동의합니다.

모든 종목에서 수익을 낸다

두 분은 소수의 종목에 집중투자 한다는 측면에서도 공통점이 있는데요. 그 밖에도 투자할 때 유의하는 점이 있을까요?

스포 　재기가 불가능할 정도의 손실은 보지 않는 것입니다. 최악의 경우라도 운용자산이 반 토막이 나는 수준에서 막으려고 합니다. 그래서 PER이 비정상적으로 높은 주식은 사지 않습니다. 비즈니스 모델이 약하고 주가가 경기景氣에 좌우되는, 일명 경기순환주도 거의 사지 않습니다. 또한 신용거래는 절대 하지 않습니다. 이것은 철칙입니다.

그리고 앞에서 '5년 안에 2배'를 지향한다고 말씀드렸는데, 여기에 '2배가 되면 그 종목의 절반은 판다'라는 규칙도 있습니다. 주가가 1.5배 정도까지 오르면 '과연 더 오를까?'라는 불안감과 매도해서 이익을 확보하고 싶은 충동에 사로잡히는데, 이것을 억누르기 위한 규칙입니다. 2배가 되었을 때 절반을 팔면 본전을 회수한 셈이 되므로, 그 뒤로는 훨씬 편한 마음으로 기업의 성장을 지켜볼 수 있게 됩니다.

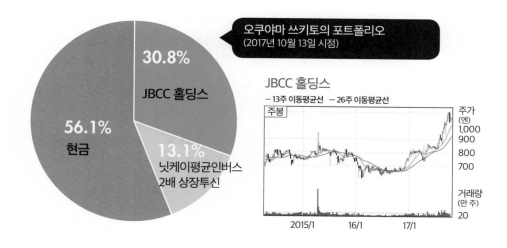

오쿠야마 쓰키토의 포트폴리오
(2017년 10월 13일 시점)

30.8%
JBCC 홀딩스

56.1%
현금

13.1%
닛케이평균인버스
2배 상장투신

JBCC 홀딩스
− 13주 이동평균선 − 26주 이동평균선

주봉

주가
(엔)
1,000
900
800
700

거래량
(만 주)
20

2015/1   16/1   17/1

종목명	주가	PER(예상)	PBR(실적)	예상 배당수익률	시가총액
JBCC 홀딩스	1,056엔	14.1배	1.27배	2.65%	186억 엔
닛케이평균인버스 2배 상장투신	3,555엔	—	—	—	345억 엔

주: 주가와 지표의 수치는 2017년 10월 17일 시점

오쿠야마 지금은 운용자산이 크게 늘어난 덕분에 다섯 종목에만 투자하는 것이 어려워진 상황입니다. 하지만 자산 규모가 1억 엔 정도가 될 때까지는 다섯 종목에 집중투자 하는 것이 매우 효과적임을 실감했습니다. 다만 다섯 종목 중 어느 하나가 급등하면 자산에서 차지하는 비율이 커집니다. 그럴 때면 매도하고 다른 종목을 추가 매수해서 리밸런싱(자산의 편입비중을 재조정하는 것)하고 싶어집니다. 하지만 자산의 절반을 차지하게 될 때까지는 매도하지 않고 계속 보유합니다. 계속 급등하는 종목은 상승 속도가 가속되는 경향이 있기 때문입니다. 제가 판단하기에는 섣불리 리밸런싱을 하지 않는 편이 낫습니다.

> "단기적으로 하락하는 바람에 묵혀두고 있는 종목도 있지만, 모든 종목에서 수익을 낸다는 자세입니다." - 오쿠야마

소수의 종목에 집중투자 하는 투자자 중에는 "다섯 종목 중 한두 종목만 오르면 된다"라고 말씀하는 분도 있습니다.

스포 저는 기본적으로 모든 종목에서 수익을 낸다는 자세입니다. '5년 안에 2배가 될' 가능성이 있는 종목만으로 포트폴리오를 구성하고 있기 때문에 모든 종목에서 안타를 칠 것을 전제로 삼습니다.

오쿠야마 저도 마찬가지입니다. 단기적으로 하락하는 바람에 묵혀두고 있는 종목도 있지만, 모든 종목에서 수익을 낸다는 자세입니다.

그렇다면 주가가 내려가도 손절매를 하지 않고 기다린다는 말씀인가요?

오쿠야마 매도는 기본적으로 세 가지 경우일 때만 합니다. 성장이 멈추거나, 주가가 지나치게 올랐거나, 더 좋은 종목을 발견해서 하위 종목과 맞바꿀 때이지요. 주가는 내려갔는데 성장이 멈추지 않았다면 오히려 물타기를 합니다. 그럴 때는 조금씩 나눠서 사면 실패하기 때문에 '30% 하락하면 산다, 50% 하락하면 산다'는 식으로 사전에 원칙을 정해놓고 한꺼번에 매수합니다.

스포 저도 같은 생각입니다. 물타기는 최소 20~30% 하락했을 때 하지 않으면 의미가 없습니다. 더 내려갔을 때 사들일 자금이 부족할 수 있고요. 매도의 경우는 앞에서 말씀드렸듯이 2배가 되면 파는 것이 기본입니다. 그다음에는 오쿠야마 씨와 마찬가지로 성장이 둔화되었을 때나 다른 좋은 종목이 찾았을 때 팔고 교체합니다.

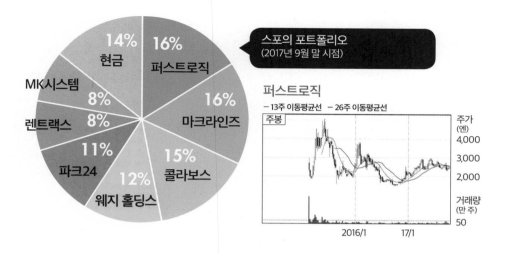

종목명	주가	PER(예상)	PBR(실적)	예상 배당수익률	시가총액
퍼스트로직	2,592엔	25.2배	6.64배	0.00%	152억 엔
마크라인즈	1,113엔	33.9배	9.60배	1.12%	145억 엔
콜라보스	2,650엔	19.3배	2.86배	0.00%	37억 엔
웨지 홀딩스	444엔	15.7배	1.28배	0.00%	157억 엔
파크24	2,700엔	30.0배	5.43배	2.59%	3,960억 엔
렌트랙스	1,023엔	20.1배	4.74배	0.68%	80억 엔
MK시스템	2,058엔	19.1배	4.89배	1.02%	55억 엔

주: 주가와 지표의 수치는 2017년 10월 17일 시점
*웨지 홀딩스는 2017년 들어서 세 번째로 대폭 하락한 10월 중순에 전부 매도했다.

성장의 한계를 파악한다

성장이 멈춘 것인지, 아니면 일시적인 부진인지는 어떻게 파악하세요?

오쿠야마 매출액이 늘었는데 어떤 부분의 비용이 증가해서 일시적으로 수익이 둔화된 것처럼 보이는 경우에는 '매수'입니다. 예를 들어 공장 확장 같은 공격적인 투자 비용이 증가해서 일시적으로 이익이 감소하는 경우이지요.

한편 성장이 멈췄다고 판단하는 경우는 기술적인 한계가 찾아왔을 때입니다. 신모델이 나왔는데 구모델과 그다지 차이가 없고, 기능이 추가되었는데 '이런 기능은 필요 없는데…'라는 생각이 든다면 기술적인 한계가 찾아왔다고 봅니다. 제때 피처폰에서 스마트폰으로 넘어가지 못한 휴대전화 제조사처럼 패러다임 시프트에 대응하지 못해 낙오하는 경우도 있습니다. 소매기업의 경우는 제 고향처럼 인구 10만 명이 안 되는 지방 도시에 점포가 생기면 더 이상 확대해서는 안 되는 최종 단계에 들어섰다고 판단합니다.

스포 저는 니즈가 얼마나 강한지를 고려합니다. 아직 사지 않은 사람이 얼마나 있느냐는 것이죠. 상품이나 서비스에 대한 세상 사람들의 인지도가 아직 20~30% 정도라면 '더 성장하겠군'이라고 확신할 수 있습니다. 하지만 70~80%가 알게 되면 더 성장하기는 쉽지 않습니다. 그럴 때는 성장의 한계를 의식하기 시작하지요.

오쿠야마 어디가 한계인지 항상 염두에 두면 좋을 것입니다. 예를 들어 이 업태라면 점포 수가 몇 개가 되면 한계라든가, 이 상품이라면 이 정도가 한계라든가, 이 서비스라면 접속자 수가 이 정도면 한계라는 식으로 말이지요.

두 분 모두 회사원으로 일하면서 투자를 하고 계신데요. 겸업 투자의 장점과 단점은 무엇일까요?

스포 장점은 기업의 내부에 있다는 것입니다. 회사가 힘들어지면 그곳에서 일하는 사람은 어떤 기분이 드는지, 매출액은 어떻게 줄어들고 이익은 얼마나 감소하는지, 거래처나 고객은 어떻게 반응하는지…. 투자자의 관점으로만 보는 전업 투자자와 달리 기업 내부에서 이런 관점으로 볼 수 있다는 점은 분명히 장점이라고 생각합니다.

단점은 투자에 할애할 시간이 한정된다는 것입니다. 종목 분석도 깊게 할 수 없고, IR(투자자들을 대상으로 기업 설명 및 홍보 활동을 하여 투자 유치를 원활하게 하는 활동을 의미) 페어 같은 이벤트에 참석하기도 힘들지요.

오쿠야마 그 장점은 저도 느끼고 있습니다. 또한 기업에서 일하고 있으면 업무를 통해서 경기 동향을 빠르게 감지할 수 있다는 것도 장점이지요. 일을 하고 있으므로 실시간으로 주가를 들여다보지 않는 것도 커다란 이점입니다. 주가를 들여다보고 있으면 작은 움직임에도 팔거나 사고 싶어지거든요. 그리고 방금 생각이 났는데, 급여라는 정기적인 수입이 있다는 것이 가장 큰 장점입니다. 주식에 투자하다가 다소 손해를 보더라도 먹고살 수 있으므로 주가의 동향에 크게 동요하지 않을 수 있습니다.

스포 그게 가장 큰 장점일지도 모릅니다.

성장주 투자는 더욱 활성화될 것이다

취재를 하면서 느낀 점입니다만, 저평가된 주식이 줄어들어서 사고 싶은 종목을 찾기 어려워졌다는 목소리가 많습니다.

오쿠야마 분명히 저평가된 주식은 줄어들었습니다. 저평가의 해소라는 보너스 점수를 노리기 어려워졌지요. 다만 기업의 성장에는 아직 기대를 가질 여지가 있습니다. 3년에서 5년 사이에 2~3배를 목표로 연간 15~30% 성장하는 종목을 찾는 것은 앞으로도 가능할 것이라고 생각합니다. 그리고 그중에서 주가가 탄력을 받아 10배 상승하는 종목도 나올 것이라고 생각합니다. 하지만 처음부터 10배 상승주를 찾는 것은 어렵습니다. 예전에 아크랜드 서비스 홀딩스나 DVX는 충분히 10배를 노릴 만하다고 블로그에 썼었는데, 그건 PER이 4~6배로 저평가되어 있었기 때문입니다.

스포 동감입니다. 아까도 말씀드렸지만, PER과 EPS가 모두 성장하지 않으면

10배 상승주가 되는 것은 거의 불가능합니다. 그런데 지금은 PER이 10배 미만인 종목이 상당히 줄어들었기 때문에 PER의 성장을 기대하기는 어렵습니다.

한편 EPS의 성장은 비즈니스의 문제입니다. 때문에 PER이 같더라도 5년 사이에 이익이 2배가 되면 주가도 2배가 되는데, 저는 그 정도면 충분하다고 봅니다. 저평가된 종목이 사라졌으므로 성장주 투자가 더욱 활성화될 것이라는 것이 제 생각입니다.

오쿠야마 다만 기업이 5년 사이에 이익을 2배로 늘릴 기세로 실적을 높이더라도 주가가 이유 없이 1년 만에 반 토막이 나기도 하는 것이 주식의 세계입니다. PER이 25배였던 것이 12.5배가 되지요. 그것을 받아들이고 물타기를 할 수 있느냐, 없느냐도 중요합니다.

스포 맞습니다.

오쿠야마 그것도 즐겁게 말이지요.

스포 특히 최근에 주식투자를 시작한 분들은 상승장밖에 경험하지 못했을 것입니다. 그래서 손실을 보는 것에 대한 내성이 부족한 분도 많을 것입니다. 오쿠야마 씨도 말씀하셨듯이 리먼 브라더스 사태 당시에는 회사의 실적과 상관없이, 말 그대로 이유도 없이 주가가 반 토막이 났습니다. 언제라도 그런 일이 일어날 수 있다는 생각으로 지금부터 마음의 준비를 해야 합니다.

오쿠야마 그렇습니다. 지금의 분위기는 리먼 브라더스 사태가 일어나기 직전인 2006~2007년과 조금 비슷한 측면이 있습니다.

스포 주가가 하락하지 않는 점 등이 비슷한 면이 있지요.

오쿠야마 그래서 지금은 조금 보수적으로 포지션을 잡고 있습니다. 신용거래는 삼가고 현금을 많이 보유하려고 합니다. 닛케이평균주가가 연초 이래 최저치를 경신한 2017년 4월 6일에는 소니의 주식을 추가로 조금 매수했지만,

아직 본격적으로 매수를 시작할 생각은 없습니다. 더 하락하는 전개가 된다면 그때 소니뿐만 아니라 다른 유망주를 사들이려 합니다.

스포   저도 추가 매수를 검토했지만 포기했습니다. 조금 더 큰 폭의 하락이 있으면 그때 매수하려 합니다.

"내일의 대박 주식 찾기를 멈추지 마십시오.
당신도 틀림없이 찾아낼 수 있습니다."

_미국의 전설적인 펀드매니저, 피터 린치

피터 린치는 베스트셀러가 된 자신의 저서에서 이렇게
말했다.

"10배 상승하는 주식은 어떻게 발굴해야 할까?"
억대 투자자들의 투자법을 참고하며 직접 찾아보자.

대박 주식을
발굴한다

피터 린치 대연구

"10배 상승주를 노려라."
이런 주장으로 일세를 풍미했던 미국의 전설적인
펀드매니저 피터 린치. 그가 저서에서 설명한 10배
수익을 내는 주식투자 방법을 분석한다.

피터 린치는 미국 대형 자산운용사인 피델리티의 '마젤란펀드'를 1977년부터 13년 동안 운용해 연평균 29%의 수익률을 기록함으로써 순자산 총액을 700배로 불렸다. 또한 개인 투자자를 대상으로 주식투자 노하우를 설명한 저서 《전설로 떠나는 월가의 영웅》은 세계적인 베스트셀러가 되었다.

피터 린치의 투자 수법은 수익 전망이나 사업 모델을 중시하며 기업을 철저히 분석해 종목을 선정한 뒤 장기 보유하는 것이다. 그리고 종목을 선정할 때는 소비자의 눈으로 성장할 것 같은 기업을 찾는 것이 중요하다고 역설했다.

주식을 6가지 유형으로 분류하다

피터 린치는 주식을 ① 급성장주, ② 회생주, ③ 자산주, ④ 대형 우량주, ⑤ 경기순환주, ⑥ 저성장주의 여섯 가지로 분류했다. 이 가운데 주가 상승을 기대할 수 없는 저성장주는 배당을 목적으로 투자한다. 대형 우량주는 수익률이 30~50%일

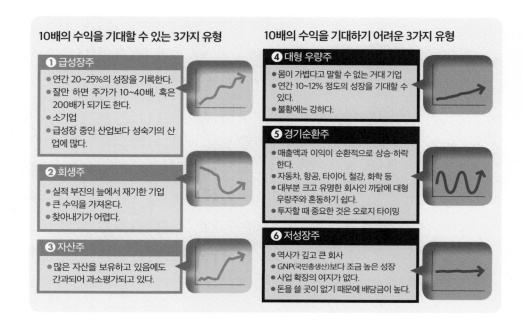

10배의 수익을 기대할 수 있는 3가지 유형

❶ 급성장주
- 연간 20~25%의 성장을 기록한다.
- 잘만 하면 주가가 10~40배, 혹은 200배가 되기도 한다.
- 소기업
- 급성장 중인 산업보다 성숙기의 산업에 많다.

❷ 회생주
- 실적 부진의 늪에서 재기한 기업
- 큰 수익을 가져온다.
- 찾아내기가 어렵다.

❸ 자산주
- 많은 자산을 보유하고 있음에도 간과되어 과소평가되고 있다.

10배의 수익을 기대하기 어려운 3가지 유형

❹ 대형 우량주
- 몸이 가볍다고 말할 수 없는 거대 기업
- 연간 10~12% 정도의 성장을 기대할 수 있다.
- 불황에는 강하다.

❺ 경기순환주
- 매출액과 이익이 순환적으로 상승·하락한다.
- 자동차, 항공, 타이어, 철강, 화학 등
- 대부분 크고 유명한 회사인 까닭에 대형 우량주와 혼동하기 쉽다.
- 투자할 때 중요한 것은 오로지 타이밍

❻ 저성장주
- 역사가 깊고 큰 회사
- GNP(국민총생산)보다 조금 높은 성장
- 사업 확장의 여지가 없다.
- 돈을 쓸 곳이 없기 때문에 배당금이 높다.

때 이익을 실현하는 방식으로 투자해야 한다. 그리고 경기에 좌우되는 경기순환주는 10배의 수익을 올리는 주식이 될 가능성도 있지만, 경기 변동에 맞춰서 적절한 타이밍에 매매하기가 쉽지 않다고 지적했다.

그리고 10배의 수익을 기대할 수 있는 주식으로 급성장주, 회생주, 자산주를 꼽았다. 이 세 유형의 개념과 투자 사례를 살펴보자.

유형 ❶ 급성장주

저성장 산업에서 점유율을 높이고 있는 회사를 노린다

"나는 연간 20~25%의 성장을 기록하고 있으며, 잘만 하면 주가가 10배에서 40배, 심지어는 200배가 될 수도 있는 적극성 있는 소기업을 선호한다."

피터 린치는 이렇게 말하고 다음과 같이 덧붙였다.

"소액 포트폴리오라면 이런 종목이 한두 개만 있어도 큰 이익을 얻을 수 있다."

또한 피터 린치는 호텔 업계 중 메리어트 등을 예로 들며 급성장 중인 산업보다 무성장 혹은 저성장 산업에 고성장주가 더 많다고 지적했다. 그리고 "무엇보다 피해야 할 것은 초인기 산업의 초인기 회사다"라고 말했다.

전업 투자자이자 인기 블로거인 아일(닉네임) 씨는 피터 린치를 본받아 성장주 투자를 실천하고 있는 투자자다. 그는 피터 린치가 선호한 외식 산업의 아미야키테이(아이치현 가스가이시에 본사를 둔 불고기 레스토랑 체인점)와 저성장 분야인 DVD 대여 사업 등에서 점유율을 높인 게오 홀딩스 같은 대박 급성장주에 집중투자 해 자산을 약 3억 엔까지 불렸다. 2007년에 집중 매수했으며 지금도 보유하고 있는 자동차 딜러 VT 홀딩스도 그중 하나다. 일본 국내의 자동차 판매량이 감소하는 상황에서 부진에 빠진 딜러를 인수해 재건하는 방법으로 규모를 확대해온 이 회사의 주가는 2009년 4월에 상장한 이래 최저가인 17엔을 기록하며 바닥을 친 뒤 2015년 8월에는 약 50배인 870엔까지 상승했다. 아일 씨는 매수한 가격 대비 10배 상승했다고 한다.

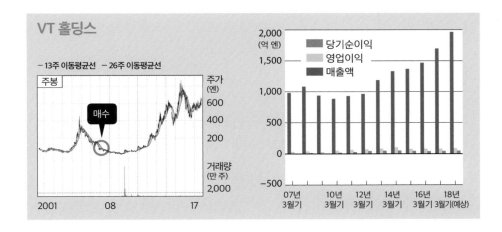

도산의 위기에서 탈출하면 큰 이익을 가져다준다

피터 린치는 "회생주는 법정관리를 신청하지는 않았지만, 심각한 실적 부진의 늪에 빠져 허덕이다 부활한 기업의 주식"이라고 정의하고 "이따금 나오는 대박 회생주는 엄청난 이익을 가져다준다"라고 평가했다.

회생주에는 몇 가지 종류가 있다. 피터 린치는 정부의 구제를 받은 미국의 자동차 기업 크라이슬러(현재 FCAUS)나 항공기 제조사 록히드마틴, 스리마일섬 원자력 발전소 사고의 타격에서 재기한 원자력발전소 소유 회사 GPU General Public Utilities, 도산한 모회사로부터 독립해 성장한 완구회사 토이저러스 등을 소개했다.

블로그와 트위터에서 인기를 모으고 있는 겸업 투자자 다-짱(닉네임) 씨는 일본 국내의 회생주를 집중 매수해 자산을 크게 불렸다. 다-짱 씨가 주목한 회사는 개인 대출자에게 과잉 징수했던 이자의 환불 문제로 경영이 악화되었던 소비자 금융 회사 아이풀로, 적자가 지속되며 도산이 우려되었다. 하지만 2012년 3월기에 최종 흑자를 기록하며 회생에 성공했다.

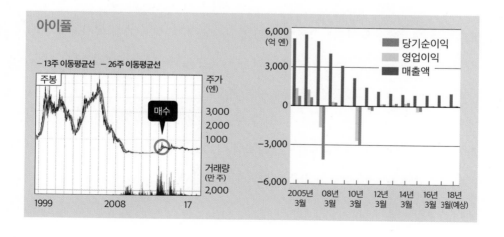

아이풀

"영업이익이 지불해야 할 이자의 잔액을 웃돌아 도산은 절대 없다고 확신한 시점에 신용거래까지 이용해 대량으로 매수했습니다."

이후 다─짱 씨는 매수가의 7배로 상승한 시점에 전량 매도했다.

유형 ❸ 자산주

숨은 자산의 재평가로 주가 상승을 노린다

"월스트리트의 사람들은 간과하고 있지만, 당신은 알고 있는 어떤 자산을 보유하고 있는 회사의 주식을 자산주라고 한다."

피터 린치는 토지나 삼림, 석유, 귀금속 등을 소유한 회사의 경우 자산의 가치 중 극히 일부분만이 장부에 기재되어 있을 때도 있다고 지적했다. 이런 숨은 자산의 가치가 재평가되면 그와 함께 주가도 대폭 상승해 큰 이익을 얻을 수 있다. 이것이 자산주 투자의 노림수다.

약 3억 엔의 자산을 쌓아올린 전업 투자자 주식1000(닉네임) 씨는 수많은 자산주에 투자해왔으며, 트위터의 팔로어 수는 약 4만 4,000명(2017년 10월 19일 기준)에 이른다. 현금 등의 유동자산에서 총부채를 뺀 '순유동자산'과 주가 수준을 비교해 저평가된 종목을 매수하는 '넷넷 종목 투자' 기법이 특기다. 순유동자산의 내용이 중요하다는 생각에서 장부가격으로 표시된 보유 부동산 등의 시가를 계산해 순자산의 '실제 금액'을 구하는 등 투자법의 진화를 꾀하고 있다.

주식1000 씨가 투자한 자산주 중 하나는 2016년 12월에 매수한 화학품 회사 쇼에이약품이다. 이 회사는 가오의 주식을 보유하고 있는데, 시가평가액은 자사의 시가총액을 크게 웃도는 수준이다. 그래서 주식1000 씨는 주가 상승이 계속된다면 가오의 시가평가액이 크게 올라 주가를 더 끌어올릴 것으로 보고 투자했다.

1주당 순유동자산과 주가를 비교해 저평가 종목을 발굴한다

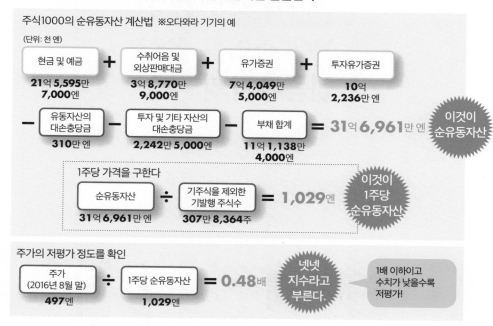

주식1000의 순유동자산 계산법 ※오다와라 기기의 예

(단위: 천 엔)

현금 및 예금
**21억 5,595만
7,000엔**

+

수취어음 및
외상판매대금
**3억 8,770만
9,000엔**

+

유가증권
**7억 4,049만
5,000엔**

+

투자유가증권
**10억
2,236만 엔**

−

유동자산의
대손충당금
310만 엔

−

투자 및 기타 자산의
대손충당금
2,242만 5,000엔

−

부채 합계
**11억 1,138만
4,000엔**

=

31억 6,961만 엔

이것이
순유동자산

1주당 가격을 구한다

순유동자산
31억 6,961만 엔

÷

기주식을 제외한
기발행 주식수
307만 8,364주

=

1,029엔

이것이
1주당
순유동자산

주가의 저평가 정도를 확인

주가
(2016년 8월 말)
497엔

÷

1주당 순유동자산
1,029엔

=

0.48배

넷넷
지수라고
부른다.

1배 이하이고
수치가 낮을수록
저평가!

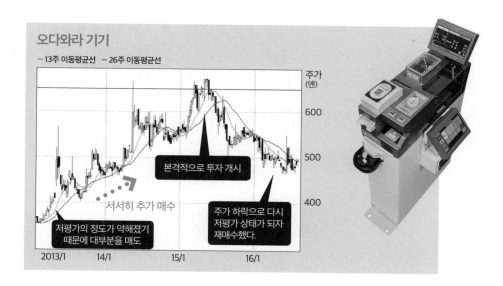

오다와라 기기

− 13주 이동평균선   − 26주 이동평균선

주가
(엔)

600

500

400

본격적으로 투자 개시

서서히 추가 매수

저평가의 정도가 약해졌기
때문에 대부분을 매도

주가 하락으로 다시
저평가 상태가 되자
재매수했다.

2013/1   14/1   15/1   16/1

억대 수익을 올린
집중투자의 기술

> **회사를 산다는 생각으로 저평가 성장주를 집중 매수한다!**

아라마
(닉네임)

금융자산 **수억** 엔

연령 **40**대   투자 경력 **11**년

직업 **전업 투자자**

거주지 **가나가와현**

"3~4종목에 집중투자 했을 때 그중에서 대박이 터지면 단숨에 자산이 불어납니다."

아라마(닉네임) 씨는 대박 주식의 위력을 이렇게 설명한다. 실제로 투자한 세 종목의 주가가 매수가의 6~20배로 상승한 결과, 수억 엔에 이르는 금융자산을 쌓았다.

시가총액과 장래 이익을 비교한다

회사원이었던 아라마 씨가 주식투자를 시작한 때는 2006년이다. 그해 1월에 도쿄지검 특수부가 증권거래법 위반 혐의로 라이브도어 본사 등을 강제 수사한 것이 도화선이 되어 주식시장이 폭락한 일명 '라이브도어 사태(2006년 1월)'가 계기였다.

"그전부터 주식에 관심이 있었는데, 주가가 크게 하락한 것을 보고 투자를 시작하기에 좋은 타이밍이라고 생각했습니다."

일반재형저축으로 모은 약 100만 엔을 자본금으로 주식투자를 시작해 상여금이 들어올 때마다 투자금을 추가했다. 그리고 투자 총액이 약 200만 엔에 이르렀을 때 리먼 브라더스 사태가 일어나는 바람에 자산이 순식간에 반토막이 나 버렸다.

그러나 아라마 씨는 낙담하기는커녕 오히려 '저평가된 종목이 늘어났으니 투자할 기회'라고 생각했다. 본격적으로 주식투자에 뛰어들기 전에 미

아라마의 투자 방법 변화 과정

2006년	라이브도어 사태로 연초에 주식시장이 폭락하자 일반재형저축으로 모은 약 100만 엔을 자본금으로 주식투자를 시작하다.
2008년	리먼 브라더스 사태로 운용자산이 반 토막 났다. 그러나 한편으로 저평가된 종목이 늘어났으니 기회라고 보고 다양한 서적을 탐독하며 본격적으로 주식투자를 공부했다. 그리고 저평가된 성장주에 투자하기 시작하다.
2009년 ~11년	운용자산의 절반을 투자해 영어회화 학원인 GABA의 주식을 매수했다. 2011년 8월에 니치이학관이 TOB(주식공개매수)를 발표함에 따라 최초 매수가의 6.6배에 매도해 이익을 실현했다.
2011년 ~15년	경기가 회복되면 주가가 크게 오를 것이라고 보고 시노켄그룹의 주식과 J트러스트의 주식을 집중 매수했다. J트러스트는 절반을 평균매입단가의 20배에, 나머지도 6.6배에 매도했다. 시노켄그룹은 평균매입단가의 약 20배에 매도해 이익을 실현했다.

국의 저명한 투자자 워런 버핏과 피터 린치의 저서 등 주식투자에 대한 책을 닥치는 대로 탐독했다.

그렇게 공부한 끝에 선택한 투자 기법은 저평가된 성장주를 사들여 중장기적으로 보유하는 것이었다. 그는 '현재의 시가총액으로 이 기업을 살 수 있다면 살 의향이 있는가, 없는가?'라는 관점에서 종목을 본다고 말한다.

"증수증익(매출액과 수익이 모두 증가하는 것)이 계속될 경우 이익이 어디까지 증가할지 분석합니다. 그리고 순이익이 5년 이내에 현재의 시가총액 이상이 될 것 같으면 매수 대상으로 삼습니다."

투자자를 대상으로 한 설명회나 주주총회에 참석해 사장이 하는 이야기를 듣고 회사의 성장 전략은 무엇인지, 사장이 신뢰할 수 있는 인물인지 확인한 뒤 본격적으로 매수를 진행한다.

매수한 종목 가운데 제일 먼저 대박을 터뜨린 것은 도쿄증권거래소 마더스❷에 상장했던 영어회화 학원 GABA다.

"저도 다니고 있었기 때문에 수강생의 수가 늘어나는 것을 직접 확인할 수 있었습니다. 이익 예상을 바탕으로 계산한 결과 PER이 3배 이하로 주가가 크게 저평가되어 있었기 때문에 포트폴리오의 절반을 차지할 만큼 사들였지요."

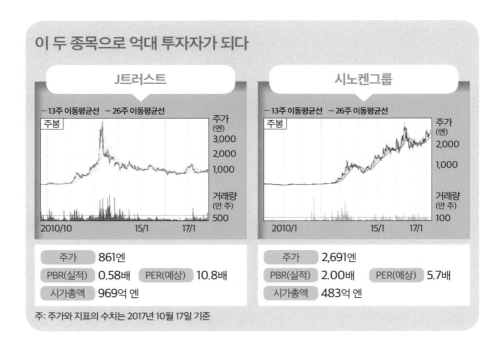

이 두 종목으로 억대 투자자가 되다

J트러스트

− 13주 이동평균선 − 26주 이동평균선

주봉

주가(엔)
3,000
2,000
1,000

거래량(만 주)
500

2010/10　　　15/1　　　17/1

주가	861엔		
PBR(실적)	0.58배	PER(예상)	10.8배
시가총액	969억 엔		

시노켄그룹

− 13주 이동평균선 − 26주 이동평균선

주봉

주가(엔)
2,000
1,000

거래량(만 주)
100

2010/1　　　15/1　　　17/1

주가	2,691엔		
PBR(실적)	2.00배	PER(예상)	5.7배
시가총액	483억 엔		

주: 주가와 지표의 수치는 2017년 10월 17일 기준

---

❷ 신흥기업을 대상으로 한 도쿄증권거래소의 주식시장. 마더스(MOTHERS)는 'Market of the high-growth and emerging stocks'의 약자다.

불황기에 경기순환주를 집중 매수

아라마 씨는 리먼 브라더스 사태가 일어난 이듬해인 2009년에 GABA의 주식을 사들이기 시작했다. 당시 3만 엔대였던 GABA의 주가가 2011년 8월 초순에 약 4.4배인 13만 2,000엔까지 상승하면서 평가이익을 포함한 시가평가액이 포트폴리오의 80%를 차지하기에 이르렀다. 여기에 돌봄 서비스 업계의 최대 기업인 니치이학관이 GABA의 주식을 1주당 20만 엔에 TOB(주식공개매수)한다고 발표했다. 그리고 TOB가 성립한 후 보유하고 있던 GABA의 주식을 최초 매수가의 약 6.6배인 20만 엔에 전부 매도했다.

이어서 아라마 씨가 매수를 진행한 것은 경기의 동향에 주가가 크게 좌우되는 경기순환주였다. '리먼 브라더스 사태 이후의 불황에서 벗어나 경기가 회복된다면 실적 호전과 주가 수준의 조정이라는 두 측면에서 주가가 상승할 것'이라고 생각했기 때문이다. 그래서 2011년에 J트러스트를 평균매입단가 150엔대(주식분할을 반영)에 대량으로 매수했다. 그리고 2012년에는 시노켄그룹을 평균매입단가 110엔 정도에 집중 매수했다.

J트러스트는 일본 국내에서 신용보증과 채권회수 등을 하는 회사다. 기업이 보유한 채권을 싼 가격에 구입해 회수하므로 '이익을 내기 쉽다.' 그리고 후지사와 노부유키 사장 겸 최고집행임원의 경영 실력도 높이 평가했다.

시노켄그룹은 투자용 아파트나 연립주택을 판매하는 회사다. 아라마 씨 본인도 투자용 아파트를 구입했기 때문에 높은 수요를 직접 체감하고 있었다. 그리고 시노켄이 공무원과 대기업 사원 같은 우량 고객을 확보하고 있다는 점을 높이 평가해 주식 매수를 결정했다.

J트러스트의 주식은 2012년에 들어서면서 상승하기 시작했다. 그리고 2013년 전반기에는 전해 연말부터 시작된 아베노믹스 경기의 영향으로 주가 상승에 탄력이

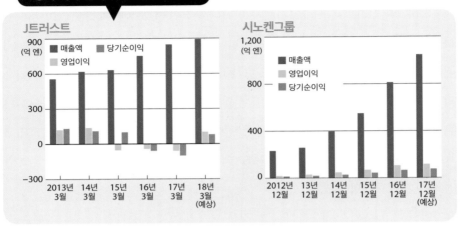

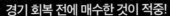
경기 회복 전에 매수한 것이 적중!

J트러스트
900
(억 엔)
■ 매출액 ■ 당기순이익
■ 영업이익
600
300
0
-300
2013년 14년 15년 16년 17년 18년
3월   3월   3월   3월   3월   3월
                              (예상)

시노켄그룹
1,200
(억 엔)
■ 매출액
■ 영업이익
800
■ 당기순이익
400
0
2012년 13년 14년 15년 16년 17년
12월 12월 12월 12월 12월 12월
                              (예상)

붙으며 급등했고, 5월 13일에 4,056엔이라는 상장 이래 최고가를 기록했다.

그런데 그 직후 J트러스트가 주주배정증자(주주들이 보유한 지분 비율대로 발행되는 신주에 대한 인수권을 가지는 발행 방법)를 발표했다. 주주배정증자는 기존의 주주 모두에게 신주新株를 살 권리를 무상으로 할당하는 자금조달 방식이다. 주주는 권리를 행사할 수도 있고 신주예약권을 시장에 팔 수도 있다. 공모증자(신규로 주식을 발행할 경우 일반대중으로부터 신청을 받아 공정한 가격으로 신주를 발행하는 것) 등과 달리 1주당 가치의 희석을 줄일 수 있다는 것이 장점으로 평가받지만, 그럼에도 이 발표에 대한 실망감으로 순식간에 주가가 급락했다.

아라마 씨는 보유하고 있던 J트러스트의 주식 중 절반을 평균매입단가의 약 20배인 3,000엔대에 매도했다. 그리고 1,800엔까지 하락했을 때 다시 사들였지만, 하락이 멈추지 않았기 때문에 1,000엔에 보유 주식을 전량 매도했다. 그럼에도 매도가는 평균매입단가의 약 6.6배에 이르렀다. 막대한 운용 수익을 손에 넣은 아라마 씨는 2014년에 회사를 그만두고 전업 투자자가 되었다.

"J트러스트 주식 외에도 너무 오랫동안 들고 있다가 천장을 찍은 후 한참 내려갔을 때 판 경우가 많습니다."

아라마 씨는 이렇게 말하며 쓴웃음을 지었다.

시노켄도 마찬가지였다. 그의 예상대로 아베노믹스 경기가 시작됨과 동시에 주가가 꾸준히 상승해, 2016년 6월 19일에는 상장 이래 최고가인 3,110엔을 기록했다. 그러나 그 후 급락과 급등을 반복하면서 하락세를 보였고, 결국 2,200~2,300엔에 조금씩 매도했다. 그래도 평균매입단가의 20배가 넘는 이익을 실현할 수 있었다.

아라마 씨는 이 두 종목을 매매하는 과정에서 "주주배당증자를 통한 자금조달 발표로 J트러스트의 주식이 급락했을 때 타격이 컸습니다"라고 말했다. 그래서 이 일을 교훈 삼아 포트폴리오에서 한 종목이 차지하는 비율을 최대 4분의 1로 제한하고, 보유 종목의 수도 기존의 3~4종목에서 10~20종목으로 늘리는 등 적절히 분산시키기로 했다. 이로 인해 2014년부터 2016년까지 3년 동안 대박 종목은 없었지만 연간 30~40%의 수익을 올렸다.

J트러스트의 주식을 다시 매입하다

2016년 6월부터 7월에 걸쳐 J트러스트의 주식을 다시 사들였다. J트러스트는 2016년 3월기에 증수를 기록하고서도 최종 적자에 빠졌다. 그런데 한국과 동남아시아에서 운영하고 있는 은행업의 수익이 개선됨에 따라 2017년 3월기 제1사분기(4~6월기)의 결산에서 '상당히 좋은 결과가 나올 것'으로 기대되었다.

그러나 기대와 달리 2016년 8월에 발표된 동기 결산에서 최종 적자가 지속되었고, 엎친 데 덮친 격으로 2017년 3월 초순에 주가가 급락했다. 타이증권거래소에 상장한 업무 제휴처 GL(그룹리스)의 주가가 현지 신문 보도의 영향으로 급락한 데 따른 여파였다. GL은 자스닥에 상장한 웨지 홀딩스의 자회사로, 제조사를 대신해 모터사이클이나 농기구 등을 판매하고 구매자에게 자금을 융통해주는 사업을 동남아시아의 농촌 지역으로 확대하며 급성장하고 있었다.

GL 주가 급락의 영향이 수습되지 않는 가운데, 4월 11일에는 GL의 CEO(최고경영책임자)를 맡고 있었던 고노시타 다쓰야에게 금융청이 40억 9,605만 엔의 과징금 납부를 명령했다. 고노시타는 웨지 홀딩스의 주가를 끌어올릴 목적으로 가공 거래

주: 주가와 지표의 수치는 2017년 10월 17일 기준

를 공표해 금융상품거래법을 위반했다는 혐의였다. 고노시타는 이에 불복해 법정에서 시비를 가릴 태세다.

2017년 2월 16일에 1,400엔으로 최고가를 기록했던 J트러스트의 주가는 이 뉴스의 영향으로 4월 12일 오후에 831엔까지 하락하며 최저가를 경신했다. 게다가 같은 해 10월에는 고노시타가 위계 및 부정행위 혐의로 타이 법무성 특별조사국의 조사를 받게 되면서 GL 주식의 거래가 일시 정지되었다. 이 일로 고노시타는 사임을 발표했고, 웨지 홀딩스와 J트러스트의 주가도 다시 급락했다. GL은 10월 17일에 주식 거래가 재개되었지만, 두 회사의 주식은 무려 18일 연속 하락을 기록했다.

재료가 있는 저평가주로 대박을 노린다

아키토(Akito)

(닉네임)

금융자산 **2억 7,000만 엔**

연령 **30**대   투자 경력 **15**년

직업 **전업 투자자**

거주지 **간토 지방**

트위터 **@Akito8868**

규칙을 깨면서까지 주식을 사들였던 회사가 도산하는 바람에 자산의 대부분을 잃었다. 하지만 그 후 대박 주식을 두 종목이나 발굴해 3억 엔에 가까운 금융자산을 쌓아올렸다. 전업 투자자 아키토 씨는 이런 드라마 같은 투자 경력의 소유자다.

아키토 씨가 주식투자를 시작한 때는 2002년 대학의 투자 동아리에서다. 장 초반에 10% 이상 하락한 종목을 사들였다가 그날 반등했을 때 매도해 차익을 얻는 역추세 전략 데이트레이딩으로 연간 500~600만 엔의 운용 수익을 올렸다.

이후 대학을 졸업하고 취직했지만 1년 만에 그만두고 전업 투자자로 활동하고 있다. 그리고 전환기가 찾아올 때마다 새로운 투자 기법을 습득해 거래의 폭을 넓혔다. 첫 번째 전환기는 2007년에 찾아왔는데, 당시는 분초 단위로 이익을 실현하는 '스캘핑' 매매 기법을 구사하는 개인 투자자들이 대세였다. 그들의 영향으로 그 날 안에 크게 하락했다가 회복되는 종목이 줄어들게 되었다. 그 바람에 역추세 전략의 데이트레이딩으로는 큰 이익을 내기 어려워졌다.

"새로운 투자 기법을 익히지 못하면 수익을 낼 수가 없게 되었습니다."

주식에 관한 책을 닥치는 대로 읽고 인터넷의 투자 관련 블로그를 뒤졌다. 투자에 성공했던 동아리의 후배에게 노하우를 배우기도 했다. 그러던 어느 날, 아키토 씨는 책 한 권을 읽게 되었다. 일본에서 주식 시스템트레이딩의 선구자인 개인 투자자 사이토 마사아키의 《주식 승률 80%의 역추세 시스템트레이딩 기술》이라는 책이었다. 그리고 이 책에 나온 '25일 이동평균선을 25% 밑도는 수준까지 하락하면 사들이고, 25일 이동평균선까지 회복하면 판다'라는 규칙으로 매매하는 스윙트레이딩에 주목하게 되었다. 그러나 투자의 세계를 넓힌 아키토 씨를 기다린 것은 복구가 불가능할 정도의 대실패였다.

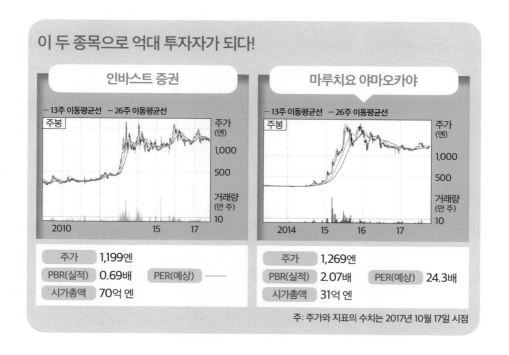

이 두 종목으로 억대 투자자가 되다!

인바스트 증권	마루치요 야마오카야

주: 주가와 지표의 수치는 2017년 10월 17일 시점

투자의 폭을 넓힌 직후에 찾아온 악몽

주가가 큰 폭으로 하락해 있었기 때문에 스윙트레이딩으로 매수를 개시했다. 그런데 물타기를 위해 추가로 주식을 사들였던 부동산회사 어번코퍼레이션이 2008년 8월에 도쿄지방법원에 민사재생법(파산보호) 적용을 신청하고 도산했다.

어번코퍼레이션은 같은 해 6월에 프랑스의 최대 금융회사인 BNP파리바를 인수처로 신주인수권부 사채를 발행한다고 발표했다. 아키토 씨는 '이것으로 도산할 일은 없겠군'이라고 안심했다. 그래서 자신이 정해놓았던 한 종목당 투자금 상한선을 깨고 보유 자금을 모두 투자해 사들였다. 하지만 어번코퍼레이션이 도산하면서 결국 자산의 대부분을 잃게 되었다.

그러나 아키토 씨는 부활에 성공했다. 대출받은 300만 엔을 자본금으로 지출을 억제하면서 데이트레이딩을 통해 이익을 쌓아 나갔다. 또한 이벤트 투자❸의 개척자로 알려진 개인 투자자 유나기의 저서 《스타벅스 주식은 1월에 사라! 10만 엔으로 시작하는 이벤트 투자 입문》을 읽고 세미나에도 참석하며 '우대주 선행투자'를 연구했다.

우대주 선행투자란, 권리 확정일이 가까워지면 주주우대❹ 혜택을 원하는 투자자들의 매수로 주가가 오르는 경향이 있다는 사실에 착안한 투자 기법이다. 인기 우대주를 미리 사놓았다가 권리부여 최종일 직전에 매도한다. 이렇게 하면 우대 혜택은 받을 수 없지만, 그 대신 주가 상승에 따른 이익은 착실히 얻을 수 있다.

"과거 10년간의 데이터를 직접 조사해서 그 기간에 주가 상승폭이 큰 종목 등을 찾아내 매매했습니다."

---

❸ 주가 상승의 재료가 되는 이벤트에 앞서서 해당 주식을 사들였다가 오른 뒤에 파는 투자 기법
❹ 특정일(권리 확정일)을 기준으로 자사 주식을 일정 수 이상 보유하고 있는 주주에게 부여하는 우대 혜택이다. 쿠폰이나 상품권, 실제 상품 등을 제공한다. 일본에서는 전체 상장기업의 3분의 1 이상이 이 제도를 실시하고 있다.

아키토의 투자 방법 변화 과정

2000년	대학 2학년 때 히카리통신과 소프트뱅크가 연속 하한가를 기록했다. 이것을 계기로 장 초반에 크게 하락한 종목의 주가가 그날 안에 반등했을 때 매도해 이익을 실현하는 데이트레이딩 투자를 시작하다.
2007년	분초 단위로 이익실현을 반복하는 스캘핑을 실천하는 개인 투자자가 대두되었다. 하루 단위의 역추세 전략 투자로는 큰 이익을 내기가 어려워졌다. 그래서 투자 기법을 공부해 25일 이동평균선과의 하방괴리율이 큰 종목을 매수했다 주가가 상승했을 때 파는 스윙트레이딩을 시작하다.
2008년	'지나치게 하락했다'고 판단한 어번코퍼레이션 주식을 신용거래까지 이용해 물타기 매수했으나 회사가 도산하면서 자산의 대부분을 잃다. 300만 엔을 자본금으로 주식 투자를 재개하여 '우대주 선행투자'를 시작하다. 또한 《마술사 린다&래리의 단기 매매 입문》을 읽고 시스템트레이딩의 요소를 가미한 단기 매매도 시작하다.
2011 ~13년	자산총액이 1,000만 엔을 넘어선 시점에 펀더멘털 분석을 기반으로 한 가치주(저평가) 투자 기법으로 인바스트 증권에 집중투자 하다. 2013년 5월에 평균매입단가의 약 4배에 매도해 이익을 실현하는 데 성공하고, 다른 투자의 이익을 합쳐 자산 총액이 7,000만 엔으로 확대되다.
2014 ~15년	가치주 투자 기법으로 마루치요 야마오카야에 또다시 집중투자 하다. 주주우대 실시의 영향으로 주가가 약 2.5배가 되었을 때 매도해 이익을 실현하다. 2014년 9월에 자산총액이 1억 엔을 돌파하다.
2016년	연초부터 시작된 유가 하락에 주목해 스타플라이어 등 운송 관련 종목에 투자하다.
2017년	현금비중 비율을 약 60%까지 높이며 거래 규모를 축소하다. 브레이크아웃 투자 기법 등 추세추종 투자 기법의 연구를 시작하다.

'자산주'[5] 투자로 다시 한번 승부하다

이렇게 새로운 투자 기법을 실천한 결과, 2011년에는 300만 엔의 자본금을 1,000만 엔 이상으로 불리는 데 성공했다. 그러자 아키토 씨는 또다시 과감한 승부에 나섰다. 그 계기는 2011년 11월에 밝혀진 도쿄증권거래소 그룹과 오사카증권거래소

---

[5] 안정된 고수익·성장성이 기대되는 장기 투자에 적합한 주식으로 가치 있는 자산을 많이 소유하고 있으나 그 자산이 주가에 충분히 반영되지 못한 기업의 주식을 말한다.

복수의 투자 기법을 상황에 맞춰 구사한다

```
┌─────────────────────────────────────┐      ● 역추세 전략의 데이트레이딩
│  ● 역추세 전략의 데이트레이딩           │  ▶▶  적지만 안정적으로 이익을
│  ● 역추세 전략의 스윙트레이딩           │      벌어들인다.
│  ● 시스템트레이딩                      │
│  ● 우대주 선행투자                      │
└─────────────────────────────────────┘

┌─────────────────────────────────────┐
│  ● 재료가 있는 가치주(저평가 주) 투자     │  ▶▶  큰 폭의 주가 상승 이익을
└─────────────────────────────────────┘      노린다.
```

의 경영 통합이었다. 이 소식을 들은 아키토 씨는 FX(외환증거금거래)를 운영하는 인
바스트 증권에 주목했다. 이 회사는 도쿄증권거래소 주식을 3만 주 이상 보유하고
있었다. 그런데 도쿄증권거래소와 오사카증권거래소의 통합회사(현재의 일본거래소
그룹)가 2013년 1월에 상장되어 도쿄증권거래소 주식이 시가로 평가된다면, 2011
년 11월에 300엔대(분할을 반영)였던 인바스트 증권의 주가도 재평가되어 큰 폭으로
상승할 것으로 내다본 것이다. 피터 린치의 '자산주 투자(38쪽 참고)'와 같은 투자를
실천하려 한 것이다.

"그뿐만이 아니라 '시스트레24'라는 새로운 자동 매매 서비스를 시작해 흑자로
전환될 가능성이 있다는 점도 주가를 끌어올릴 재료라고 생각했습니다."

아키토 씨는 당시를 되돌아보며 이렇게 덧붙였다. 이 투자를 할 때 아키토 씨는
인바스트 증권의 결산서를 꼼꼼히 읽은 후 기업의 펀더멘털을 분석해 가치주(저평
가주)를 사들이는 기법도 시도했다. 이 투자 노하우도 대학의 동아리 후배에게 배
운 것이다.

일본거래소 그룹이 발족하고 상장되었다. 그러나 인바스트 증권의 주가는 아키
토 씨가 예상한 시나리오와는 다른 전개를 보였다. 보유 주식이 재평가되기도 전

에 아베노믹스 경기의 순풍을 타고 상승을 시작한 것이다. 2013년 5월 중순에는 상장 이래 최고가인 1,645엔까지 상승했고, 그 직후 급락해 1,300엔대까지 내려갔지만 다시 반등했다. 아키토 씨는 이 시점에 1,500엔 전후의 가격으로 전량 매도했다.

이 거래 덕분에 자산총액은 7,000만 엔까지 늘어났다. 이에 가치주 투자의 성과를 실감한 아키토 씨는 2014년에도 이 투자 기법으로 세 번째 승부에 나섰다. 라멘 체인점인 '야마오카야'를 운영하는 마루치요 야마오카야의 주식을 집중 매수한 것이다.

재료의 중요성을 가슴에 새기다

당시 마루치요 야마오카야의 시가총액은 10억 엔 이하였고, 2014년 1월까지는 흑자와 적자를 반복하고 있었다. 그러나 월 단위의 기존 점포 매출액이 상승세로 돌아선 상태였기 때문에 아키토 씨는 '현재의 주가가 실적에 비해 저평가되었다'고 판단했다. 게다가 이 회사는 외식기업으로서는 보기 드물게 주주우대를 실시하지 않고 있었다. 주주우대를 실시한다면 주가가 이에 반응해 PER이 다른 외식기업 수준에 이를 것으로 예상되었다.

그래서 아키토 씨는 이 회사의 IR 담당자에게 전화를 걸어 주주우대를 실시할 예정이 있는지 확인했다. 그리고 예정이 없음을 알자 주주우대의 장점을 설명한 자료를 직접 작성해 회사에 보냈다.

이러한 노력이 영향을 미쳤는지는 알 수 없지만, 아키토 씨가 주식을 사들이기 시작한 지 약 반년 후에 마루치요 야마오카야는 주주우대를 도입했다. 그러자 예상대로 주가가 상승했고, 아키토 씨는 평균매입단가의 약 2.5배가 되었을 때 보유 주식을 전량 매도했다. 그 후에도 주가가 계속 상승해 매도가격의 2배가 되었지만, 아키토 씨는 "유동성이 낮아서 급락했을 때 팔지 못할 우려가 있었기 때문에 그 시점에 매도한 것을 후회하지는 않습니다"라고 말했다.

그리고 동시에 가치주의 주가를 끌어올리는 재료의 중요성을 새삼 가슴에 새겼다. 아무리 실적이 개선되어도 주주우대의 도입이라는 재료가 없었다면 마루치요 야마오카야의 주가는 상승하지 않았을 것이라고 생각했기 때문이다.

"데이트레이딩이나 스윙트레이딩, 우대주 선행투자는 이익을 안정적으로 낼 수 있지만, 큰 이익을 내지는 못합니다. 큰 폭의 주가 상승에 따른 이익을 기대할 수 있는 것은 역시 재료가 있는 가치주입니다."

2017년에 들어와서는 주식시장의 앞날에 확신이 서지 않아 현금 비중 비율을 약

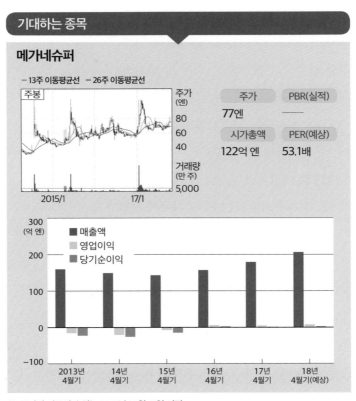

주: 주가와 지표의 수치는 2017년 10월 17일 시점

60%까지 높이며 거래 규모를 축소했다.

전반기에는 음향·영상기기 제조사인 온쿄와 컬러 콘택트렌즈와 화장품, 건강식품의 인터넷 판매를 하는 4Cs 홀딩스의 주식을 매수했다. 전자의 경우 최종 적자가 계속되어 결산에 '기업 계속의 전제에 중대한 의문'이라는 주석이 달려 있었다. 그런데 2018년 3월기에 흑자로 전환될 것으로 예상하고 이 주석의 삭제가 주가 상승의 재료가 될 것이라고 생각해 투자했다. 한편 후자의 경우 높은 우대 수익률이 주가를 지탱하고 있는 상황에서 실적의 확대가 재료가 되어 주가가 상승할 것으로 전망해 투자했다. 그러나 양쪽 모두 예상이 빗나갔고 결국 매도했다.

10월 중순에는 월간 매출액이 순조로운 추이를 보이고 있는 메가네슈퍼의 주식을 보유하고 있었는데, 회사가 예상을 웃도는 좋은 결산을 기록해 주가가 상승할 것으로 보았다.

성공한
개인 투자자들이
말하다!

나를 성장시킨
주식투자의 스승들

어떤 분야든 실력 향상의 지름길은 훌륭한 스승에게
배우는 것이다. 주식투자도 마찬가지다.
사실 대부분의 억대 투자자는 스승으로 우러러보는
인물에게 철학과 투자 기법을 배운 후 독자적인
투자법을 만들어냄으로써 억대 자산을 실현했다.
억대 투자자들의 투자 스승은 누구이며,
그들에게 무엇을 배웠는지 살펴보자.

연령	40대
거주지	도카이 지방 거주
직업	전업 투자자
투자 경력	약 30년
금융자산	약 3억 엔
블로그	주식1000 투자일기

https://plaza.rakuten.co.
jp/kabu1000

주식1000
(닉네임)

중학교 2학년 때 그동안 모아둔 세뱃돈 40만 엔으로
주식투자를 시작했다. 저평가주에 투자하는 방법으로
자산을 쌓았다.

스승 ▶ 벤저민 그레이엄

암중모색으로 찾아낸
자신의 투자 방식에 권위를 부여하다

주식1000 씨의 명함 뒷면에는 벤저민 그레이엄의 말이 인쇄되어 있다.

"그레이엄의 책을 수없이 읽고 또 읽었습니다. 그리고 핵심은 바로 '투자란 상세한 분석을 바탕으로 원금을 보전하며 적절한 수익을 올리는 것이다', '현명한 투자는 적절한 주식을 적절한 가격에 취득하는 것이다'라고 생각했습니다. 그래서 머릿속에 철저히 각인시키기 위해 명함에 인쇄했지요."

주식1000 씨가 투자를 시작한 시기는 중학교 2학년 때였다. 그 후 고등학생 때는 단파 라디오 방송의 주식시황 중계에 귀를 기울였고, 수업이 끝나면 증권회사에 가서 투자할 종목을 조사했다. 증권회사의 로비에 있던 잡지에서 지식을 습득했다. 그리고 고등학교를 졸업하자 투자에 도움이 될 것이라는 생각으로 경리전문학교에 진학했다. 하지만 아직 투자 스타일도 확립되어 있지 못했고 운용 성적도 그저 그랬지만, 전문학교에서 재무제표 보는 법을 배운 뒤로는 어렴풋이나마 '저평가주를 사면 좋지 않을까?'라고 생각하게 되었다.

버블을 경험한 후 스승의 위대한 가르침을 확신하다

이런 생각을 품기 시작했을 무렵인 1997년, 아시아 통화위기가 찾아왔다. 그 영향으로 주식시장에는 50엔도 안 되는 종목이 넘쳐나게 되었다. 이때 '진심으로 이건 사야 한다'고 생각한 종목을 사들였다. 그 후 주식시장은 1999년부터 IT 버블로 활황을 보였지만, 주식1000 씨는 자세를 바꾸지 않고 사람들이 외면하는 저평가주를 계속 사들였다.

그런 가운데 IT 버블의 절정기였던 2000년에 우연한 계기로 한 권의 책을 보게 되었다. 바로 벤저민 그레이엄의 《현명한 투자자》다. 그레이엄은 유명한 투자자 워런 버핏의 스승이며, 가치주 투자의 아버지로 불리는 미국의 경제학자이다. 그 책의 내용은 놀랍게도 주식1000 씨가 지향하는 바와 일치했다.

책을 다 읽은 주식1000 씨는 '내 생각이 옳았어!'라는 생각에 흥분했다. 하지만 한편으로 70년 전에 미국의 주식시장에 대해 쓴 책의 내용이 과연 오늘날의 일본

주식1000이 말하는 **나의 스승**

진정한 가치투자를
가르쳐준 위대한 스승

'투자란 상세한 분석을 바탕으로 원금을 보전하며 적절한 수익을 올리는 것', '현명한 투자는 적절한 주식을 적절한 가격에 취득하는 것' 등 벤저민 그레이엄은 《현명한 투자자》를 통해 투자의 본질을 가르쳐주었다. 크게 감명받은 이 문구를 머릿속에 철저히 각인시키기 위해 명함 뒷면에 인쇄해놓고 수없이 읽고 있다.

벤저민 그레이엄

'가치투자의 아버지'로 불리는 투자자이자 경제학자로, 워런 버핏의 스승으로도 유명하다. 약 70년 전의 미국에서 기업의 가치에 주목한 합리적인 투자 이론을 만들어냈다. 그의 저서 《현명한 투자자》는 지금도 투자의 바이블로 평가받는다.

주식시장에서 어디까지 통용될지 반신반의하는 마음도 있었다.

2001년에 IT 열풍이 사그라지자 인터넷 관련주에 몰려들었던 투자자들은 큰 손실을 입었다. 그러나 가치주 투자를 계속했던 주식1000 씨의 자산은 1999년에도, 2000년에도 계속 증가했다. 이때 주식1000 씨는 자신의 투자법과 그레이엄의 생각이 옳았음을 확신했다.

그리고 이때부터 주식1000 씨의 진격이 시작되었다. "80%는 알았다"라고 말할수 있을 때까지 기업을 철저히 조사한 뒤, 주가가 저평가 상태라고 판단되면 자금을 투입한다. 이 투자 스타일을 확립한 뒤로 주식시장에 농락당하는 일 없이 착실히 이익을 쌓아나갈 수 있었다.

v-com2
(닉네임)

연령	30대
거주지	지바현 거주
직업	겸업 투자자
투자 경력	14년
금융자산	약 1억 엔
블로그	21세기 투자 https://ameblo.jp/v-com2/
저서	《최강의 펀더멘털 주식투자법》 등

우대주, 가치주의 장기 투자를 기본으로 도쿄증권거래소 1부 승격이 기대되는 2부 종목, 신흥시장 종목에 투자하는 기법을 연구·실천하고 있다.

스승 ▶ 사와카미 아쓰토 워런 버핏 미키마루

스승의 투자 종목을 답습하여
독자적인 발굴을 시작하다!

개인 투자자인 v-com2 씨에게는 세 명의 스승이 있다. 워런 버핏에게 '가치와 주가의 차이를 간파하는 것의 중요성'을, 사와카미 아쓰토에게 '폭락했을 때 사고, 일단 올랐으면 언제 팔더라도 이익이라는 감각'을, 그리고 개인 투자자인 미키마루에게는 '가치 속에 우대가치를 포함시키는 것'을 배웠다고 한다.

"제 투자 이력을 되돌아보면 장기적으로 투자의 축을 만들어내는 일이 매우 중요하다고 깨달았습니다. 그 축을 만드는 과정에서 세 분의 스승이 저를 이끌어주었습니다."

마음속에 파고든 거장의 가르침

v-com2 씨가 처음 산 주식은 외식 프랜차이즈 체인을 운영하는 와타미였다. 이 주식을 고른 이유는 주주우대 권리가 탐이 나서였으며, 다른 판단 기준은 없었다. 그리고 한동안은 주주우대를 목적으로 한 투자에 만족했다. 그러던 중 다른 투자자들은 어떤 기준으로 종목을 사는지 궁금해졌다.

그래서 먼저 투자 정보지나 초보자를 위한 주식 입문서, 인터넷에서 공개한 개인 투자자의 투자일기 등을 읽기 시작했다. 그러나 당시 주식 관련 서적은 단기 투자나 차트 분석 이야기만 있을 뿐이어서 '나와 궁합이 맞는 책이 하나도 없다'는 느낌을 받았다고 한다.

한편 뉴스나 주가 동향에 주목해서 종목을 골라 보거나 회사가 쉬는 날에는 데이

 v-com2가 말하는 나의 스승

장기 투자의 본질을 가르쳐준 두 사람

투자 관련 서적을 읽다 보면 반드시 접하게 되는 두 사람이 있다. 바로 사와카미 아쓰토와 워런 버핏이다. 두 사람의 책은 읽을 때마다 새로운 발견을 하게 된다.

사와카미 아쓰토

<닛케이 머니>에 글을 연재해 친숙한 사와카미투신 회장. 1999년에 사와카미투신을 설립하고 장기 투자의 중요성을 강조해왔다. 일본에서 독립계 투신의 선구자로, 그의 투자 철학에 심취한 팬들이 많다.

워런 버핏

Krista Kennel/Shutterstock.com

세계 유수의 투자자. '장기적으로 실적이 안정되어 있을 것', '사업의 기본을 이해할 수 있을 것', '자본효율이 좋을 것', '매력적인 가격(주가)일 것'을 기본으로 한 장기 투자로 막대한 부를 쌓았다.

미키마루의 종목 검증 방법으로 종목 발굴의 기술을 연마하다

개별 종목에 대한 우대 내용뿐만 아니라 재무제표나 실적 등의 분석도 철저히 하는 거의 유일한 주주우대 관련 블로그를 운용한다. 많은 참고가 되었으며, 이 블로그를 알게 된 덕분에 투자의 길이 열렸다.

미키마루

서일본에 거주하는 개인 투자자. 2005년에 시작한 블로그 '미키마루의 우대 가치주 일지'로 인기를 모았다. 《폭소 코믹 에세이 주주우대만으로 우아한 생활》 등의 저서가 있다. 주주우대 종목의 주가 동향을 냉철하게 분석하는 투자 스타일로 유명하다.

트레이딩을 시도하는 등 여러 가지 기법으로 주식투자에 도전했다. 하지만 결과는 만족스럽지 않았다. '주가를 신경 쓰는 투자는 나와 맞지 않는 것이 아닐까?' 이런 생각이 들기 시작했을 때 사와카미 아쓰토와 워런 버핏의 투자에 대한 철학을 알게 되었다.

"투자와 관련된 책을 읽다 보면 반드시 접하게 되는 분들인데, 장기적으로 기업의 성장을 지켜본다는 사고방식이 저와 잘 맞는다는 생각이 들었습니다."

v-com2 씨는 사와카미 아쓰토와 워런 버핏의 저서는 물론이고 워런 버핏의 투자법을 다룬 책도 거의 전부 읽었다. 그리고 두 사람에게 큰 영향을 받아 장기 투자를 염두에 두고 종목을 선정하게 되었다. 그렇게 해서 고른 첫 번째 종목이 신흥 종목인 사이버에이전트(일본의 블로그 서비스인 아메바블로그와 인터넷 광고 사업을 하는 기업)였다.

"인터넷 광고시장이 성장하고 있으니 유망할 것이라는 생각에서 고른 것인데, 지금 생각해보면 장기 투자의 본질을 전혀 이해하지 못한 선택이었지요."

그러나 2006년 라이브도어 사태로 v-com2 씨가 장기 보유한 종목은 '상당한 폭락'을 기록했다.

우대주 투자 블로거를 따라 하다

폭락을 경험한 v-com2 씨의 머릿속에는 '모두가 주목하는 종목이 아니라 관심을 적게 받는 저평가주를 내 힘으로 발굴하고 싶다'는 생각이 강해졌다. 이런 생각을 하게 된 계기를 만들어준 사람이 개인 투자자인 미키마루다.

리먼 브라더스 사태가 일어나기 얼마 전의 어느 날, 인터넷 서핑을 하다가 우대주를 선호하면서 지표 분석도 중시하는 보기 드문 주주우대 관련 블로그를 발견했다. 바로 미키마루의 블로그였다.

"지표를 깊게 분석하는 우대주 투자 관련 블로그는 그때까지 본 적이 없었기 때문에 특이하다는 생각에서 주목하기 시작했습니다. 아마 지금도 이런 내용을 다루는 것은 미키마루 씨의 블로그뿐일 겁니다."

내용을 읽고 '내 감각에 가까운 이 스타일을 지향하고 싶다'는 생각이 든 v-com2 씨는 미키마루가 블로그에서 공개한 종목을 사들이기 시작했다. 그리고 동시에 미키마루가 매일 블로그에 공개하는 투자 행동과 그 배경을 자세히 읽고 스승의 기법을 배웠다. 물론 단순히 블로그에 소개된 종목을 사들이기만 했던 것은 아니다. 반드시 결산 등을 통해 어떤 종목인지 분석함으로써 종목 선정을 위한 지식과 경험을 쌓아나갔다.

종목 발굴에 희열을 느끼다

그 무렵, v-com2 씨가 자신의 블로그에 "미키마루 씨의 기법을 참고해 이 종목을 샀습니다"라는 글을 올리자 인터넷에 "저 사람은 미키마루 신도다"라는 소문이 돌기도 했다.

그런데 언제부터인가 스승이 선택한 종목 중에서 '이건 좀 아니지 않나?'라는 생각이 드는 종목을 가끔 발견하게 되었다. 재무제표나 실적에 대한 견해가 스승과 달랐던 것이다. 또한 스승은 주력 종목에 집중투자 하지만 자신은 도저히 집중투자를 하지 못한다는 사실도 깨달았다. 언젠가 스승을 뛰어넘어 자신만의 스타일을 확립하고 싶었던 v-com2 씨는 자기 나름의 분석으로 종목을 찾게 되었고, 이윽고 지금의 투자법에 이르렀다.

"제 힘으로 발굴한 종목의 주가가 상승했을 때는 성취감을 느꼈습니다. 그 액수가 많든 적든, 스승이 선택한 종목을 사서 이익을 봤을 때보다 기뻤지요."

v-com2 씨의 말에 따르면 지금의 투자 스타일은 세 스승의 장점과 자신의 독자적인 기법을 결합한 것이라고 한다. 구체적으로는 주주우대와 자산, 수익의 측면에서 가치를 생각하고 그것을 주가와 비교한다.

평상시에도 매수하지만 폭락하면 더욱 적극적으로 매수하고, 모두가 매수할 때는 매도한다. 그리고 가치와 주가의 차이가 줄어드는 기간을 단축하기 위해 도쿄증권거래소 1부 승격 후보 종목에 주목한다.

"흉내를 내다가 독자적인 것을 섞어서 최종적으로는 새로운 것을 만들었습니다. 어쩌면 무도나 예능의 세계에서 수업을 쌓는 단계를 나타내는 수守 · 파破 · 리離(지키고, 깨뜨리고, 떠난다)를 본의 아니게 실천해온 것인지도 모르겠네요."

연령	40대
거주지	간토 지방 거주
직업	전업 투자자
투자 경력	약 17년
금융자산	1억 엔 이상
블로그	단토쓰 투자연구소 http://www.geocities.jp/yuunagi_dan/
저서	《스타벅스 주식은 1월에 사라!》

유나기

(닉네임)

이벤트 투자가 장기인 전업 투자자. IT회사의 회사원이 었지만 투자 기법을 확립한 후 2012년 1월에 전업 투자 자로 변신하여 착실히 실적을 올리고 있다.

스승 ▶ J-Coffee   제시 리버모어

투자의 선입관을 뒤엎은
두 스승과의 만남

이벤트 투자가 장기인 개인 투자자 유나기에게는 두 명의 스승이 있다. 한 명은 과 거에 'J-Coffee'라는 닉네임으로 블로그를 운영했던 개인 투자자이고, 다른 한 명 은 미국의 전설적인 투자자 제시 리버모어다. J-Coffee에게서는 투자 아이디어 를, 제시 리버모어에게서는 큰 이익을 올리는 방법을 전수받았다고 한다.

최초의 스승은 버핏 학파

유나기 씨가 주식투자를 시작한 시기는 1999년으로, 회사 업무를 위해 파견된 미국에서였다. 전부터 주식에 관심은 있었지만 '어떻게 해야 하는지 몰랐기' 때문에 거래는 하지 않고 있었다. 그런데 부임한 직장에서 미국인 동료가 당연하다는 듯이 주식 이야기를 꺼냈다. 당시 미국에는 인터넷 증권거래 서비스가 생겨서 인터넷으로 주식 매매가 가능한 환경이 갖춰져 있었다.

'이러면 시작하는 수밖에 없겠군.' 이렇게 생각하고 제일 먼저 손에 든 것이 미국에 사는 일본인이 쓴 미국 주식투자 관련 서적이었다. 이 책에 의지하며 증권계좌를 개설하고 저자의 가르침을 참고하며 종목을 선택해 거래를 시작했다.

이 저자의 가르침은 '좋은 주식을 장기간 보유한다'라는 버핏 스타일이었다. 하지만 저자의 가르침을 따라서 산, 장기 투자를 위한 '좋은 주식'은 좀처럼 오르지 않았다. 그래서 '좋은 주식'의 정의를 재검토하고 당시 열풍의 조짐이 보였던 인터넷 관련주에 장기 투자했다. 이 방침의 전환은 대성공을 거뒀고, 인터넷 버블의 흐름을 타고 자산을 배로 불렸다. 그러나 인터넷 열풍이 사그라들자 주가는 급락했고, 결국은 원금까지 손실되기 시작했다. 3~5년만 기다리면 회복될 것이라는 말도 있었지만, '그렇게 오래 기다릴 수는 없어'라고 생각했다. 그리고 결국 2001년에 보유 주식을 전량 처분하고 실의에 찬 채 귀국했다.

운명을 바꾼 투자의 귀재 블로거의 책

유나기 씨는 귀국 후에도 '주식투자의 필승법'을 찾아 헤맸는데, 그러다 《도쿄증권거래소 1부 승격 종목을 사전에 발굴해 자금을 5배로 불린 J-Coffee 투자법》이라는 책을 알게 되었다. J-Coffee라는 개인 투자자가 자신의 블로그에 공개한 투자 기법을 정리한 책이었다.

"당시의 주식 관련 책들은 숫자적인 근거 없이 '이럴 때는 오른다' 같은 내용으로 가득했습니다. 그런데 그 책에는 '세상에는 주식을 사야 하는 사람이 있다. 그 사람이 사는 주식을 사면 이익이 난다'라는 내용이 수치로 제시한 근거와 함께 논리적으로 적혀 있었지요."

책에 나온 기법에 수긍한 유나기 씨는 즉시 책이 가르쳐준 타이밍을 따라 종목을 사봤다. 그랬더니 책에 적혀 있는 대로 주가가 움직이는 것이었다. 이에 '이건 진짜 필승 매매 기법이다'라는 확신이 들었고, 계속해서 J-Coffee의 투자 기법을 따라 하기 시작했다.

그런데 얼마 후 유나기 씨는 책에 나온 대로 오르는 주식이 있는 반면에 오르지 않는 주식도 있음을 깨달았다. 그래서 좀 더 조사해본 결과 시가총액이 큰 주식은 책에 나온 대로 오르지만, 시가총액이 작은 주식은 오르지 않는다는 사실을 발견했다. 이후 J-Coffee의 가르침에 '시가총액이 큰 종목에만 투자한다'라는 규칙을 추가하자 투자 성적은 한층 좋아졌다.

유나기 씨는 책에는 없었던 이 법칙을 자신의 블로그에 공개했다. 당시 J-Coffee는 이미 인터넷 세상에서 유명인이었다.

"언젠가는 독자적인 기법을 확립해 J-Coffee와 대등하게 이야기를 나눌 수 있는 수준이 되고 싶다는 마음이 있었습니다. 물론 당시는 블로그의 내용이나 투자 성적에서 저는 전혀 상대가 되지 못했습니다."

스승으로 우러러보던 J-Coffee와는 딱 한 번 이메일을 주고받았다. 그런데 1년 뒤에 J-Coffee가 갑자기 블로그 종료를 선언하고 인터넷 세상에서 모습을 감춰버렸다.

상식이 뒤집어지다

2007년, J-Coffee 투자법으로 이익을 올리던 유나기 씨는 동료 투자자에게 재미있는 책을 추천받았다. 그것이 제시 리버모어와의 첫 만남이었다.

제시 리버모어는 추세추종 전략의 유효성을 설파하고 '신고가를 기록한 종목을 사라', '상승했으면 더 사들여라'고 말했다. 당시 유나기 씨의 투자 상식은 '주가가 쌀 때 사서 비싸졌을 때 판다'였는데, 그 책에는 유나기 씨가 생각했던 정석과 정반대의 내용이 적혀 있었다.

J-Coffee 투자법은 조건을 충족시키는 종목을 기계적으로 일정 타이밍에 매매하는 것이다. 유나기 씨는 반신반의하면서도 리버모어가 주장하는 '주가가 오르기 시작한 주식을 더 사들인다(피라미딩 전략)'는 기법을 자신의 투자법에 도입했다. 그랬더니 그때까지 아무리 높아야 연간 40%였던 투자 성적이 100%, 200%를 기록하게 되었다.

"쌀 때 사서 비쌀 때 파는 것은 실제로 저가와 고가를 알아맞힐 수 있는 천재만

 유나기가 말하는 나의 스승

주식투자 필승법을 가르쳐준 스승

주식투자 필승법을 찾아서 닥치는 대로 투자서를 읽었을 때 유일하게 논리적이라고 생각했던 것이 J-Coffee의 저서였다. '주가는 실적과 예상에 따라서 움직인다'라는 선입견을 뒤엎는 내용에 놀라 J-Coffee의 기법을 연구, 검증했다.

J-Coffee

개인 투자자. 자신이 실천하는 투자법, 주식 격언, 경제사, 큰 사건이 일어났을 때의 주가 등 주식과 관련된 다양한 이야기를 소개하는 인기 블로그 'J-Coffee의 주식투자 일기'를 운용했다. 2005년 8월에 블로그 중단을 선언하고 인터넷 세상에서 모습을 감췄다.

노하우를 가르쳐준 전설의 투자자

'신고가를 기록한 주식을 사라'는 제시 리버모어의 가르침은 '싸게 사서 비싸게 팔아라'는 세상의 투자 기법과 내가 갖고 있었던 상식을 뒤엎었다. 에드윈 르페브르의 《어느 주식투자자의 회상》과 제시 리버모어의 《주식 매매하는 법》을 읽기 전까지 어느 누구에게서도 이런 말을 듣지 못했다. 나의 투자 인생의 가장 큰 스승이다.

제시 리버모어

'월스트리트의 큰곰(공매도 왕)'으로 불린 전설적인 투자자. 1877년에 태어나 14세에 주식의 세계에 뛰어들었다. 세계 공황의 계기가 된 대폭락인 검은 목요일(1929년) 전후 주식 거래를 통해 막대한 이익을 얻은 것으로도 유명하다.

할 수 있는 방법입니다. 그러나 제시 리버모어에게 신고가에 사서 더 올랐을 때 파는 편이 더 쉽다는 사실을 배울 수 있었습니다."

제시 리버모어와 만난 지 4년 후, 유나기 씨는 회사를 그만두고 전업 투자자가 되었다.

"주식투자를 시작하는 계기를 만들어준 사람은 J-Coffee입니다. 하지만 지금의 투자법을 확립하는 데는 리버모어의 영향이 매우 컸습니다."

연령	30대 전반
거주지	간토 지방 거주
직업	겸업 투자자
투자 경력	10년
금융자산	1억 엔
블로그	The Goal https://matsunosuke.jp/

마쓰노스케

(닉네임)

기관 투자자로 일하는 한편, 2005년부터 주식투자를 시작했다. 유나기를 스승으로 우러러보며, 30대 전반에 자산 1억 엔을 달성했다.

스승 ▶ 윌리엄 오닐 　 유나기 　 JACK

열심히 쫓아가도 멀어져만 가는 위대한 스승 유나기의 뒷모습

개인 투자자인 마쓰노스케 씨에게는 많은 스승이 있다. 처음으로 만난 스승은 미국의 유명 투자자인 윌리엄 오닐과 제시 리버모어다.

투자의 고전을 닥치는 대로 읽다

2005년 8월에 의회 해산 후 총선거를 표명한 고이즈미 준이치로 총리는 9월의 선거에서 압승을 거뒀다. 이른바 우정郵政해산 선거다. 이때 해산 표명 후 연말까지 4개월 동안 닛케이평균주가는 40% 이상 상승했는데, 마쓰노스케 씨가 주식투자를 시작한 시기는 이 상승기의 초반이었다.

"주위 사람들이 하나둘 주식투자를 시작했기 때문에 '나도 해볼까?'라는 가벼운 마음으로 시작했습니다. 자금이 40~50만 엔 정도 있었는데, 깊게는 생각하지 않고 실적이 좋을 것 같은 회사의 주식을 적당히 샀습니다."

주가는 호황의 순풍을 타고 한동안 쑥쑥 상승했다. 그러나 '이거 엄청난데?'라고 생각한 것도 잠시, 곧 라이브도어 사태(2006년 1월)가 벌어졌다. 다행히 보유 주식은 어느 정도 회복되었지만, 주식시장의 분위기는 완전히 달라져 전혀 수익이 나지 않게 되었다. 어떻게 해야 좋을지 몰라 당황하던 마쓰노스케 씨는 투자의 힌트를 찾기 위해 투자서를 손에 들었다.

"업무가 바빴던 까닭에 2~3년이 걸리기는 했지만 거장의 책, 고전으로 불리는 투자서, 명저라고 불리는 책들은 전부 읽었습니다. 그중에서 저와 잘 맞는 것은 오닐과 리버모어의 책이었습니다."

오닐의 책에는 상장주를 찾아내는 방법과 '신고가를 기록한 주식을 사라'는 그때까지 들어본 적도 없는 가르침이 적혀 있었다. 그 내용에 감동한 마쓰노스케 씨는 책을 다 읽은 뒤 이런 규칙을 정했다. ① 추세추종을 기본으로 삼으며 물타기 매수는 하지 않는다. ② 차트가 지속적으로 상승하는 종목을 산다. ③ 신규 공개주는 조정을 거쳐 다시 상승할 때 산다.

한편 추세추종과 손절매의 중요성을 설파하는 리버모어의 책을 만난 뒤에는 이런 규칙을 추가했다. ① 판단이 옳다는 자신이 있을 때만 포지션을 취한다. ② 추가 매수는 이익이 났을 때만 한다. ③ 10% 이상 손실이 나면 손절매한다. ④ 철저하게 기댓값이 높은 매매만을 한다.

실제로 두 사람의 가르침에 따라 매매해보니 나름대로 이익이 났다. 그리고 '장기 투자가 성미에 맞지 않고, 평가손실(재산의 재평가 금액이 장부가격보다 적어서 생기는 손실)을 극도로 싫어하는' 자신의 성격에도 딱 맞는 투자법이었다.

개인 투자자 유나기가 팔로우하다

두 스승의 가르침에 따른 매매에 만족하던 어느 날, 개인 투자자인 유나기가 마쓰노스케 씨의 트위터 계정을 팔로우했다. 마쓰노스케 씨가 트윗한 블로그의 글에 관심이 생긴 것이었다. 그때만 해도 유나기의 블로그를 본 적은 없었고, 그저 '잡지에서 본 적이 있는 유명인이 나를 팔로우했네'라고 생각했을 뿐이었다.

즉시 인터넷에서 검색해보니 유나기의 개인 블로그인 '단토쓰 투자연구소'가 나왔다. 그리고 그곳에는 직감적으로 '이거 괜찮아 보이는데?'라는 생각이 드는 이벤트 투자법이 적혀 있었다. 그래서 '이건 꼭 시험해 봐야겠어'라는 생각으로 우대 종목의 주가 동향에 주목한 투자법을 실천해봤는데, 결과는 대성공이었다. 이에 깜짝 놀란 마쓰노스케 씨는 유나기의 블로그와 트위터를 주시해서 보기 시작했다.

블로그의 글을 읽고 특히 감탄한 것은 데이터 분석력이었다.

"과거의 주가 동향을 바탕으로 기댓값이 높다고 생각되는 투자법을 찾아내는 솜씨, 시장의 동향과 상관없이 화려하게 수익을 쌓아나가는 실력에 진심으로 탄복했습니다."

이후 유나기의 특기인 '인기 우대 종목의 권리 확정일을 앞두고 주가가 상승할 때를 노려서 이익을 내는 방법', '인덱스 투자에 편승하는 빨판상어 투자법' 등을 적극적으로 도입해나갔다.

또한 자산의 10~20% 정도의 큰 금액을 한 종목에 투자할 때는 과거의 주가 동향도 반드시 검증하게 되었다. 이를테면 PER이 낮다는 이유로 어떤 종목을 사려고 할 경우 과거에 그 종목이 같은 PER 수준이었을 때 주가가 어떤 추이를 보였는지, 통계적으로 PER이 낮을 때 사는 것이 옳은지 살펴보게 된 것이다. 이것도 유나기의 투자 스타일이다. 이렇게 하자 투자 성적은 크게 향상되었다.

스승 유나기는 따라잡을 수 없다

"이벤트 투자의 경우는 상당 부분을 그대로 이용하고 있습니다. 유나기 씨 덕분에 지금의 제가 있다고 해도 과언이 아닙니다."

이렇게 말하는 마쓰노스케 씨는 지금도 스승의 뒤를 좇고 있지만, 스승을 따라잡기는 결코 쉽지 않다고 말한다.

"거래 기술, 데이터가 보여주는 시장의 움직임에서 수익을 획득하는 방법론의 탐색 같은 종합적인 능력은 유나기 씨에 비하면 절망적일 정도로 부족합니다. 투자자로서의 실력은 하늘과 땅만큼의 차이가 나는데, 심지어 그 차이가 계속 벌어지고 있습니다."

마쓰노스케가 말하는 나의 스승

고가에 사서 더 고가에 팔아라! 참신했던 스승의 가르침

투자서를 추천해달라고 하면 반드시 거론했던 것이 윌리엄 오닐의 《최고의 주식 최적의 타이밍》이다. 처음 읽었을 때 '주가가 신고가를 기록하면 사'라는 시각이 너무나 참신하게 느껴졌다. 다만 꼼꼼한 종목 분석은 흉내 낼 수가 없었다.

윌리엄 오닐

증권회사 브로커 시절에 만들어낸 성장주 발굴법 'CAN SLIM'으로 자산을 불려 명성을 떨쳤다. 7항목의 스크리닝으로 성장주를 발굴, 몇 주에서 1년 정도의 기간 동안 투자해 수익을 실현한다.

구체적인 투자법을 가르쳐준 두 스승

유나기에게는 많은 것을 배웠는데, 무엇보다 유나기가 트위터의 계정을 팔로우해준 덕분에 그때까지 몰랐던 투자의 세계에 뛰어들 수 있었다. 또한 JACK에게 배운 IPO 투자로 지금도 계속 수익을 내고 있는데, 구체적인 투자 기법뿐만 아니라 새로운 투자 기법을 발굴하는 JACK의 능력이 존경스럽다.

JACK

증권회사와의 교섭으로 IPO, PO를 유리하게 획득하는 투자법 이외에 CFD(차액결제거래), 옵션, 부동산 투자, FX, 태양광발전 등 온갖 투자에 손을 대고 있는 회사원 투자자. 투자 관련 저서도 다수 있다.

유나기

IT기업의 회사원 시절부터 주식투자의 필승법을 탐구해, 블로그에 성과를 발표하면서 실력을 쌓았다. 인기가 높은 우대주 특유의 주가 동향에 주목하는 투자 기법인 '유나기식 이벤트 투자'를 만들어냈다. 2012년부터 전업 투자자로 변신했다.

마쓰노스케 씨는 누군가가 투자 기법에 대해 물어보면 농담조로 "유나기 씨의 마이너 버전입니다"라고 말할 때도 있다고 한다.

　유나기를 만난 뒤 바뀐 점이 또 한 가지 있다. 다른 투자자의 정보를 적극적으로 수집하고 새로운 기법에도 도전하게 된 것이다. 그 좋은 예가 IPO(신규 상장주식), PO(공모증자), TOB(주식공개매수)에 주목하는 개인 투자자 JACK의 투자법이다. JACK의 저서를 읽기 전에는 전혀 몰랐던 투자 방법이지만, 이 투자 방법을 도입한 뒤로 계속해서 수익을 내고 있다.

　"지식이 있느냐 없느냐에 따라 큰 차이가 나는 것이 투자의 세계입니다. 누구라고 딱 꼬집어 말하기는 어렵지만, 이것도 스승들에게 배운 중요한 가르침입니다."

억대 투자자의 말 ①

운용자산을 약 100억 엔으로 불린 승부사

가타야마 아키라

경험은 분명히 중요합니다. 완전히 똑같은 패턴은 존재하지 않지만 비슷한 패턴은 계속해서 반복되니까요. 전혀 다른 산업 분야의 종목이라도 '이런 회사가 이러이러하게 성장해서 주가가 형성되어가는 패턴은 전에도 본 적이 있어' 같은 식의 경험이 쌓여가면 다음에 '이건 분명히 오른다'라는 종목을 만났을 때 '악력'이 훨씬 강해집니다.

—《일본 주식시장의 승부사들 Ⅰ》중에서

———————

평소에 장을 볼 때 생각지도 못했던 낮은 가격에 팔리고
있는 상품을 발견하는 경우가 있는 것처럼, 주식투자에
서도 의외로 싼 종목을 발견할 때가 있다.
가격이 저평가된 종목에 집중하는 가치주 투자는 장기
적으로 높은 수익을 올릴 수 있다.
이 장에서는 저평가된 종목의 공략법을 살펴보자.

———————

저평가주를
공략한다

미키마루가 말하다

3대 조류를 파악하라!

가치주 투자 이해하기

'가치(저평가)주 투자'에는 크게
세 가지 조류가 있다. 수백 권의
책을 독파하며 가치주 투자를
연구해 '우대 가치주 투자'라는
독자적인 투자법을 만들어낸 미
키마루가 3대 조류의 변화에 대
해 설명한다. 또한 성공한 개인
투자자 5인의 실천 사례도 살펴
보자.

우대주 중에서 저평가된 종목을 선별해 장기 보유하는 '우대 가치주 투자'를 실천해 수억 엔의 자산을 쌓은 겸업 투자자. 블로그 '미키마루의 우대 가치주 일지'는 마니아들의 바이블로 큰 인기를 모으고 있다.

편집부 N(이하 Ⓝ) 우대주 투자자들에게 큰 인기를 모으고 있는 블로그를 운영하고 있고, 블로그에 정기적으로 연재하는 주식투자서 서평으로도 호평을 받고 있는 미키마루 씨! '가치(저평가)주 투자'에 대한 설명을 듣고 싶어서 이렇게 비행기를 타고 왔습니다.

미키마루(이후 Ⓜ) 먼 곳까지 오시느라 고생 많으셨습니다.

가치주 투자의 반대 개념은 무엇인가요?

Ⓝ 가치주 투자는 흔히 성장주 투자와 대비됩니다. 그 차이는 무엇일까요?

Ⓜ 저는 그 둘을 반대 개념으로 보는 것이 좀 이상하다고 생각합니다. 성장주 투자를 표방하는 사람도 기업의 성장성에 비해 주가가 저평가되었다고 생각해서 산 것이거든요. 저평가된 주식을 산다는 점은 똑같습니다.

Ⓝ 듣고 보니 그렇군요. 그렇다면 가치주 투자가 가장 효과적인 주식투자법이라는 말씀이신가요?

Ⓜ 그건 아닙니다(웃음). 가치주 투자의 반대편에 위치하는 것은 시장의 모멘텀(기세)에 편승해서 투자하는 '모멘텀 투자'입니다. 신고가를 기록한 주식을 주가가 더 오르기를 기대하면서 사는 '브레이크아웃 투자법'이 모멘텀 투자의 일종입니다. 상승 트렌드를 타고 오르는 주식을 사는 추세추종 전략은 주가가 하락할 때 추가로 매수하는 역추세 전략의 가치주 투자와는 정반대의 방식이라고 할 수 있습니다.

N 알기 쉬운 설명이네요. 어느 방식이 우위인가요?

미 양쪽 모두 시장 평균보다 나은 수익을 올릴 수 있음이 실증되었습니다. 차이점이 있다면, 모멘텀 투자의 경우 상승하지 않는 종목을 신속하게 손절매해야 합니다. 이것이 어렵지요. 한편 가치주 투자의 경우는 주가가 오를 때까지 시간이 걸리기 때문에 인내심이 필요합니다. 그러니까 빠르게 결과를 내고 싶은 사람에게는 모멘텀 투자가 적합할 것입니다.

가치주 투자의 3대 조류와 주요 투자자의 상관관계

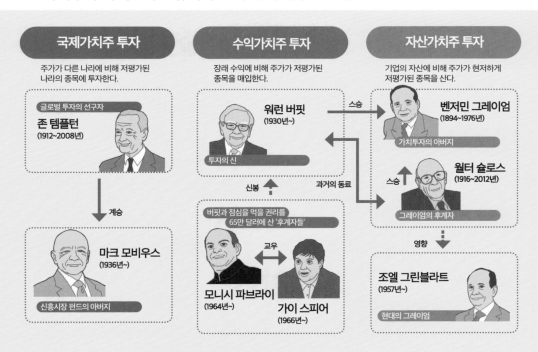

자산이 시가총액보다 큰 주식을 사들인다

미 가치주 투자는 크게 나눠서 세
유형이 있습니다. ① 자산가치주
투자, ② 수익가치주 투자, ③ 국
제가치주 투자입니다. 먼저 자산

"견고한 투자 비결을 한 단어로
나타낸다면 그것은 '안전마진
MARGIN OF SAFETY'이다."
—— 벤저민 그레이엄

가치주 투자에 관해 설명해드리겠습니다. 이것은 '가치주 투자의 시조'로 불리
는 미국의 위대한 투자자 벤저민 그레이엄이 실천한 투자법입니다.

N 그레이엄이라고 하면 워런 버핏의 스승으로도 유명한 분이죠.

미 그렇습니다. 1949년에 출간된 벤저민 그레이엄의 책 《현명한 투자자》는 가치주
투자의 바이블입니다. 다만, 지금 읽으려면 〈월스트리트 저널〉의 칼럼니스트
제이슨 츠바이크가 해설을 단 개정판 《현명한 투자자》를 읽는 편이 낫습니다.

N 그레이엄이 실천했던 자산가치주 투자란 무엇인가요?

미 말 그대로 회사의 자산에 비해 주가가 저평가된 종목을 사는 것입니다. 구체적
인 투자법으로 '넷넷net-net 종목 투자'를 제창했습니다. 시가총액이 현금 등의
유동자산에서 총부채를 뺀 '순유동자산'의 3분의 2 이하 종목에 투자하는 방법
입니다

일본에서는 그레이엄의 방식이 효과적

N 그 밖에도 그레이엄을 참고하면 좋은 부분은 무엇인가요?

미 '안전마진'이라는 개념이 있습니다.

N 그건 무엇인가요?

미 그레이엄의 말에 따르면, 순유동자산과 시가총액의 차이가 안전마진입니다.

그 차이가 클수록 안전마진이 커집니다. 하지만 지금의 미국 주식에는 이 개념이 통용되지 못합니다. 순유동자산과 시가총액의 괴리가 해소되어서 넷넷 종목이 사라졌거든요.

그레이엄의 직계 제자로 워런 버핏 이외에 월터 슐로스가 있는데, 그는

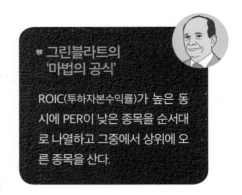

그린블라트의 '마법의 공식'

ROIC(투하자본수익률)가 높은 동시에 PER이 낮은 종목을 순서대로 나열하고 그중에서 상위에 오른 종목을 산다.

그레이엄의 회사를 그만둔 뒤 자신의 펀드를 운용했습니다. 하지만 넷넷 종목이 소멸되었다는 이유로 2000년에 은퇴했지요.

Ⓝ 그렇다면 넷넷 종목 투자라는 투자법 자체가 이제는 유용하지 않게 되었다는 말씀이신가요?

Ⓜ 일본에서는 버블 붕괴 후에 주가의 부진이 계속되었던 까닭에 넷넷 종목이 다수 남아 있습니다. 그레이엄이 제창한 '그레이엄 넘버' 또한 아직 유효합니다. 이것은 PBR(주가순자산비율, 주가와 1주당 순자산을 비교하여 나타낸 비율)에 PER을 곱한 수치가 22.5 이상인 주식은 사면 안 된다는 것입니다.

Ⓝ 그 밖에도 주목할 만한 자산가치주 투자자가 있습니까?

Ⓜ 미국의 헤지펀드인 고담캐피털을 창업한 조엘 그린블라트가 있습니다. 그린블라트는 《주식시장을 이기는 작은 책》이라는 저서에서 '마법의 공식'을 제시하고, 이것은 언제나 유효하다고 주장했습니다. 하지만 장기적으로 보면 가능하지만 항상 유효한 것은 아닙니다. 때문에 많은 투자자가 이것을 지속적으로 실천하지 못합니다.

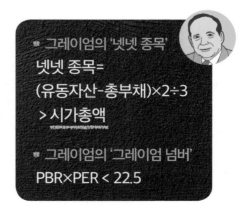

그레이엄의 '넷넷 종목'

넷넷 종목=
(유동자산-총부채)×2÷3
> 시가총액

그레이엄의 '그레이엄 넘버'

PBR×PER < 22.5

수익가치주 투자

장래 수익에 비해 저평가된 주식을 노린다

🅝 버핏은 자산가치주에 투자하지 않았나요?

🅜 방금 전에서도 말씀드렸듯이, 미국에서는 넷넷 종목이 점점 줄어들었기 때문에 버핏은 다른 가치주 투자 기법을 고안해냈습니다. 바로 수익가치주 투자입니다. 이것은 기업의 장래 수익에 비해 주가가 저평가된 종목을 사는 기법입니다. 버핏은 그레이엄이 제창한 '안전마진'에 대해서도 "나의 투자 방식은 오로지 커다란 안전마진 속에서 '기업의 내재가치'와 시장가격의 차이를 이용해 이익을 내는 것뿐이다"라고 말했습니다.

"순자산의 10%를 투입할 용기와 확신이 없다면 그 종목에 투자하지 말아야 한다."
—— 워런 버핏

실제는 매우 어려운 버핏의 투자 기법

🅝 '기업의 내재가치'는 무엇이고, 어떻게 해야 알 수 있을까요?

🅜 좋은 질문입니다. 사실은 버핏에 관해서 쓴 책을 읽어도 구체적인 내용은 거의 적혀 있지 않습니다. 그래서 활용하고 싶어도 활용하기가 어렵지요. 제가 참고하는 것도 주력 종목을 좁혀서 집중투자 하는 정도입니다.

🅝 버핏의 투자는 흉내 내기가 어렵군요.

🅜 그렇습니다. 버핏은 그레이엄의 '그레이엄 넘버' 같은 구체적인 지표를 제시하지 않았습니다. 이것은 개인적인 생각입니다만, 기업의 장래 수익을 예측하기는 매우 어렵습니다. 버핏 같은 천재나 할 수 있는 투자법입니다. 그래서 저는 수익가치주 투자에는 손을 대지 않는 편이 좋다고 생각합니다. 그보다는 앞에서 소개한 그린블라트처럼 ROIC(투하자본이익률, 기업이 실제 영업활동에 투입한 자

파브라이의 '단도 프레임워크'

1. 기존에 있었던 비즈니스로 매수 종목을 좁힌다.
2. 변화가 매우 완만한 업계의 단순한 비즈니스를 사들인다.
3. 막다른 골목에 부딪힌 업계의 막다른 골목에 부딪힌 비즈니스를 사들인다.
4. 경쟁의 우위성을 유지할 수 있는 비즈니스를 사들인다.
5. 당신에게 압도적으로 유리한 승산^{Odds}이 있다면 큰 이익을 낼 수 있다.
6. 차익거래(재정거래)⑥에 주목한다.
7. 잠재적인 본질적 가치보다 큰 폭으로 내려간 가격에 비즈니스를 사들인다.
8. 리스크가 낮고 불확실성이 높은 비즈니스를 찾아야 한다.
9. 혁신자가 되기보다 성공자를 모방하는 편이 좋다.

산으로 영업이익을 얼마나 거뒀는지를 나타내는 지표)나 PER 같은 지표를 봤을 때 저평가되었다고 판단할 수 있는 주식을 사는 편이 낫습니다. 버핏은 PBR이나 PSR(주가매출비율, 주가를 주당 매출액으로 나눈 것) 같은 지표도 유용하다고 지적했어요.

그리고 버핏의 말보다는 그를 신봉해서 버핏의 투자 사례를 연구한 두 투자자의 이야기가 더 많은 참고가 됩니다. 현재 헤지펀드를 운용하고 있는 모니시 파브라이의 저서《투자를 어떻게 할 것인가$^{The\ Dhandho\ Investor}$》와 스위스에서 아쿠아마린 캐피털 매니지먼트를 경영하는 가이 스피어의 저서《더 에듀케이션 오브 어 밸류 인베스터$^{The\ Education\ of\ a\ Value\ Investor}$》에 좀 더 실천적인 내용이 소개되어 있습니다.

---

⑥ 서로 다른 두 시장에서 같은 상품의 가격이 다를 때 그 가격 차이를 이용해 수익을 내는 방법

국제가치주 투자

다른 나라에 비해 저렴한 나라의 주식에 투자한다

🅝 국제가치주 투자는 어떤 투자법인가요?

🅜 국가별로 주식시장을 비교해서 저평가된 종목이 많은 나라의 주식을 사는 방법입니다. '국제 분산투자의 시조'로 불리는 존 템플턴이 시작했다고 알려져 있습니다. 템플턴은 1960년대에 주가의 변동률이 특히 크고 정보도 불충분하다는 이유로 해외 투자자들이 극도로 기피했던 일본 주식에 투자해 큰 이익을 거뒀습니다.

"강세장은 비관 속에서 태어나 회의 속에서 자라며,
낙관 속에서 성숙해, 행복 속에서 죽는다.
비관이 극에 달했을 때가 최고의 매수 시점이고,
낙관이 극에 달했을 때가 최고의 매도 시점이다."
── 존 템플턴

템플턴은 많은 사람이 팔 때 사고, 살 때 파는 '역추세 전략'을 보급한 사람으로도 유명합니다. 그의 투자 철학을 보여주는 "강세장은 비관 속에서 태어나 회의 속에서 자라며, 낙관 속에서 성숙해 행복 속에서 죽는다"는 지금도 빛을 발하는 명언 중 하나이지요. 그 밖에도 함축적인 명언을 많이 남겼습니다. 만약 역추세 전략을 지향한다면 그런 명언들이 곳곳에 담겨 있는《존 템플턴의 가치 투자전략》이라는 책을 꼭 읽어보셨으면 합니다.

🅝 템플턴이 시작한 국제가치주 투자는 지금도 통용되는 투자법인가요?

🅜 충분히 통용됩니다. 저의 최근 투자 사례를 말씀드리겠습니다. 작년 전반에 유가 하락의 영향으로 경제가 침체되어 상장 종목 전체가 하락했던 러시아 주식의 ETF(상장지수펀드)를 샀습니다. 그리고 러시아 경제의 회복과 함께 주가가 회복되었을 때 팔아서 이익을 냈지요.

신흥국 투자의 길을 열다

🅝 역시 대단하십니다. 현재 어떤 투자자가 국제가치주 투자를 계승하고 있나요?

🅜 먼저 꼭 언급하고 넘어가야 할 사람은 마크 모비우스입니다. 템플턴이 1987년

"존 템플턴에게 배운 중요한 것 중 하나는 겸손이다. 겸손하면 새로운 아이디어에 열린 자세가 될 수 있고, 투자에 관한 조사를 좀 더 객관적으로 할 수 있게 된다."
— 마크 모비우스

에 신흥국 시장을 대상으로 한 펀드를 설립할 때 애널리스트로 스카우트한 사람으로 '신흥국 투자의 시조'로 불립니다.

모비우스는 세계 최초의 신흥국 시장 펀드로 상장한 '템플턴 이머징마켓 펀드'

를 운용해 1987년에 1억 달러였던 순자산 총액을 20년 만에 360배로 불렸습니다. 그리고 펀드매니저를 그만둔 뒤에는 미국의 거대 자산운용회사인 프랭클린 템플턴 인베스트먼츠의 템플턴 이머징마켓 그룹 집행회장을 맡고 있지요.

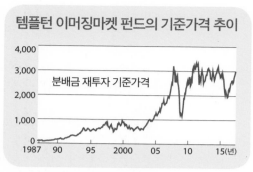

템플턴 이머징마켓 펀드의 기준가격 추이

분배금 재투자 기준가격

출처: 프랭클린 템플턴 인베스트먼츠
주: 1987년 2월 26일의 설정일을 100으로 놓고 지수화

Ⓝ 모비우스의 성공이 없었다면 오늘날 신흥국 투자가 이렇게 확산되지도 않았겠군요.

Ⓜ 템플턴이 시작한 국제 분산투자를 발전시킨 공로자입니다. 모비우스는 저명한 가치주 투자자들의 인터뷰 모음집인《더 밸류 인베스터The Value Investors》라는 책에서 템플턴에게 배운 중요한 것 중 하나로 겸손을 꼽았습니다. 투자자는 자신감이 없으면 투자를 계속하지 못하기 때문에 자신감 과잉에 빠지기 쉽지요. 그래서 저도 겸손의 중요성을 항상 명심하고 있습니다.

가치주 투자를 체계화하고 슈퍼 투자자를 모방하라

Ⓝ 지금까지 제목이 언급된 책을 전부 읽는 것도 쉬운 일은 아니겠네요.

Ⓜ 네. 그레이엄의《현명한 투자자》만 해도 700페이지가 넘습니다.

Ⓝ …….

Ⓜ 이렇게 먼 곳까지 오셨으니 그에 대한 보답으로 가치주 투자의 진수를 배울 수 있는 책 한 권을 소개해드리겠습니다. 가치주 투자자들에게 투자 아이디어를 제공하는 월간 뉴스레터 〈더 매뉴얼 오브 아이디어스〉의 편집장인 존 미하일레비치가 100명이 넘는 정상급 펀드매니저와 인터뷰한 내용을 바탕으로 쓴《가치투자 실전 매뉴얼The Manual of Ideas》입니다.

"자사 개발주의에 빠져 있어서는 투자의 세계를 헤쳐 나갈 수 없다. 결국 투자의 아이디어에는 저작권이 없기 때문에 다른 투자자를 흉내 내더라도 사용료를 낼 필요가 없다. 살다 보면 인생에서 가장 중요한 것을 공짜로 손에 넣을 때가 있는데, 투자도 마찬가지다."

"기계적인 스크리닝(종목 검색)이 확산됨에 따라 넷넷 종목을 노리는 투자자들이 투자할 수 있는 종목은 줄어들었다. 하지만 그래도 찾아보면 없지는 않다. 게다가 전 세계에서 그레이엄류의 주식을 찾을 생각이라면 많은 기회가 있을 것이다. 최근 넷넷 종목을 폭넓게 발견할 수 있는 나라는 일본이다."
──── 존 미하일레비치

지금까지 제가 설명한 벤저민 그레이엄, 워런 버핏, 존 템플턴 등을 비롯해서 전 세계 가치주 투자자들의 생각과 투자 기법을 체계화해 자세히 해설한 책입니다. 다 읽고 난 뒤의 소감은 '정말 끝내주는 책이군'이었습니다.

가치주의 비밀을 밝혀내다

Ⓝ 왜 그렇게 생각하셨나요?

Ⓜ 가치주 투자자들에게 우위성Edge의 원천이 되는, 가능하면 비밀로 숨기고 싶었던 것이 아주 알기 쉽게 설명되어 있었거든요. 이 책을 읽으면 자신이 어떤 가치주 투자 기법을 좋아하는지, 어떤 기법이 자신과 잘 맞는지도 알 수 있습니다. 특히 대단한 점은 한 장章을 할애해서 버핏 등 위대한 가치주 투자자들의 포트폴리오를 모방하라고 권한 것이었습니다.

Ⓝ 이른바 당당하게 '모방 투자'를 권한 것이군요.

Ⓜ 맞습니다. "투자의 아이디어에는 저작권이 없기 때문에 다른 투자자를 흉내 내더라도 사용료를 낼 필요가 없다"라고 단언했습니다. 더불어 "자신의 일반적

인 평가 기준을 만족시키는 것만을 엄선해서 포트폴리오에 추가하는 것이 올바른 전략이다"라는 조언도 했습니다.

분명히 성공한 투자자의 눈에 들어온 종목은 여러 가지 조건을 이미 충족시켰기 때문에 성공 가능성이 높습니다. 하지만 그럼에도 따라 하기를 망설이는 사람이 많지요. 이것은 제 개인적인 생각입니다만, '도작盜作(남의 작품을 본떠 자기 작품으로 만듦)은 죄다'라는 심리적인 저항감 때문이 아닐까 싶습니다. 이런 이유로 모방 투자가 널리 확산되지 않았기 때문에 이것을 실천하는 사람은 우위성을 유지할 수 있는 것입니다.

사실 저도 다른 투자자가 매입한 종목 중에 제 기준에 맞는 것은 사들입니다. 그리고 '표절 투자'라는 이름으로 블로그에서 그 효용성을 사람들에게 알리고 있습니다.

Ⓝ 그렇군요.

Ⓜ 《가치투자 실전 매뉴얼》에는 그 밖에도 소형주 투자의 효과 등 참고할 만한 내용이 많습니다. 또한 그레이엄의 넷넷 종목이 일본에서 폭넓게 발견될 가능성이 있음을 지적한 것도 흥미롭습니다.

억대 투자자들이 말하는

가치주 투자의 진가

가치(저평가)주 투자의 3대 조류인 ① 자산가치주 투자, ② 수익
가치주 투자, ③ 국제가치주 투자를 실천하고 있는 일본의 성공
한 개인 투자자 5인의 노하우와 투자 사례를 살펴보자.

1 자산가치주 투자

일본에는 그레이엄류 넷넷 종목이
아직 넘쳐난다

벤저민 그레이엄의 가치(저평가)주 투자 기법을 따
라 하는 개인 투자자는 많다. 다케이리 게이조 씨
도 그중 한 명으로, 도쿄대학 경제학부를 졸업하고
골드만삭스 증권과 독립계 자산운용회사에서 일한
뒤 전업 투자자로 변신해 그레이엄의 넷넷 종목 투
자를 실천하고 있다. 다케이리 씨가 자산가치주 투
자를 실천하는 이유는 가치주 펀드의 애널리스트
로 일하면서 PER이나 PBR이 낮은 저평가주에 투
자하면 돈을 벌 수 있음을 실감했기 때문이다.

"PER이나 PBR을 기준으로 봐도 일본에는 아직

다케이리
게이조

금융자산

약 2억 엔

직업 : **전업 투자자**

연령 : **30대**

투자 경력 : **약 2년**(본격적으
로 투자를 시작한 지)

거주지 : **도쿄도 거주**

골드만삭스 증권, 독립계 자산운용
회사의 애널리스트를 거쳐 2015년
6월에 전업 투자자로 변신했다.

저평가된 주식이 많이 남아 있습니다."

넷넷 종목 투자를 주체로 삼는 데는 다음과 같은 이유가 있다. 기업의 자산에는 여러 가지가 있는데, 대부분의 자산은 가치가 일정하지 않다. 하지만 현·예금이나 유가증권 같은 '현금등가물'의 가치, 즉 금액은 누가 평가하더라도 똑같다.

누구라도 그 가치를 알 수 있다

"기업에 현금등가물과 부채가 얼마나 있는지는 결산을 보면 누구라도 알 수 있습니다. 이와 마찬가지로 현금등가물에서 부채를 뺀 순유동자산이 시가총액을 웃돈다면 그 기업의 주식은 살 가치가 있다는 것 또한 누구나 알 수 있습니다."

"기업의 장래 수익을 높은 정확도로 예측할 수 있는 것은 그런 재능을 지닌 사람들뿐입니다. 매우 높은 수익률을 추구하는 게 아니라면 난이도가 낮은 넷넷 종목에 투자하는 편이 낫습니다."

이렇게 말하는 다케이리 씨가 장기적으로 지향하는 수익률은 워런 버핏이 달성해온 연평균 수익률 20%다.

넷넷 종목의 시가총액이 순유동자산을 밑도는 데는 이유가 있다. 오너 기업 또는 모회사와 자회사가 동시에 상장한 까닭에 시장에서 유통되는 주식의 수가 적다거나 본업이 적자라는 등의 이유다.

"이런 상황이 해소되지 않는다면 주가는 오르지 않습니다."

그래서 획기적인 신상품의 발매 같은, 상황을 해소할 수 있는 '재료'를 찾는다.

2017년에 다케이리 씨가 주목한 것은 파나소닉의 파나홈(2017년 9월 27일에 상장폐지)에 대

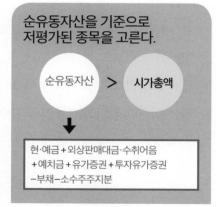

순유동자산을 기준으로
저평가된 종목을 고른다.

순유동자산 > 시가총액

현·예금 + 외상판매대금·수취어음
+ 예치금 + 유가증권 + 투자유가증권
− 부채 − 소수주주지분

2017년 5월에 주목한 예치금이 많은 종목

종목명	시가총액	NCR	PER(예상)	PBR(실적)	예상 배당수익률	예치금
JIEC	97억 2,600만 엔	109%	10.6배	0.85배	2.82%	49억 7,900만 엔
후지쯔 BSC	122억 7,100만 엔	100%	14.4배	0.77배	2.60%	83억 엔
토멘 디바이스	152억 6,900만 엔	92%	12.2배	0.58배	2.67%	168억 6,900만 엔
나카보테크	64억 2,300만 엔	91%	11.4배	0.90배	4.46%	29억 8,600만 엔
제코	66억 8,600만 엔	84%	12.1배	0.48배	—	76억 6,500만 엔
UCS	208억 7,600만 엔	80%	8.2배	0.86배	2.25%	198억 1,600만 엔
도쿄 라이데이터 제조	148억 9,000만 엔	61%	12.4배	0.79배	0.97%	57억 2,500만 엔
도시바 플랜트 시스템	1,766억 6,100만 엔	57%	13.6배	1.38배	2.10%	877억 8,400만 엔
미쓰이 금속 엔지니어링	153억 4,900만 엔	55%	11.8배	1.29배	3.75%	65억 2,700만 엔

주: NCR은 Net Cash Raio의 약자로 (현금등가물-부채)÷시가총액×100으로 산출한다. 예치금은 5월 전의 사분기 결산, 그 밖의 수치는 5월 9일 시점

한 완전 자회사화를 둘러싼 뉴스였다. 처음에는 주식교환으로 파나홈 1주에 파나소닉 0.8주를 할당할 계획이었다. 그러나 파나홈의 대주주가 된 홍콩의 헤지펀드 오아시스 매니지먼트가 주식교환비율이 적정하지 않다며 반대를 표명했다. 이에 파나소닉은 방향을 바꿔서 2017년 6월 13일까지 TOB(주식공개매수)를 실시해 보유 비율을 80%까지 높였다. 그리고 TOB에 응하지 않았던 주주의 주식까지 사들임으로써 파나홈을 완전 자회사화했다.

하지만 오아시스 매니지먼트는 파나홈이 모회사나 그룹 계열사가 활용할 수 있는 '예치금'으로 740억 엔을 갹출했다는 점도 문제로 삼았다. 또한 오아시스는 도시바를 상대로도 연결자회사인 도시바 플랜트 시스템으로부터 받은 예치금의 반납을 요구했으며, 도시바가 이 요구에 응했다는 사실도 밝혀졌다. 이에 다케이리 씨는 이러한 일련의 대응이 도화선이 되어 예치금이 많은 회사가 그 예치금을 해소하고자 기업 재편이나 주주환원 강화 등의 움직임을 보일 것이라고 생각했다. 그래서 해당되는 회사의 목록을 작성해 투자 기회를 엿보았다.

2 자산가치주 투자

가치주 매매의 지루함을 견뎌내기 위해
우대주 투자를 한다

가치(저평가)주 투자의 3대 조류를 설명해준 겸업 투자자 미키마루 씨는 주주우대가 있으면서 주가지표를 봤을 때 지극히 저평가된 종목에 투자해 수억 엔에 이르는 자산을 쌓았다. 또한 이 독자적인 투자법에 '우대 가치주 투자'라는 이름을 붙이고 그 노하우와 종목 투자 이유 등을 구체적으로 자신의 블로그인 '미키마루의 우대 가치주 일지'에 소개하고 있다. 이 블로그는 우대주 애호가들 사이에서 '우대가치주 투자자들의 바이블'로 불릴 만큼 인기를 모으고 있다.

　미키마루 씨가 주식투자를 시작한 때는 2001년으로, 잡지에서 주주우대에 대한 내용을 접한 후 주주우대를 목적으로 쇠고기덮밥 체인을 운영하는 요시노야 홀딩스의 주식을 산 것이 시작이었다.

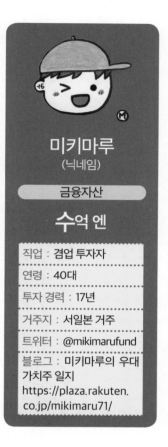

미키마루
(닉네임)

금융자산

수억 엔

직업 : 겸업 투자자

연령 : 40대

투자 경력 : 17년

거주지 : 서일본 거주

트위터 : @mikimarufund

블로그 : 미키마루의 우대 가치주 일지
https://plaza.rakuten.
co.jp/mikimaru71/

빨판상어 투자로부터 서서히 벗어나다

당시는 확고한 투자법 없이 사와카미투신이 운용하는 '사와카미펀드'의 포트폴리오에서 하위 종목을 사들였다.

　"이른바 빨판상어 투자입니다. 상위 종목은 주가가 이미 상승한 상태이므로 앞으로 하위 종목이 오를 것이라고 생각했습니다. 그래서 사와카미의 매수가보다 주가가 크게 하락한 종목을 샀습니다. 그렇게 해서 꽤 좋은 성적을 거뒀습니다."

미키마루의 최고 주력 종목

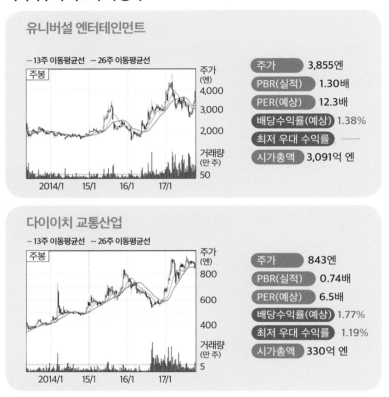

유니버설 엔터테인먼트

－13주 이동평균선　－26주 이동평균선

주가	3,855엔
PBR(실적)	1.30배
PER(예상)	12.3배
배당수익률(예상)	1.38%
최저 우대 수익률	―
시가총액	3,091억 엔

다이이치 교통산업

－13주 이동평균선　－26주 이동평균선

주가	843엔
PBR(실적)	0.74배
PER(예상)	6.5배
배당수익률(예상)	1.77%
최저 우대 수익률	1.19%
시가총액	330억 엔

주: 최저 우대 수익률은 최저 우대금액÷최저 우대취득금액(주주우대를 획득할 수 있는 최소 주식 수×주가)×100으로 산출. ―은 산출 불가. 주가와 지표의 수치는 2017년 10월 17일 시점

약 2년 후인 2003년, 미키마루 씨는 아직 블로그가 널리 보급되지 않았던 당시, 야후의 주식 게시판에 들어가 그곳에 글을 쓰는 유명 개인 투자자들의 투자법을 공부했다.

"그렇게 서서히 사와카미 빨판상어 투자법으로부터 벗어날 수 있었습니다."

또한 주주우대가 있는 종목의 운용 성적이 더 좋음을 깨닫고 우대주 투자를 주력으로 삼았다.

"2005년 블로그를 개설했을 때는 현재의 투자법이 거의 완성된 상태였습니다."

그 투자법은 다음과 같다. 먼저 PBR이 낮으면서 동시에 배당과 우대 수익률이 좋은 종목을 최소 거래 수량만 사서 '우대주 어항'에 넣는다. PBR을 중시하는 이유는 '손해를 볼 확률이 낮은 투자를 하기' 위해서다. 다음에는 그 가운데 주가지표나 실적 등의 펀더멘털이 양호하고 주가 상승으로 이어질 재료가 있는 종목을 추가 매수해 주력으로 삼는다.

　버핏을 모방해서 집중투자 한 종목의 주가 상승 위력을 높이기 위해 최고 주력 종목에 운용자금의 3분의 1, 준주력 종목을 포함한 15종목 정도에 3분의 2를 투자하고 있다.

　"메이저리그 팀이 마이너리그의 선수를 발탁하듯이, 우대주 어항에서 주력 종목을 선정합니다. 밤에는 편한 마음으로 자고 싶기 때문에 신용거래는 하지 않는다는 방침을 고수하고 있습니다."

　주가지표의 경우, 그레이엄의 '그레이엄 넘버'도 사용한다. PBR과 PER을 곱한 수치가 22.5 이상인 주식은 사지 않는다는 것이다. 미키마루 씨는 이 기준을 더욱 엄격하게 적용해 기본적으로 그 절반인 11.25 미만의 종목만을 산다는 방침이다.

　"그레이엄 넘버가 5 이하인 종목을 샀을 때 치명적인 손실을 보는 일은 없습니다. 그리고 2 이하인 종목을 샀을 때 손해를 보는 일은 거의 없습니다."

　한편 예전에는 지표가 저평가에서 고평가로 바뀌었을 때 그 종목을 매도했는데, 이 때문에 기세를 타고 더 오르는 종목을 너무 일찍 팔아버리는 경우도 적지 않았다.

미키마루의 투자 방침

최고 주력(중심 선수)
상위 3종목, 전체 투자 금액의 3분의 1을 차지한다.

⬆ 가장 전투력이 높은 종목을 선발

주력(메이저리그)
상위 15종목 자금의 3분의 2를 차지한다.

⬆ 펀더멘털이 양호하고 주가 상승의 재료가 있는 종목을 끌어올린다.

우대주 어항(마이너리그)
PBR이 낮고 배당과 우대의 종합 수익률이 좋은 종목을 최소 거래 수량만 사서 넣어둔다. 약 600종목

그래서 2014년부터는 모멘텀 투자 기법을 도입해 최고가에서 10% 하락한 시점에 파는 형태로 전환했다.

미키마루 씨의 최고 주력 종목은 세 종목인데, 아직 매수 중인 한 종목은 제외하고 두 종목을 알려줬다. 1위는 파칭코·슬롯머신을 제조 판매하는 유니버설 엔터테인먼트로 2016년에 문을 연 필리핀의 카지노리조트의 수익 공헌이 기대되었다. 또한 유니버설은 주주우대로 오리지널 상품을 증정한다. 2위는 규슈 기반의 택시회사 다이이치 교통산업으로서 도쿄증권거래소 1부 승격이 기대되고 있다.

미키마루 씨는 "저명한 투자자 윌리엄 브라운은 가치주 투자 이익의 대부분이 투자 기간 중 2~7% 시기에 발생한다고 말했습니다. 즉 주가가 오르지 않는 지루한 기간이 압도적으로 길다는 말이지요. 주주우대를 기대하면서 그 기간을 견뎌낼 수 있다는 점이 우대 가치주 투자의 가장 큰 효용성입니다"라고 강조했다.

1 수익가치주 투자

주가가 아니라 회사의 가치에 주목!
매수 후 성장을 지켜본다

다케우치 히로키 씨는 매출액이 연 5~10%, 당기순이익이 연 10% 이상 증가하고 있는 '중간 정도 성장 기업'의 주식을 저평가된 가격에 매수하는 수익가치주 투자로 억대의 재산을 쌓았다. 지금은 주식투자를 하면서 주로 초보자를 대상으로 투자 정보를 제공하는 '쉽게 주식을 시작하는 방법' 사이트를 운영하고 있다. 이 사이트에서 제공하는 정보는 개별주뿐만 아니라 펀드나 납세, 주택담보대출에 관한 것 등 다양하다. 누구나 무료로 볼 수 있으며, 수입은 사이트에 광고를 의뢰한 금융기관에서 받는 광고료다. 이 사업 수입과 주식 운용수익을 더한 금융자산은 2억 엔 이상에 이른다.

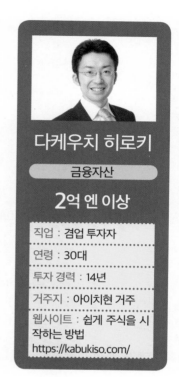

다케우치 히로키

금융자산

2억 엔 이상

직업 : 겸업 투자자	
연령 : 30대	
투자 경력 : 14년	
거주지 : 아이치현 거주	
웹사이트 : 쉽게 주식을 시작하는 방법 https://kabukiso.com/	

다케우치 씨가 주식투자를 시작한 때는 2004년으로, 회사 선배의 "나는 주택대출금을 갚기 위해서 일하는 것이나 다름없어. 그래서 회사를 그만두고 싶어도 그만둘 수가 없어"라는 말이 계기였다. 이 말을 듣고 같은 상황이 되고 싶지 않다는 생각에서 주식투자로 자산을 불리자고 결심하게 된 것이다.

세미나에서 주식의 본질을 알게 되다

처음에는 잡지에 실린 종목이나 왠지 마음에 드는 회사의 주식을 샀다.

"확실한 근거가 없었기 때문에 조금만 오르면 팔아버리고, 반대로 내리면 묵혀두곤 했습니다."

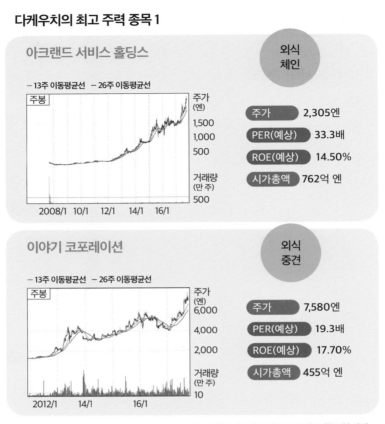

다케우치의 최고 주력 종목 1

아크랜드 서비스 홀딩스 　외식 체인

－13주 이동평균선　－26주 이동평균선
주봉

주가(엔)
1,500
1,000
500

거래량(만 주)
500

2008/1　10/1　12/1　14/1　16/1

주가	2,305엔
PER(예상)	33.3배
ROE(예상)	14.50%
시가총액	762억 엔

이야기 코포레이션 　외식 중견

－13주 이동평균선　－26주 이동평균선
주봉

주가(엔)
6,000
4,000
2,000

거래량(만 주)
10

2012/1　14/1　16/1

주가	7,580엔
PER(예상)	19.3배
ROE(예상)	17.70%
시가총액	455억 엔

주: 주가와 지표의 수치는 2017년 10월 17일 시점

　그러던 다케우치 씨에게 전환점이 찾아왔다. 한때 벤처기업의 경영자로서 성공했지만 회사의 도산과 함께 파산한 경험이 있는 이타쿠라 유이치로의 투자 세미나에 참석한 것이다. 다케우치 씨는 발디딜 틈 없이 들어찬 사람들 속에서 이틀에 걸쳐 이른 아침부터 한밤중까지 회계와 기업의 재무제표 분석 방법 등을 배웠다.

　"주가가 아니라 기업의 가치에 주목하여 투자하는 것이 주식의 본질임을 그 세미나에서 깨달았습니다."

다케우치의 최고 주력 종목 2

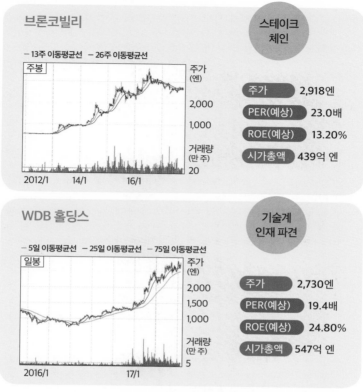

브론코빌리

스테이크
체인

− 13주 이동평균선 − 26주 이동평균선

주봉

주가
(엔)

2,000

1,000

거래량
(만 주)

20

2012/1   14/1   16/1

주가	2,918엔
PER(예상)	23.0배
ROE(예상)	13.20%
시가총액	439억 엔

WDB 홀딩스

기술계
인재 파견

− 5일 이동평균선 − 25일 이동평균선 − 75일 이동평균선

일봉

주가
(엔)

2,000
1,500
1,000

거래량
(만 주)

5

2016/1   17/1

주가	2,730엔
PER(예상)	19.4배
ROE(예상)	24.80%
시가총액	547억 엔

주: 주가와 지표의 수치는 2017년 10월 17일 시점

투자에 성공한 후 자신의 투자법을 확신하다

이때부터 다케우치 씨는 실적을 지속적으로 높이는 성장 기업을 찾아내 그 주식을 사게 되었다. 타이밍이 어긋날 때도 있기는 하지만 기본적으로 실적이 확대되면 주가도 함께 상승하기 때문이다.

> **투자 대상 종목의 스크리닝 조건**
> 1. 매출액 증가율 연 10~15%
> 2. 당기순이익 증가율 연 10% 이상
> 3. 수익을 통한 저평가도 판정
>   예상 PER 10배 이하
> 4. 자금의 효율성 ROE 10% 이상
> 5. 사업 규모 시가총액 30억~300억 엔

다만 급성장 기업의 주식은 지속적인 성장을 기대할 수 없기 때문에 사지 않는다.

또한 자산가치주에도 손을 대지 않는다. '언제 주가가 상승할지 사전에 예측할 수 없기' 때문이다. 그래서 주가지표에서 PBR은 전혀 보지 않고 PER과 자본의 효율성을 나타내는 ROE를 중시한다.

다케우치 씨가 투자법을 확립할 수 있었던 데는 돈카츠 전문점 '가츠야'를 운영하는 아크랜드 서비스 홀딩스에 투자해 성공한 것이 컸다. 유명 블로거인 다—짱이 언급한 것을 보고 관심이 생겨서 조사해본 뒤에 매수했다고 한다.

"이 주식이 처음 사들였던 주가의 30배 정도까지 상승한 덕분에 지금의 투자법에 확신을 가질 수 있었습니다."

다케우치 씨는 지금도 아크랜드의 주식을 추가 매수해 보유하고 있다. 그리고 이와 마찬가지로 출점 계획을 통해 실적의 확대를 사전에 예측 가능하고, 월간 매출액으로 성장을 확인할 수 있는 외식과 소매업 종목 중심으로 투자하고 있다.

주가 상승의 재료가 있는 저低PER 종목을 매매
실패 확률이 낮은 투자로 1억 엔을 지향한다

"저 같은 평범한 사람도 자본금을 6~7배로 불릴 수 있습니다. 결코 몇몇 특출한 사람만이 주식투자로 수익을 낼 수 있는 것은 아닙니다."

전업 투자자인 이모라우 씨는 이렇게 강조했다. 회사원으로서의 미래에 불안감을 느끼고 취직한 지 얼마 안 되었을 무렵 주식투자를 시작했다. 다만 투자법이 확립되지 않은 까닭에 본격적으로 뛰어들지는 않았다. 그런데 2006년의 라이브도어 사태에 이어 2008년의 리먼 브라더스 사태로 운용자산을 크게 잃자 마음을 고쳐먹고 2009년부터 진지하게 공부하며 본격적으로 주식투자에 임하게 되었다. 그 결과 이모라우 씨가 선택한 투자법은 가치(저평가)주 투자로, 예상 PER이 낮으면서 주가를 상승시킬 수 있는 재료가 있는 종목을 찾아 매수했다.

이모라우
(닉네임)

금융자산

4,000만 엔

직업 : 전업 투자자	
연령 : 30대	
투자 경력 : 9년(본격적으로 투자를 시작한 지)	
거주지 : 아이치현 거주	
트위터 : @imolau	
웹사이트 : 이모라우의 잃지 않는 투자 http://imolau.blog99.fc2.com/	

'가치함정'에 빠지는 사태를 방지한다

"예전에는 예상 PER이 10배 이하인 종목으로 대상을 좁혀서 매수했습니다. 그런데 주가가 저평가된 채 상승하지 않는, 이른바 가치함정(밸류트랩)에 빠질 때가 많더군요."

그래서 이모라우 씨는 예상 PER의 기준을 재검토해 25배 이하를 상한선으로 정했다. 또한 영업이익 증가율도 고려하게 되었다. 구체적으로는 영업이익의 연간 증가율이 예상 PER을 웃돌 것이 조건이다. 증가율이 20%가 넘는다면 예상 PER이 20배라도 사는 것이다.

한편, 테마주의 대표인 바이오주와 게임주의 경우 조건을 충족시키더라도 손대지 않는다. '기대감이 앞서서 급등했다가 기대

이모라우의 최고 주력 종목 1(2017년 9월 말 시점)

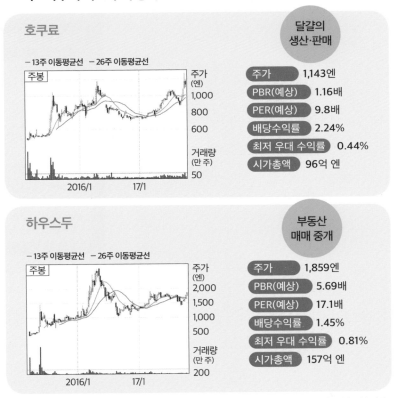

주: 주가와 지표의 수치는 2017년 10월 17일 시점

감이 약해지면 급락하는 경우가 많기 때문'이다. 또한 실적의 상향 수정이나 이익률의 개선, 새로운 사업의 전개 등 주가 상승으로 이어질 것 같은 재료가 있는 종목을 고른다.

이와 같이 종목을 선정하기 위한 조건을 다양하게 설정한 이유는 '최대한 잃지 않는 투자를 지향하기 때문'이다. 실제로 이모라우 씨의 운용 실적을 보면 2009년 이후 가장 낮았을 때는 2010년으로 전년 대비 5% 증가였다. 또한 2012년 이후 전년 대비 58.5% 증가라는 최고 기록을 달성한 2013년을 비롯해 매년 전년 대비 20%가 넘는 증가율을 기록하고 있다.

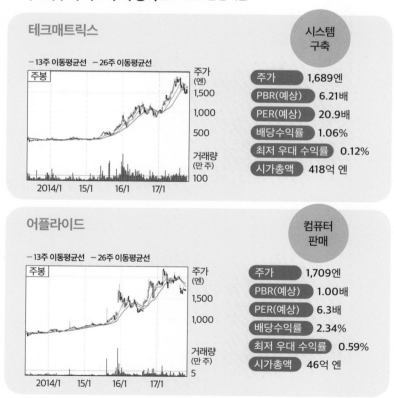

이모라우의 최고 주력 종목 2(2017년 9월 말 시점)

테크매트릭스 — 시스템 구축

주가	1,689엔
PBR(예상)	6.21배
PER(예상)	20.9배
배당수익률	1.06%
최저 우대 수익률	0.12%
시가총액	418억 엔

어플라이드 — 컴퓨터 판매

주가	1,709엔
PBR(예상)	1.00배
PER(예상)	6.3배
배당수익률	2.34%
최저 우대 수익률	0.59%
시가총액	46억 엔

주: 주가와 지표의 수치는 2017년 10월 17일 시점

독자적으로 정립한 매도 규칙

이모라우 씨는 주식의 매도에 대해서도 독자적인 규칙을 세워 놓았다. 영업이익 증가율 등을 기준으로 직접 설정한 목표주가에 도달하면 보유 주식의 절반을 매도한다.

"기세가 붙은 종목은 목표주가를 넘어서 상승할 때가 많습니다. 나머지 절반으로 그 상승분을 먹는 것이 목적이지만, 절반을 팔아두면 나중에 주가가 하락해서 목표주가를 밑돌더라도 덜 후회할 수 있습니다."

최대한 잃지 않는, 정신적인 부담이 작은 투자를 지향하는 이모라우 씨다운 방식이다. 이런 투자 자세 때문에 신용거래는 거의 이용하지 않는다. 현재의 최고 주력 종목은 홋카이도에서 점유율 50%를 차지하고 있으며 혼슈 진출이라는 재료가 있는 달걀 생산·판매회사 호쿠료 등 4종목이다. 최대한 잃지 않는 가치주 투자로 운용자산 1억 엔 돌파를 지향하고 있다.

국제가치주 투자

신흥국의 저평가된 성장주에 투자
'고도성장'의 과실을 누린다

청소회사의 회사원에서 전업 투자자로 변신한 것으로 유명한 www9945 씨. 회사원 시절의 연 수입은 300만 엔이었지만, 주식투자로 자산을 약 3억 엔까지 불렸다. 겸업 투자자에게 스타와도 같은 존재인 그는 현재 국내외의 고배당 저평가 종목을 중심으로 보유해 안정된 배당 수입을 얻고 있다. 한편으로 큰 폭의 주가 상승을 노리고 유망 종목에도 집중투자 하고 있다.

그는 배당 수입의 일부를 아시아의 신흥국 주식 매수에 사용하고 있다. '베트남은 2020년, 인도네시아는 2030년, 필리핀은 2040년까지 생산연령인구가 계속 증가할 것으로 예상되고 있어 경제 성장의 여지가 크기' 때문이다. 경제가 확대되어 현지 기업의 실적이 향상되면 주가가 상승할 뿐만 아니라 배당금도 증가한다. 또한 경제 성장에 동반해 현지 통화의 가치가 상승함에 따라 엔화로 환산한 주가나 배당 금액이 증가한다.

"주가, 배당, 외환의 세 가지 조건에서 주식의 가치가 높아지는 것입니다."

www9945
(닉네임)

금융자산

약 3억 엔

직업 : 전업 투자자	
연령 : 40대	
투자 경력 : 23년	
거주지 : 도쿄도 거주	
트위터 : @sp500500	
웹사이트 : www9945의 공개 프로필 http://plaza.rakuten.co.jp/ www9945/	

국제가치주 투자는 일본의 시니어에게 유리하다

2016년, www9945는 인도네시아의 수도 자카르타와 베트남의 호치민을 연달아 방문했다. 그는 "이곳저곳에서 건설공사가 진행 중이더군요. 일본의 고도성장기와 같은 상황임을 실감했습니다"라고 말했다.

베트남 주식에 가장 힘을 쏟고 있는 www9945 씨는 이런 실정을 반영해 일용품과 식품, 의약품 같은 생활필수품, 담배와 맥주 같은 기호품을 제조·판매하는 회사의 주식을 사들였다. 그중에는 사무용품 제조사인 티엔룽 그룹^{TLG}처럼 주가가 매수가의 10배가 넘게 상승한 종목도 있다.

"고도성장기의 일본에서 수요와 소비가 크게 증가했던 산업의 주식을 사고 있습니다. 이런 이유로 아시아 신흥국의 주식투자는 고도성장기를 경험했고, 당시 무엇이 잘 팔렸는지 기억하고 있는 일본의 시니어(고령자 층)에게 유리합니다."

2016년 11월 미국 대통령 선거 이후 찾아온 트럼프 경기로 한때 미국의 주식시장에 자금이 집중되었다. 그 바람에 아시아의 신흥국들은 자금 유출에 따른 통화 가치 하락과 주가 하락을 겪었다. 그러나 www9945 씨는 동요하지 않았다.

"아시아의 신흥국 주식에 장기 투자합니다. 폭풍이 지나가기를 가만히 기다릴 뿐이지요. 배당이 들어오면 담담하게 추가 매수할 것입니다."

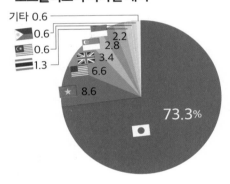

포트폴리오의 국가별 내역

기타 0.6
0.6
0.6
1.3
2.2
2.8
3.4
6.6
8.6
73.3%

www9945의 국가별 최고 주력 종목(2017년 9월 말 시점)

종목명	종목명	주가	PBR(실적)	PER(예상)	개요
일본	에리어링크	2,373엔	1.85배	20.5배	부동산 서브리스(전대)
베트남	비나밀크	14만 9,100동	8.22배	21.6배	식품 대기업(우유, 아이스크림)
미국	알트리아 그룹	64.87달러	10.29배	19.9배	담배
영국	브리티쉬 아메리칸 토바코	4,865파운드	10.53배	17.2배	담배
싱가포르	싱가포르 텔레콤	3.74싱가포르달러	2.27배	14.9배	통신
인도네시아	텔레코뮤니카시 인도네시아	4,400루피아	4.67배	18.5배	통신
타이	타이탭워터	10.7바트	3.71배	17.4배	상하수도 공급회사
말레이시아	하이네켄 말레이시아	18.68링깃	12.60배	20.3배	맥주
필리핀	글로브 텔레콤	2,060필리핀페소	3.25배	18.0배	통신

주: 주가와 지표의 수치는 2017년 10월 17일 시점

아래 언급된 투자자들의 기법은 《일본 주식시장의 승부사들 Ⅰ》에 자세히 소개되어 있다.

'가치(저평가)주 투자'를 '모멘텀 투자'와 대비시키는 미키마루식 분류법을 통해 유명한 억대 투자자들의 기법을 재분류하면 다음과 같다.

억대 투자자를 재분류하다

자산가치주 투자

주식1000   다케이리 게이조

다-짱   다케키요 이사무

국제가치주 투자

www9945

모멘텀 투자(단기)

테스타   메가빈

야맨

모멘텀 투자(중장기)

요로즈노   마사히로 /유나기   주식수병

DUKE   이마카메안

수익가치주 투자

가타야마 아키라

고미 다이스케

마키타니 겐고

오쿠야마 쓰키토

스포

컴스톡

로쿠스케

펜타

아일

아키

심판부장

오발주

v-com2

칼럼 ①
뉴페이스 억대 투자자

FILE 1

**큰 손실이 나도 나만의 '승리 패턴'을
고수한다**

주식투자로 2005년에 8억 엔까지 자산을 불린 투
자 노하우와 실천 사례를 소개한 블로그가 인기
를 끌어 책까지 출판하는 등 승승장구했다. 하지
만 2008년의 리먼 브라더스 사태로 추락, 자산이
1억 엔 미만으로 감소했다. 그러나 이때부터 다시
주식투자를 시작해 2017년 5월 말 5억 5,000만 엔
까지 회복시켰다.

겸업 투자자 에스(닉네임) 씨는 이런 파란만장한
드라마의 주인공이다. 지금도 상장기업에서 경리
업무를 보면서 주식 거래를 계속하고 있다.

에스
(닉네임·남성·40대)

금융자산
5.5억 엔

프로필
직업　　　회사원
투자 경력　22년
거주지　　도쿄도

투자 스타일
⭐일본 주식 중심
⭐신흥·중소형주 중심의
　대박을 노리는 투자

일본 주식 운용 성적
2014년　+21.6%
2015년　+105%
2016년　+42%

새로운 마음으로 저평가주 투자를 시작하다

에스 씨가 주식을 시작한 때는 1996년으로, 당시 대기업에서 경리 업무를 보고 있었다.

"업무상 필요해서 주식에 관해 공부하면서 저도 거래를 하고 싶어졌습니다."

자본금 90만 엔 정도로 시작한 에스 씨가 처음 산 종목은 도쿄급행전철 그룹의 회사이며 영화관을 운영하는 도큐 레크리에이션이었다. 주주우대로 영화 관람권을 받을 수 있다는 점(당시)에 주목했던 것인데, 덕분에 영화를 즐기기는 했지만 주가는 크게 하락해 결국 손절매를 할 수밖에 없었다. 그 후에도 주식 매매를 계속하며 투자 금액을 800만 엔으로 늘렸지만, 결과는 이익과 손실의 반복이었다. 그리고 2002년 11월에 증권계좌 잔액을 조회했다가 160만 엔 정도밖에 남아 있지 않은 것을 보고는 진지하게 주식투자에 임하기로 결심했다.

당시는 닛케이평균주가가 7,000엔대로 하락했고, 5,000엔대까지 계속 하락할 것이라는 견해도 있었다. 그러나 에스 씨는 '앞으로 경기가 좋아지면 지금 저평가되어 있는 종목의 주가가 5배나 10배로 오르지 않을까?'라는 생각에서 저평가된 종목을 매수해 경기가 회복될 때까지 계속 보유한다는 작전을 세웠다. 그리고 이 작전을 실행하기 위해 구입한 첫 번째 종목이 업무용 기계, 기구를 만드는 모리텍스였다. 이 회사는 TOB를 통해 중국계 펀드인 MV재팬의 산하에 들어갔고, 지금은 상장폐지되었다. 광섬유를 제조했던 모리텍스의 시가총액은 IT(정보기술) 버블의 절정기에 1,000억 엔까지 올랐었는데, 2003년에 에스 씨가 주목했을 때는 25분의 1인 40억 엔으로 감소한 상태였다. 이에 에스 씨는 '아무리 버블이 꺼졌다지만 지나치게 하락했어. 광섬유 사업 부문만으로도 40억 엔 이상의 가치는 있을 텐데'라고 생각했다.

경기가 회복되기까지 몇 년이 걸리더라도 계속 보유할 생각이었는데, 모리텍스

주가는 에스 씨의 예상과 달리 단기간에 급등했다.

"매수가의 2배에 매도했던 것으로 기억합니다."

그 덕분에 2008년 8월에는 자산이 1,000만 엔을 돌파했다. 저평가된 주식을 사는 작전에 자신감이 생긴 에스 씨가 다음으로 주목한 것은 은행주였다. 미즈호파이낸셜 그룹 등 메가뱅크의 경영 상황을 조사해본 후 불량채권이 적정하게만 처리된다면 연간 1조 엔 정도의 경상이익이 나게 된다는 것을 알게 되었다. 한편 시가총액은 1조 엔을 밑돌고 있었기 때문에 주가가 저평가 상태임은 틀림없다고 판단했다.

그러나 당시는 메가뱅크의 파산 소문도 퍼져 있었기 때문에 매수를 망설였다. 그러던 차에 정부가 금융지주회사인 리소나 홀딩스의 파산을 막기 위해 공적 자금을 투입해 국유화한다는 뉴스를 들었다. 에스 씨는 '리소나를 구제한다면 정부가 메가뱅크의 파산을 방치할 일은 절대 없을 것'이라고 확신했다. 신용거래까지 동원해 미즈호와 그룹 기업인 신코 증권(현재 미즈호 증권), 미즈호 인베스터즈 증권(현재 미즈호 증권)의 주식을 닥치는 대로 사들였다.

"증권회사의 주식은 1개월 뒤 2배가 된 시점에 매도했고, 그 돈으로 미즈호의 주식을 더 샀습니다."

이러한 매매 덕분에 에스 씨의 주식 자산은 2004년 5월에 1억 엔을 돌파했다.

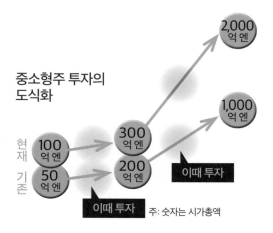

중소형주 투자의
도식화

주: 숫자는 시가총액

신용할 수 없는 회사는
투자 대상에서 제외

이 일대 승부 후, 에스 씨는 중소형주를 중심으로 투자하게 된다.

"중소형주만을 고집하는 것은 아니지만, 중소형주에는 저평가된 종목이 많고 저평가의 해소와 함께 크게 오를 기회도 많습니다."

벤처기업에서 IR을 담당한 경험을 언급하며 다음과 같은 지적도 했다.

"IR 업무를 통해 기관 투자자가 대형주만 본 다는 사실이나 대형주의 분석에서는 자산운용 전문가들을 이길 수 없음을 실감했습니다. 그 리고 동시에 기관 투자자나 전문가가 관심을 갖지 않는 중소형주라면 개인 투자자가 수익 을 낼 가능성이 크다는 생각도 들었지요."

중소형주에 투자할 때는 실적의 확대가 예 상되고, 주가가 수년 안에 4~5배가 될 정도의 잠재적 성장력이 있는 종목을 사들인다.

"중소형 성장주에는 시가총액이 50억 엔이 던 회사가 4배인 200억 엔으로, 시가총액이 200억 엔이던 회사가 5배인 1,000억 엔이 되는 식으로 다음 단계의 성장으로 넘어가는 프로 세스가 있습니다. 그 성장 과정에 투자한다고 나 할까요?"

에스의
주식 매매 규칙

매수

⭐ 생각지 못했던 어떤 문제점 때문에 자신이 그렸던 성장 스토리가 어그러진 상황이 아 니라면 주가가 하락할 때 물타기 매수한다.

매도

⭐ 목표주가에 근접해 저평가가 해소되었으 면 조금씩 판다.
⭐ 자신이 그렸던 시나리오에서 벗어났다면 손실을 입더라도 매도한다.
⭐ 기업에 대한 신뢰가 무너질 정도의 위화감 을 느낀다면 판다.

리스크 관리

⭐ 유동성을 의식하며 현금과 주식의 비율을 결 정한다.
⭐ 장래의 인플레이션에 대비해 브랜드 가치가 크게 오를 가능성이 있는 기업을 선택한다.

현재는 주식시장 전체가 오르고 있기 때문 에 성장 과정의 수준을 높였다고 한다. 다만 아무리 실적 확대가 예상되더라도 주 가가 저평가 상태가 아닌 종목은 사지 않는다. 저평가 여부를 판정할 때는 PER을 사용하는데, 그 산출 방법이 독특하다. 전기前期의 실적이나 이번 분기의 예상으로 산출한 EPS는 사용하지 않는다. 이익의 증가율을 바탕으로 계산한 수년 후의 순이 익 추계로 계산한 EPS로 주가를 나눠서 장래의 수익을 기준으로 하는 PER을 산출 해 저평가인지 아닌지를 판정한다.

주력

퍼스트로직

투자용 부동산 정보
사이트 운영

주가 2,592엔	PER(예상) 25.2배	시가총액 152억 엔

─ 5일 이동평균선 ─ 25일 이동평균선 ─ 75일 이동평균선

일봉 / 주가(엔)

2016년 7월에 매수

3,000

2,000

거래량(만 주)

2016/1   17/1   10

2

주: 주가와 지표의 수치는 2017년 10월 17일 시점

예상 시나리오

부동산 검색 사이트는 리쿠르트 주거 컴퍼니의 'SUUMO(스-모)'가 독주하는 가운데 주변의 틈새를 공략하는 회사가 대두할 것으로 예상된다. 그 선두주자로서 투자용 부동산 정보 사이트 '라쿠마치'의 이용이 증가하고 있는 퍼스트로직을 주목했다.

흥미가 생긴 회사는 투자 대상으로 삼을지 조사한다

또한 단일사업 회사 등 실적 확대의 원동력이 되고 있는 주력사업이 명확하고, 그 내용을 이해할 수 있는 회사를 투자 대상으로 삼는다. 그리고 실적이 향상되었더라도 경영진을 신뢰할 수 없는 회사의 주식은 사지 않는다. 이것은 중소형주뿐만 아니라 대형주도 마찬가지다.

종목을 발굴할 때는 특별한 작업을 하지 않는다. 뉴스에서 보는 등 어떤 계기로 흥미가 생긴 회사를 조사할 뿐이다.

"일정한 조건으로 스크리닝도 해봤지만 별 성과가 없더군요."

이런 투자를 실천한 에스 씨는 소프트웨어 개발회사인 사이보즈를 매수가의 약 5배에 매도하는 등의 성공을 거듭한 결과 2005년에 자산을 약 8억 엔까지 불렸다. 하지만 리먼 브라더스 사태로 자산이 1억 엔 이하가 되는 사태를 맞이했다.

"보유 주식의 대부분이 유동성이 낮은 중소형주였던 까닭에 즉시 손절매를 하지 못해 손실이 커져버렸습니다."

이 일로 블로그 활동을 장기간 쉬는 등 의욕을 잃었다.

주력

다나베공업

설비공사

주가	993엔
PER(예상)	8.8배
시가총액	106억 엔

— 5일 이동평균선 — 25일 이동평균선 — 75일 이동평균선

일봉

2016년 6~7월에 본격 매수

주가 (엔)
800
600
400

거래량 (만 주)
10

2016/1   17/1   10

예상 시나리오

2020년 3월기의 목표인 매출액 400억 엔, 매출액영업이익률 5%를 달성할 가능성이 크다. 도쿄증권거래소 1부 승격을 노리고 있음이 명확해지면 투자자들의 이목이 집중될 듯하다.

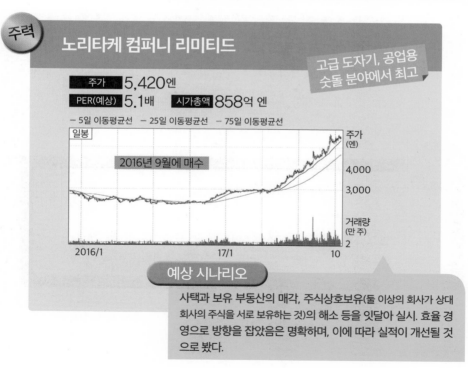

주력

노리타케 컴퍼니 리미티드

고급 도자기, 공업용 숫돌 분야에서 최고

주가	5,420엔
PER(예상)	5.1배
시가총액	858억 엔

— 5일 이동평균선 — 25일 이동평균선 — 75일 이동평균선

일봉

2016년 9월에 매수

주가 (엔)
4,000
3,000

거래량 (만 주)
2

2016/1   17/1   10

예상 시나리오

사택과 보유 부동산의 매각, 주식상호보유(둘 이상의 회사가 상대 회사의 주식을 서로 보유하는 것)의 해소 등을 잇달아 실시. 효율 경영으로 방향을 잡았음은 명확하며, 이에 따라 실적이 개선될 것으로 봤다.

하지만 곧 주식투자를 재개해 자산을 5억 5,000만 엔까지 회복시켰다. 실패의 교훈에서 유동성을 고려해 현금과 주식의 비율을 결정하게 되었지만, 기존의 투자 기법은 크게 바꾸지 않았다.

현재 최고 주력 종목은 투자용 부동산 정보 사이트를 운영하는 퍼스트로직이다. 리쿠르트 주거 컴퍼니의 부동산 정보 사이트 'SUUMO(스-모)'가 독주하는 가운데 주변의 틈새 분야에서 성장할 것으로 내다봤다. 또한 고급 도자기나 공업용 숫돌 분야에서 일본 최고의 기업인 노리타케 컴퍼니 리미티드의 경우는 현 경영진이 추진하는 경영 개혁을 통해 실적이 개선될 것으로 예상해 보유하고 있다.

플랜트의 설계·공사가 주력 사업인 다나베공업은 과거 5년간의 영업이익증가율이 평균 30%가 넘는 고수익 기업이다. 에스 씨는 지금까지의 실적 진척 상황을 봤을 때 2020년 3월의 목표로 내건 매출액 400억 엔, 매출액영업이익률 5%를 달성할 가능성이 크다고 보고 있다. 또한 2017년에 들어서면서 주식분할과 주주우대의 신설, 시간외 대량 매매, 증배(회사가 배당을 늘리는 것)를 잇달아 실시한 것에도 주목했다. 도쿄증권거래소 1부 승격을 노린 움직임일 가능성이 있다는 판단이다. 이점과 태양광발전플랜트 사업의 실적이 성장하면 투자자들의 주목을 받아 주가가 크게 오를 것으로 기대하고 있다.

이렇게 해서

억만장자가 될 수 있었다!

▶ 어떤 주식이든 저평가된 가격에 사는 자세를 무너뜨리지 않는다.
▶ '승산이 있다'고 확신한 투자에는 신용거래까지 동원해 승부에 나선다.
▶ 자산의 대부분을 잃는 사태에 빠지더라도 자신이 믿는 투자법을 고수한다.

FILE 2

5년간의 시행착오를 거친 후 중소형주 투자의 정밀도를 높이다

"지방에 살고 있어도 불리한 점은 없습니다. 도시 사람들과 같은 환경에서 승부할 수 있지요."

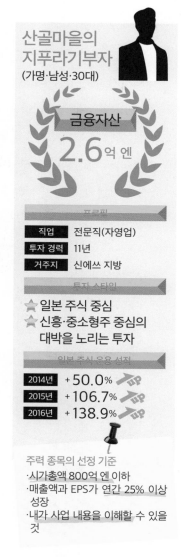

산골마을의
지푸라기부자
(가명·남성·30대)

금융자산
2.6억 엔

프로필
직업	전문직(자영업)
투자 경력	11년
거주지	신에쓰 지방

투자 스타일
⭐ 일본 주식 중심
⭐ 신흥·중소형주 중심의 대박을 노리는 투자

일본 주식 운용 성적
2014년	+50.0% 👆
2015년	+106.7% 👆
2016년	+138.9% 👆

주력 종목의 선정 기준
·시가총액 800억 엔 이하
·매출액과 EPS가 연간 25% 이상 성장
·내가 사업 내용을 이해할 수 있을 것

산골마을의 지푸라기부자(가명) 씨는 주식투자의 매력을 이렇게 이야기했다. 현재는 고향인 신에쓰 지방에서 자격증을 활용한 일을 하면서 주식 거래를 하고 있다. 2016년 말, 31세라는 젊은 나이에 자산을 2억 5,400만 엔까지 불렸다. 2011년 말에 약 390만 엔이었던 자산을 5년 만에 약 65배로 불릴 수 있었던 데는 시행착오를 거친 후 2011년에 확립한 투자 기법의 공이 컸다.

주식에 흥미를 느낀 때는 도쿄에서 대학에 다니던 2005년이었다. 라이브도어와 호리에 다카후미 사장이 각광받던 시절이었다.

"자본주의의 역동성과 돈의 힘에 매료되어 직접 주식을 거래해보고 싶다고 생각했습니다."

이듬해인 2006년, 20세가 되었을 때 증권계좌를 개설했다. 대학 재학 중에는 데이트레이딩과 며칠 단위의 스윙트레이딩을 했는데, 이익은 거의 내지 못했다. 그러다 2009년 3월에 대학을 졸업하고 고향으로 돌아가 지금의 일을 시작했다. 그리고 일을 하는 틈틈이 닛케이평균주가에 반영되는 유명 대기업의 주식을 거래했다. 2008년에 일어난 리먼 브라더스 사태로 주가가 일제히 하락한 상태였기 때문에 투자 기회라고 생각했다. 하지만 이 투자에서도 재미는 보지 못했다. 그래서 증권회사의 검색 도구를 사용해서 PBR이 1배를 밑도는 종목을 찾아 매수하는 방법으로 전환했다.

PBR은 주가를 1주당 순자산으로 나눠서 산출하는 주가지표다. 주주에게는 주식회사가 해산했을 때 보유 주식의 수에 따라 회사의 자산을 분배받을 권리가 있다. PBR이 1배를 밑돌면 회사가 해산했을 경우 분배받을 자산이 주가, 즉 투자 금액을 웃돌게 된다. 그래서 PBR이 1배를 밑돌면 이론상으로는 회사가 존속하기보다 차라리 해산되어 자산 분배를 받는 편이 주주에게 이득이 된다. 이 때문에 PBR 1배를 기업의 '해산가치'라고 부른다.

해산하는 편이 나을 정도로 주가가 하락했다면 더는 크게 하락하지 않고 오히려 오를 것이라는 생각에서 주식을 매수한 것이었다. 그런데 아무리 기다려도 주가는 도무지 오를 생각을 하지 않았다. 그래서 다시 한번 투자법을 재검토했다. 복수 종목의 개인 대주주로 유명한 가타야마 아키라나 인기 블로거인 파리텍사스(닉네임), 다루♪(닉네임)의 블로그를 열심히 보고 그들의 투자 개념과 기법을 공부했다. 그리고 2011년부터 중소형 성장주를 매수해 큰 폭의 주가 상승을 노리는 투자를 시작했다.

먼저 ① 다각화를 추진하고 있지 않으며 주력 사업이 명확할 것, ② 그 사업의 내용을 자신도 이해할 수 있을 것, ③ 경기 순환 등에 따라 실적이 크게 변동되지 않으며 안정적인 성장을 기대할 수 있을 것. 이 세 가지를 투자 대상 선정 조건으로 삼았다. 그리고 이러한 조건에 해당하는 기업 가운데 시가총액이 800억 엔 이하이며, 매출액과 EPS가 연간 25% 이상 증가하

시행착오의 과정

2006 - 2009년 3월
데이트레이딩과
며칠 단위의
스윙트레이딩

2009년 4 - 10월
모두가 아는 유명한
대형주를 거래

2010 - 2011년
PBR이 1배 미만인
저평가주를 거래

눈을 뜨다!

2011년 이후
중소형 성장주
거래를 중심으로
투자

고 있는 회사의 주식을 사들였다.

주식을 살 때는 가급적 시장 전체가 하락해서 주가가 저평가되었을 때 단번에 매수하고, 매수가보다 오르든 내리든 추가 매수는 하지 않는다. 올랐을 때 추가 매수를 하지 않는 이유는 평균매입단가를 높이고 싶지 않기 때문이다. 또한 물타기 매수를 하지 않는 이유는 과거에 그랬다가 결국 손절매로 끝났던 적이 많았기 때문이다.

매수할 때는 현 시점의 증가율이 7년 후까지 계속될 것이라고 가정하고, 7년 후의 EPS 추계를 산출한 뒤 여기에 허용 PER 20배(편의적으로 적용한)를 곱해 목표주가를 계산한다. 그리고 목표주가에 다다르면 조금씩 판다. 한편 매수가에서 20% 하락하면 손절매한다.

허용 PER을 20배로 정한 이유는 다음과 같다. 투자 대상을 선정할 때의 세 가지 조건을 적용하면 사업 내용을 이해할 수 없는 바이오 벤처나 재료에 따라 주가가 급등하는 게임회

중소형 성장주의
목표주가를 산출하는 방법

매출액과 EPS가 향후 7년까지 현재와 같은 추세로 성장할 것이라고 가정하고 7년 후의 EPS를 계산한 뒤 여기에 허용 PER 20배를 곱해서 산출한다.

산골마을의 지푸라기부자의
주식 매매 규칙

매수

⭐ 주가가 저평가되었을 때 단번에 사고, 올랐을 때 추가 매수는 하지 않는다.
⭐ 손절매로 끝날 때가 많기 때문에 물타기 매수는 하지 않는다.

매도

⭐ 원칙적으로 매수가에서 20% 하락하면 손절매를 한다.
⭐ 주가가 서서히 상승했을 때는 목표주가에 도달하면 조금씩 판다.
⭐ 주가가 급등했을 때는 차트를 보고 두 번째 천장에서 판다.

리스크 관리

⭐ 신용 매수는 하지 않는다.
⭐ 금융자산의 25%는 현금으로 보유한다.

사 같은 종목, 부동산회사 같은 경기순환주는 대상에서 제외된다. 그 결과 PER 수준이 타 업종에 비해 전반적으로 높은 업종의 기업은 투자 대상에 오를 일이 없다. 여기에 종목을 자세히 조사하지 않고 사는 개인 투자자는 PER이 20배를 넘기면 구입을 망설이는 것까지 고려해서 '허용 PER을 20배로 일률 적용해도 되겠군'이라고 판단했다.

세 종목으로 큰 이익을 내다

이러한 투자법을 적용해 처음으로 큰 매각차익을 낸 종목이 이토추상사의 그룹 회사이며, 기업의 외상매출채권 보증 서비스를 실시하는 e개런티다. 기업이 판매 상대의 도산 등으로 외상판매대금을 회수하지 못하게 되었을 때 손실을 보전해주는 서비스다. 이 보증 서비스를 이용할 기업은 지방 은행이나 신용금고 등의 금융기관으로부터 소개받는다. 거래 기업이 외상판매대금을 회수하지 못해 도산하는 사태를 막아주기 때문에 금융기관으로서는 편리한 서비스다.

금융기관은 다른 곳과 보조를 맞추려는 의식이 강해서, 한 금융기관이 적용하면 다른 금융기관도 뒤따라 적용하기 때문에 사용이 확산된다. 그 결과 e개런티의 실적이 안정적으로 확대되고, 이에 따라 주가도 서서히 상승할 것이라는 생각에서 2011년 4월에 매수했다.

그런데 이 시나리오가 좋은 방향으로 빗나갔다. e개런티가 인기 주식이 되면서 2012년 10월부터 주가가 급등한 것이다. 산골마을의 지푸라기부자 씨는 주가가 매수가의 2배를 웃돈 2013년 1월부터 매도를 시작해, 같은 해 5월 초순에 전부 팔아

매각이익 775만 엔!

e개런티   외상매출채권의 보증

| 주가 **3,175**엔 | PER(예상) **23.0**배 | 시가총액 **334**억 엔 |

－13주 이동평균선 　－26주 이동평균선

주봉 / 주가(엔)

2011년 4월에 매수

2013년 1~5월에 매도

2008/12 　　 13/6 　　 14/4

3,000
2,000

예상 시나리오

판매 상대의 도산 등으로 외상판매대금을 회수할 수 없게 되었을 경우 손실을 보전한다. 고객 기업은 지방 은행이나 신용금고 등의 금융기관으로부터 소개받는다. 금융기관은 보수적인 업계여서 한 곳이 채택하면 다른 곳도 따라서 채택함으로써 확대될 것으로 예상했다.

주: 주가와 지표의 수치는 2017년 10월 17일 시점

버렸다. 평균매도단가는 2,645엔으로 매수가의 약 7배에 이르렀고, 그 결과 775
만 엔의 매각이익을 얻었다. 그런데 이 회사의 주가는 그 후에도 크게 상승해 최고
4,660엔을 기록했다. 이 상승분의 이익을 놓친 교훈에서 산골마을의 지푸라기부자
씨는 주가가 예상 시나리오보다 조기에 급등할 경우 주가 차트를 보고 두 번째 천
장에서 판다는 규칙을 새로 도입했다.

평가이익 9,500만 엔!

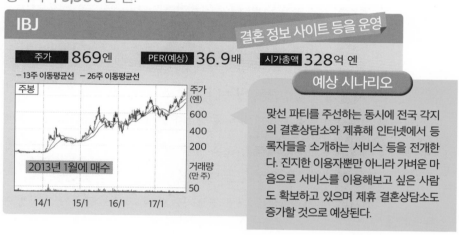

IBJ — 결혼 정보 사이트 등을 운영

| 주가 | 869엔 | PER(예상) | 36.9배 | 시가총액 | 328억 엔 |

예상 시나리오

맞선 파티를 주선하는 동시에 전국 각지의 결혼상담소와 제휴해 인터넷에서 등록자들을 소개하는 서비스 등을 전개한다. 진지한 이용자뿐만 아니라 가벼운 마음으로 서비스를 이용해보고 싶은 사람도 확보하고 있으며 제휴 결혼상담소도 증가할 것으로 예상된다.

매각이익 9,000만 엔!

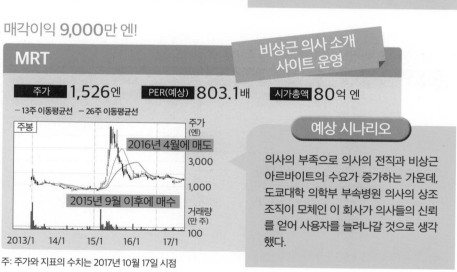

MRT — 비상근 의사 소개 사이트 운영

| 주가 | 1,526엔 | PER(예상) | 803.1배 | 시가총액 | 80억 엔 |

예상 시나리오

의사의 부족으로 의사의 전직과 비상근 아르바이트의 수요가 증가하는 가운데, 도쿄대학 의학부 부속병원 의사의 상조조직이 모체인 이 회사가 의사들의 신뢰를 얻어 사용자를 늘려나갈 것으로 생각했다.

주: 주가와 지표의 수치는 2017년 10월 17일 시점

2013년 1월, 산골마을의 지푸라기부자 씨는 e개런티의 주식과 다른 거래로 얻은 이익과 신용거래까지 이용해서 결혼 정보 사이트 등을 운영하는 IBJ의 주식을 약 1,800만 엔에 매수했다. 그리고 2015년 9월 이후에는 비상근 의사 소개 사이트를 운영하는 MRT의 주식을 약 1,400만 엔에 매수했다.

이 가운데 MRT는 예상보다 일찍 급등했다. 이에 두 번째 천장에서 판다는 규칙을 적용해서 매수가의 7배가 넘는 가격에 전량 매도함으로써 9,000만 엔의 이익을 올렸다. 2017년 10월 13일 IBJ의 주식은 계속 보유 중이다. 주가는 매수가의 7배 가까이 올랐으며, 평가이익은 약 9,500만 엔에 이르렀다.

조정 국면에도 시장에서 철수하지 않는다

2016년 11월부터 시작된 트럼프 경기에는 올라타지 못했다. 미국의 금리 인상으로 미국과 일본의 시장이 붕괴될 것으로 내다보고 복수의 종목에 공매도를 걸었던 것이다. 이 때문에 1,400만 엔 정도의 손실을 냈다.

이 상황에 대해서는 "주가가 전반적으로 고평가되면서, 앞에서 말씀드린 방법으

산골마을의 지푸라기부자의 보유 종목(2017년 10월 13일 기준)

종목명	주가	예상 PER	시가총액	개요
IBJ	869엔	36.9배	328억 엔	결혼 정보 사이트 등을 운영
이온 파이낸셜 서비스	2,449엔	13.2배	5,522억 엔	이온의 금융 자회사, 은행업 등을 전개
드림 인큐베이터	2,222엔	71.9배	227억 엔	벤처기업 투자와 육성
기후조경	1,305엔	9.0배	18억 엔	정원이나 공원 관리업
헬스케어&메디컬 투자법인	9만 8,000엔	19.7배	189억 엔	헬스케어 시설에 투자하는 REIT

주: 주가와 지표의 수치는 2017년 10월 17일 시점

로 산출한 목표주가와의 격차도 줄어들어 큰 이익을 낼 수 있는 종목을 찾을 수 없게 되었습니다. 그래서 이온 파이낸셜 서비스 등을 포트폴리오에 추가하며 새로운 투자 척도를 시험하고 있습니다"라고 말했다.

자산이 불어나 '같은 20%의 손실이라도 금액이 커졌기' 때문에 현금을 늘리고 신용 매수도 삼가기로 했다. 시장의 조정 국면에도 철수하지 않고 공매도 기법으로 버틸 생각이다.

억만장자가 될 수 있었다!

▶ 시행착오 끝에 확신을 가질 수 있는 투자법을 확립했다.
▶ 대박 주식으로 얻은 매각차익을 다음 대박 주식의 투자에 효과적으로 사용했다.
▶ 거래의 교훈을 살려 매매 규칙을 정밀화했다.

롱·쇼트로 투자에 눈을 뜨다!
재료주 단기 투자도 실시 중

아이치현에 사는 전업 투자자 앙카케스파(가명) 씨는 과거에 기업의 홈페이지를 제작하는 프리랜서였다. 그 일을 하면서 2005년부터 시작한 주식 투자로 돈을 벌어 2011년에 5억 엔의 자산을 쌓아 올렸다.

앙카케스파
(가명·남성·30대)

금융자산
5억 엔

프로필

직업	전(前)자영업·전업 투자자
투자 경력	11년
거주지	아이치현

투자 스타일

⭐ 일본 주식 중심
⭐ 차트 분석 중시의 기술적 투자

일본 주식 운용 성적

2014년	+ 15.0%
2015년	+ 15.4%
2016년	+ 23.7%

산골마을의 지푸라기부자(가명) 씨와 마찬가지로 2005년에 세상의 주목을 받았던 라이브도어를 보고 주식에 관심을 갖게 되었다. 그리고 자본금 700만 엔으로 주식투자를 시작했다. 그리고 약 반년 뒤인 2006년 1월에 도쿄지검 특수부가 증권거래법 위반 혐의로 라이브도어의 본사 등을 강제수사한 것을 계기로 주가가 폭락하는 일명 '라이브도어 사태'가 일어났다. 이때는 다행히 자금을 약간 잃는 수준에 그쳤지만, '잘 모르는 채 주식을 사고팔았던' 까닭에 1년 차에는 전혀 이익을 얻지 못했다.

"개별 종목의 10년간 주가 차트를 보면서 어떻게 거래해야 이익을 낼 수 있을지 연구했습니다."

투자법을 찾아 발버둥 치던 앙카케스파 씨는 우연히 닛케이평균선물(주가지수 선물에서 닛케이 평균주가에 연동)을 대상으로 한 시스템트레이딩에 대해 듣게 되었다. 닛케이평균선물을 장이 시작될 때 사서 공매도하고, 같은 날 거래가 끝나기 직전에 다시 산다. 이렇게 하면 높은 확률로 이익을 낼 수 있다는 내용이었다.

"이 이야기를 듣고 돈을 벌 확률이 높은 투자법이 존재함을 깨달았습니다."

공매도 기법으로 이익을 내다

동시에 공매도에도 주목해, 공매도 기법을 활용하여 이익을 내는 방법을 생각해냈다. 거래 방식은 기본적으로 헤지펀드가 실시하는 '주식 롱·쇼트'와 같다(주식 공매수·공매도의 원리 참조).

거래 패턴은 경쟁사와 비교했을 때 일시적으로 주가가 저평가된 종목을 사고파는 경우와 일시적으로 주가가 고평가된 종목을 대상으로 하는 두 가지가 있다.

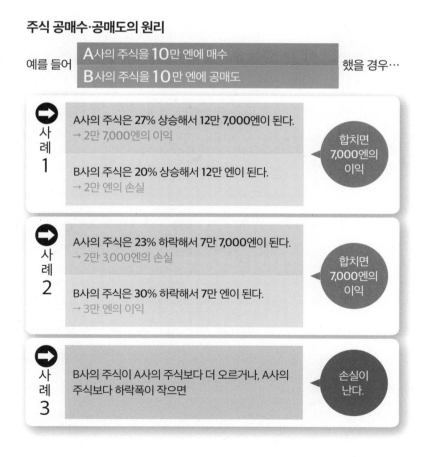

주식 공매수·공매도의 원리

예를 들어 A사의 주식을 10만 엔에 매수 / B사의 주식을 10만 엔에 공매도 했을 경우…

사례 1
A사의 주식은 27% 상승해서 12만 7,000엔이 된다.
→ 2만 7,000엔의 이익

B사의 주식은 20% 상승해서 12만 엔이 된다.
→ 2만 엔의 손실

합치면 7,000엔의 이익

사례 2
A사의 주식은 23% 하락해서 7만 7,000엔이 된다.
→ 2만 3,000엔의 손실

B사의 주식은 30% 하락해서 7만 엔이 된다.
→ 3만 엔의 이익

합치면 7,000엔의 이익

사례 3
B사의 주식이 A사의 주식보다 더 오르거나, A사의 주식보다 하락폭이 작으면

손실이 난다.

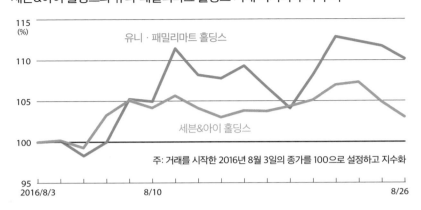

롱·쇼트 전략으로 600만 엔의 이익!

세븐&아이 홀딩스와 유니·패밀리마트 홀딩스 거래 시기의 주가 추이

유니·패밀리마트 홀딩스

세븐&아이 홀딩스

주: 거래를 시작한 2016년 8월 3일의 종가를 100으로 설정하고 지수화

저평가 종목을 예로 이익이 나는 구조를 설명하면 이렇다. 이 종목을 구입하는 동시에 같은 금액으로 같은 업종의 종목을 공매도한다. 같은 업종을 선택하는 이유는 주가의 움직임이 같을 때가 많기 때문이다. 저평가된 종목의 주가가 오르면 공매도한 종목의 주가도 상승하므로 공매도로는 손실이 난다. 그러나 저평가된 종목 쪽이 더 크게 오를 때가 많으므로 공매도의 손실을 메우고도 이익이 난다.

한편 저평가된 종목의 주가가 더 하락하면 공매도했던 종목의 주가도 내려가는데, 하락폭은 저평가된 종목이 더 작을 때가 많다. 그러면 공매도로 얻은 이익이 저평가된 종목의 주가 하락에 따른 손실을 메우고도 남을 가능성이 크다.

그러면 앙카케스파 씨의 실제 거래 사례를 살펴보자. 2016년 9월 1일에 구舊 유니그룹 홀딩스와 경영 통합한 구 패밀리마트(현 유니·패밀리마트 홀딩스)를 대상으로 한 거래다. 통합 1개월 전에 패밀리마트 주식의 닛케이평균주가 구성 종목 채택이 결정되었다. 앙카케스파 씨는 닛케이평균주가 구성 종목으로 채택되면 매수 수요가 생겨 주가 상승이 예상된다는 점에 주목했다. 그리고 이튿날부터 패밀리마트의

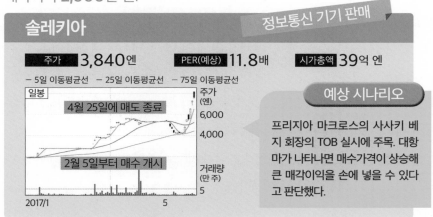

매각이익 **2,000**만 엔!

솔레키아

정보통신 기기 판매

| 주가 | **3,840**엔 | PER(예상) **11.8**배 | 시가총액 **39**억 엔 |

− 5일 이동평균선 − 25일 이동평균선 − 75일 이동평균선

일봉

4월 25일에 매도 종료

2월 5일부터 매수 개시

주가
(엔)
6,000
4,000

거래량
(만 주)
5

2017/1   5

예상 시나리오

프리지아 마크로스의 사사키 베지 회장의 TOB 실시에 주목. 대항마가 나타나면 매수가격이 상승해 큰 매각이익을 손에 넣을 수 있다고 판단했다.

주: 주가와 지표의 수치는 2017년 10월 17일 시점

주식을 사고 경쟁사인 세븐&아이 홀딩스를 공매도 기법으로 거래하기 시작했다. 그리고 닛케이평균주가 구성 종목 채택에 따른 매수가 시작된 2016년 8월 26일까지 거래를 계속해, 총합 600만 엔의 이익을 손에 넣었다.

반대 매매의 대상은 한 종목이 아닐 때도 있다. 같은 금액으로 같은 업종의 복수 종목을 매매하기도 한다. 또한 주식이 아니라 닛케이평균선물이나 주가지수와 연동되는 ETF를 살 때도 있다고 한다.

자산 증가에 맞춰 재료주에도 투자하다

앙카케스파 씨는 이런 롱·쇼트 거래를 거듭해 이익을 쌓아올렸다.

"수익이 나게 되었기 때문에 홈페이지 제작 일을 서서히 줄이며 투자에 집중하다 전업 투자자가 되었습니다."

또한 2012년부터는 주가를 상승시킬 재료가 있는 종목을 사서 단기간의 주가 상승에 따른 차익을 노리는 투자도 시작했다.

자산이 불어남에 따라 소형 종목에 큰 금액을 투자하기 어려운 롱·쇼트 거래만으로는 자산을 전부 운용할 수 없게 되었기 때문이다.

2017년 2월에는 플라스틱 압출기 등을 제조하는 프리지아 마크로스의 사사키 베지 회장이 기업용 컴퓨터 등 정보통신기기를 판매하는 솔레키아에 대해 TOB를 실시한다는 뉴스에 주목했다. 만약 다른 회사가 '백기사'로서 우호적 매수에 나선다면 TOB 가격이 상승할 것으로 예상하고 솔레키아의 주식을 샀다.

얼마 후 앙카케스파 씨의 예상대로 솔레키아와 관계가 돈독한 후지쯔가 프리지아 마크로스에 대항해 TOB를 제안했고, 인수 경쟁으로 매수가격은 최초 2,800엔에서 그 1.9배인 5,450엔까지 상승했다. 그리고 최종적으로는 사사키 회장 측의 TOB에 응해 2,000만 엔의 매각이익을 얻었다. 이에 대해 안카케스카 씨는 이렇게 말한다.

"지금은 적정주가가 된 종목이 많아져서 롱·쇼트 거래를 하기가 어렵습니다. 그래서 재료에 주목한 거래를 늘려나갈 생각입니다."

억만장자가 될 수 있었다!

▶ '롱·쇼트'로 차익을 내면서 이익을 쌓아나갔다.
▶ 자산의 증가에 맞춰 새로운 투자 기법을 도입했다.
▶ 뉴스를 관심 있게 보면서 주가 상승의 재료를 재빨리 찾아냈다.

FILE 4

저평가 성장주의 스윙트레이딩으로
연타석 안타를 치다

"이상적인 보유 기간은 1개월입니다. 결산 발표 같은 이벤트가 있기 1개월 전에 사서 예상을 웃도는 발표가 나왔을 때 파는 것이 바람직합니다."

전업 투자자인 nextir35(닉네임) 씨는 장래의 수익에 비해 주가가 저평가된 종목을 매수해 일주일에서 1개월 사이에 미리 정해놓았던 목표주가에 도달하면 매도하는 스윙트레이딩을 구사해 2억 엔의 자산을 쌓았다. 주식투자를 시작한 것은 10년 전이다. 당시 제조사에서 경리 일을 했는데, 회사가 주식에 투자하는 것을 보고 '나도 할 수 있을 것 같은데?'라는 생각으로 자본금 80만 엔으로 시작했다. PER이 낮았던 미쓰이화학을 신용거래까지 이용해서 사들였는데, 그리스의 재정 문제가 발단이 된 유럽 채무 위기로 주가가 하락하는 바람에 결국 주식시장에서 철수했다. 이를 계기로 가타야마 아키라와 아고우(닉네임), ☆Harvey☆(닉네임) 등 펀더멘털을 분석해 투자하는 개인 투자자의 블로그 글을 닥치는 대로 읽으며 공부했다. 그리고 저평가 성장주를 대상으로 한 스윙트레이딩이라는 투자 기법을 확립했다.

"50~100%의 투자 실적을 올리면서 자산이 5,000만 엔에 도달하기 전에 회사를 그만두고 전업 투자자가 되었습니다."

nextir35
(닉네임·남성·30대)

금융자산
2억 엔

프로필

직업 전(前) 직장인·전업 투자자
투자 경력 8년
거주지 간토지방 거주
트위터 @nextir35
블로그 nextir35의 흥미로운 주식 블로그
https://kininarukabu.com/

투자 스타일

☆ 일본 주식 중심
☆ 저평가 주식의 주가 수정을 기다리는 가치투자

일본 주식 운용 성적

2014년 +227.14%
2015년 +90.5%
2016년 +91.6%

이상적으로 여기는 매매
결산 발표 1개월 전에 사서 호결산 발표 후에 파는 스윙트레이딩

nextir35의 주력 종목(2017년 10월 13일 기준)

종목명	주가	PER(예상)	예상 배당 수익률	시가총액	개요
WDB 홀딩스	2,730엔	19.4배	0.62%	547억 엔	기술계 인재 파견
아이케이	1만 600엔	37.2배	0.37%	206억 엔	카탈로그 판매 대행
에스비 식품	8,780엔	16.8배	0.91%	612억 엔	향신료 분야의 최대 기업
요시무라 푸드 홀딩스	4,390엔	37.2배	0.00%	192억 엔	식품 제조·판매
SEED	3,920엔	28.4배	0.70%	357억 엔	콘택트렌즈 제조
다카라토미	1,687엔	28.8배	0.59%	1,624억 엔	역사 깊은 완구 제조사

주: 주가와 지표의 수치는 2017년 10월 17일 시점

스윙트레이딩이 중심으로, 한 번의 거래에서 지향하는 수익률은 20~30%다. 주가가 저평가되었느냐 아니냐는 예상 PER과 예상 배당수익률을 기준으로 판단한다. PER의 상한선은 IT 등 하이테크 업종의 종목일 경우 30배, 그 밖의 업종일 경우 15배로 설정했다. 또한 예상 배당수익률은 '매수세가 들어와 주가가 상승'하는 기준을 5% 이상으로 설정하는 한편, PBR은 보지 않는다.

'순풍을 받고 있는 업종인가, 아닌가'도 고려한다. 이를테면 기술계 인재 파견 사업을 하는 WDB 홀딩스의 경우 인재 업계가 호황이고, 중기 경영 계획도 의욕적이라는 판단에서 매수했다.

"예상과 달리 결산이 상향 수정되지 않는 등 사전에 그렸던 시나리오가 어그러졌을 경우는 바로 매도합니다."

억만장자가 될 수 있었다!

▶ 많은 투자 블로그의 글을 읽고 자신에게 맞는 투자법을 확립했다.
▶ 욕심 부리지 않고 수익 목표에 다다르면 즉시 매도한다.
▶ 자신이 예상했던 시나리오가 어그러지면 손해를 보더라도 즉시 매도한다.

FILE 5

대박을 노리고 '내가 이해할 수 있는 기업'을 저평가에 매수한다

결혼식장을 운영하는 에스크리는 매수가의 4~5배, 드럭스토어인 야쿠오도는 6~7배, 저가 돈카츠 전문점 '가츠야'를 운영하는 아크랜드 서비스 홀딩스의 경우는 10~12배가 되었을 때 매도했다.

전업 투자자인 리라쿠마(닉네임) 씨는 실적이 확대되고 있음에도 주가가 저평가된 종목에 투자하는 수익가치(저평가)주 투자를 실천해 결과적으로 복수의 대박 주식투자에 성공했다.

처음에는 예상 PER이 10배 이하, 실적 PBR이 1배 이하라는 조건으로 스크리닝(검색)한 종목을 샀는데, 생각과 달리 주가가 오르지 않고 계속 내렸다. 그래서 투자 관련 책과 개인 투자자의 블로그를 보면서 원인을 찾아본 결과, 주가가 상승하려면 도화선이 되는 재료가 필요하다는 것을 알게 되었다. 그리고 재료 중 하나인 수익의 확대를 예상하려면 비즈니스 모델을 이해해야 한다는 것도 깨닫게 되었다. 이에 리라쿠마 씨는 자신이 이해할 수 있는 사업을 하고, 안정적으로 성장하고 있음에도 주가가 저평가된 기업의 주식을 사기로 했다.

"처음 시작했을 때는 주식시장 전체가 침체되어 저평가된 종목이 많았습니다. 타이밍도 좋았지요."

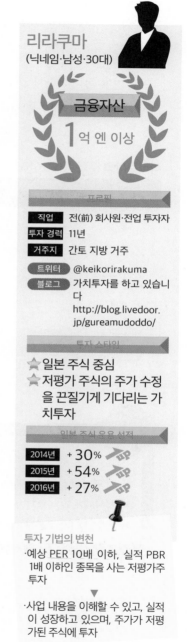

리라쿠마
(닉네임·남성·30대)

금융자산
1억 엔 이상

프로필

직업 전(前) 회사원·전업 투자자
투자 경력 11년
거주지 간토 지방 거주
트위터 @keikorirakuma
블로그 가치투자를 하고 있습니다
http://blog.livedoor.
jp/gureamudoddo/

투자 스타일

⭐ 일본 주식 중심
⭐ 저평가 주식의 주가 수정을 끈질기게 기다리는 가치투자

일본 주식 운용 성적

2014년 + 30% TOP
2015년 + 54% TOP
2016년 + 27% TOP

투자 기법의 변천
·예상 PER 10배 이하, 실적 PBR 1배 이하인 종목을 사는 저평가주 투자
▼
·사업 내용을 이해할 수 있고, 실적이 성장하고 있으며, 주가가 저평가된 주식에 투자

특히 참고가 되는 부분은 예상 배당수익률을 중시하는 것이다. 그 이유는 '배당 수익률이 높은 종목은 주식시장의 조정 국면에도 주가가 잘 하락하지 않기' 때문이라고 한다. 그리고 팔 때는 조금씩 나눠서 판다. 이렇게 하면 자신의 예상 이상으로 상승해도 그 이익을 놓치지 않을 수 있다는 것이다.

2017년에 들어서면서 전업 투자자로 전향한 후 일본 주식의 집중투자에서 벗어나 미국의 연속 증배주에 투자하기 시작했다. 그리고 9월 말 18종목을 보유했다.

라라쿠마의 주력 종목(2017년 9월 말 기준)

종목명	주가	PER(예상)	ROE(예상)	예상 배당 수익률	시가총액	개요
하마쿄렉스	3,400엔	11.3배	12.20%	1.32%	646억 엔	시스템 물류의 중견 기업
이온 파이낸셜 서비스	2,449엔	13.2배	11.60%	2.77%	5,522억 엔	이온의 금융 자회사
유니버설 엔터테인먼트	3,855엔	12.3배	7.10%	1.38%	3,091억 엔	파칭코·슬롯머신 기기의 제조·판매

주: 주가와 지표의 수치는 2017년 10월 17일 시점

억만장자가 될 수 있었다!

▶ 첫 투자의 실패를 교훈 삼아 주식에 관해 폭넓게 공부했다.
▶ 자신에게 맞는 투자법을 찾아내 실천하면서 가다듬었다.
▶ 복수의 대박 주식에 투자해 자산을 크게 불렸다.

언제나 성공하는 ♕
억대 투자자들의 4가지 공통점

X 기자　《일본 주식시장의 승부사들 Ⅰ》에서 실력파 개인 투자자 63명을 소개함
　　　　으로써 억대의 자산을 축적할 수 있었던 방법을 보여주는 데 성공했다고
　　　　자부합니다. 하지만 실력이 뛰어난 개인 투자자는 그 밖에도 많습니다.
　　　　전작에 소개되지 않았던 억대 개인 투자자 5명의 이야기를 들어봤는데,
　　　　실제로 취재해보고 어떤 느낌을 받으셨나요?

공통점 1 ◀ 독자적인 승리 패턴을 확립

Y 기자　31세라는 젊은 나이에 2억 6,000만 엔이나 되는 자산을 축적한 산골마을
　　　　의 지푸라기부자 씨를 비롯해, 다들 정말 놀라운 투자 성적을 기록했습니
　　　　다. 하지만 지금까지 만난 많은 억대 투자자와 마찬가지로, 보기만 해도
　　　　'이 사람은 부자구나'라는 생각이 드는 사람은 없었습니다. 아이치현에 사
　　　　는 앙카케스파 씨는 역까지 마중을 나와 주셨는데, 타고 온 차는 소형 자
　　　　동차였습니다.

Z 기자　반면에 투자 기법은 날카로웠습니다. 그중에서도 중소형 성장주 투자를
　　　　실천하고 있는 에스 씨에게 특히 강렬한 인상을 받았습니다. 최고 8억 엔
　　　　에 이르렀던 자산이 리먼 브라더스 사태로 인해 순식간에 1억 엔 미만까

지 줄어들었습니다. 그럼에도 똑같은 투자 기법을 관철해서 5억 5,000만 엔까지 회복했다는 이야기를 듣고 깜짝 놀랐어요.

X 기자   주식으로 1억 엔 이상의 자산을 쌓은 억대 투자자들은 모두 자신의 투자 기법에 자신감을 갖고 있었습니다. '이것이라면 성공할 수 있다'고 확신할 수 있는 방법을 찾아냈기에 주식시장의 움직임에 현혹되지 않고 진득하게 투자할 수 있는 것이겠지요.

Y 기자   독자적인 승리 패턴을 갖고 있다는 점에서는 헤지펀드를 흉내 낸 '롱·쇼트'로 이익을 쌓고 있는 앙카케스파 씨도 인상적이었습니다.

억대 투자자들이 성공한 이유!

공통점 2   **정확도가 높은 가설을 세운다**

Z 기자   '우대 가치주 투자'로 유명한 투자자 미키마루 씨에게서 "가치(저평가)주 투자의 반대편에 위치하는 것은 성장주 투자가 아니라 시장의 모멘텀(기세)에 편승해서 투자하는 모멘텀 투자다"라는 말을 듣고 무릎을 탁 쳤습니다. 미키마루 씨의 분류에 따르면 취재한 다섯 명 가운데 에스, 산골마을의 지푸라기부자, 리라쿠마 씨가 수익가치주 투자에 해당하지요. 장래의 수익에 비해 주가가 저평가된 종목에 투자하는 기법입니다.

X 기자   nextir35 씨도 투자 대상은 수익가치주이지만, 이상적인 보유 기간을 1개월로 보는 스윙트레이더로 모멘텀 투자에 가까웠습니다.

Z 기자   에스 씨에게 "종목에 관해 직접 조사한 뒤 성장 스토리를 그리는데, 그 스토리에 확신이 없으면 종목을 계속 보유하고 있을 수 없다"라는 말을 들었는데, 이것은 수익가치주 투자의 중요한 포인트라고 생각합니다.

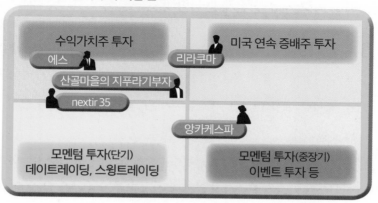

억대 투자자 5인의 투자 기법 분포

수익가치주 투자	미국 연속 증배주 투자
에스	리라쿠마
산골마을의 지푸라기부자	
nextir 35	
	앙카케스파
모멘텀 투자(단기)	모멘텀 투자(중장기)
데이트레이딩, 스윙트레이딩	이벤트 투자 등

Y 기자   그건 다른 분들도 마찬가지입니다. 예를 들어 산골마을의 지푸라기부자 씨는 외상매출채권의 보증 서비스를 하는 e개런티에 투자했는데요. 이 회사의 서비스가 금융기관에 필요한 것이라는 점과 함께 남들과 보조를 맞추려는 금융기관의 체질상 일단 어떤 금융기관이 그 서비스를 이용한다면 다른 금융기관도 그 뒤를 따를 것이라는, 들어보면 수긍이 가는 성장 스토리를 구상했습니다. 이 점은 nextir35 씨나 리라쿠마 씨도 마찬가지예요. 주식을 사기에 앞서 시나리오를 그리고, 기업이 그 시나리오에 따라서 성장하는 동안은 주식을 계속 보유합니다. 시나리오가 틀어지면 팔고요.

X 기자   그건 재료주에도 투자하는 앙카케스파 씨도 마찬가지입니다. 주가의 상승으로 연결될 것 같은 뉴스를 일찍 찾아내 그것이 주가를 어떻게 끌어올릴지 시나리오를 작성합니다. 가타야마 아키라 씨를 비롯해 억대 투자자들을 보면, 다양한 정보를 조합해서 가설을 세우는 능력이 투자에 성공하는 투자자가 되기 위한 조건 중 하나라고 생각합니다.

주가지표를 깊게 분석한다

Z 기자　억대 투자자들에게 감탄한 점은 종목 분석의 깊이였습니다. 예를 들어 모
　　　　두가 참고하는 주가지표인 PER의 경우도 단순히 이번 분기의 예상 EPS
　　　　로 계산한 예상 PER을 가지고 주가가 저평가되었는지 아닌지 판단하지
　　　　않았습니다.

　　　　"이번 분기의 예상 PER로는 주가 수준을 오판할 수 있다. 몇 년 후의 추정
　　　　이익으로 PER을 산출하지 않으면 진정한 주가 수준을 알 수 없다"라는 에
　　　　스 씨의 지적에 귀가 번쩍 뜨였습니다.

Y 기자　주가지표에 대해서는 배당수익률을 중시하는 nextir35 씨나 리라쿠마 씨
　　　　도 참고하면 좋겠다고 생각했습니다. 특히 리라쿠마 씨처럼 "배당수익률
　　　　이 높은 종목은 조정 국면에도 주가가 잘 하락하지 않는다"고 보는 억대
　　　　투자자가 꽤 많았거든요. 그리고 다른 업종에 비해 PER이 높은 업종의 종
　　　　목은 자신의 투자 대상이 아니기 때문에 허용 PER을 일률적으로 20배로
　　　　설정했다는 산골마을의 지푸라기부자 씨의 판단은 탁월하다고 느꼈습니
　　　　다. 그분의 목표주가 산출 방법은 간단하면서도 많은 개인 투자자에게 참
　　　　고가 될 것이라고 생각합니다.

X 기자　억대 투자자들도 주식을 시작하자마자 성공한 것은 아니었습니다. 이 점
　　　　은 주식투자를 하고 있지만 좀처럼 성과를 내지 못하고 있는 보통의 일반
　　　　투자자들과 같습니다.

　　　　그 상황에서 성공하게 되는 사람과 그렇지 못한 사람의 차이는 어디에 있
　　　　을까요? 공부를 열심히 하느냐, 하지 않느냐 아닐까요?

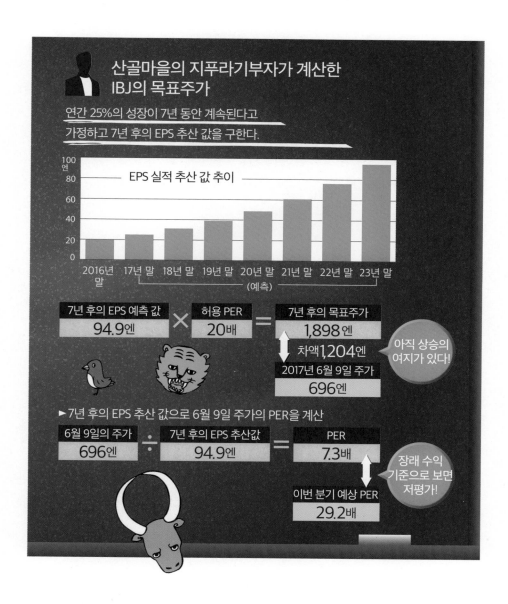

산골마을의 지푸라기부자가 계산한
IBJ의 목표주가

연간 25%의 성장이 7년 동안 계속된다고
가정하고 7년 후의 EPS 추산 값을 구한다.

EPS 실적 추산 값 추이

7년 후의 EPS 예측 값		허용 PER		7년 후의 목표주가
94.9엔	×	20배	=	1,898엔

차액 1,204엔

아직 상승의 여지가 있다!

2017년 6월 9일 주가
696엔

▶ 7년 후의 EPS 추산 값으로 6월 9일 주가의 PER을 계산

6월 9일의 주가		7년 후의 EPS 추산값		PER
696엔	÷	94.9엔	=	7.3배

이번 분기 예상 PER
29.2배

장래 수익 기준으로 보면 저평가!

공통점 4 ▶ 투자로 성공하겠다는 집념

Y 기자   '반드시 주식투자로 성공하겠어'라는 집념이 있느냐 없느냐가 아닐까요?

다양한 투자법을 시도하며 시행착오를 거친 끝에 중소형 성장주 투자를

확립했다는 산골마을의 지푸라기부자 씨의 말을 듣고 그런 생각이 들었습니다.

Z 기자　분명히 그런 강한 마음가짐 없이는 에스 씨처럼 부활할 수 없겠지요.

X 기자　성공에 대한 끝없는 집념을 가졌기 때문에 진지하게 공부도 하고 거래 방법도 연구하는 것이겠지요. 단지 투자만이 아니라, 어떤 분야에서든 성공하고 싶다는 강한 마음을 품는 것이 승자의 대전제인 것 같습니다.

억대 투자자의 말 ②

10배 상승주를 발굴하는 일본의 피터 린치
오쿠야마 쓰키토(닉네임: 에나훈)

"성장을 기대할 수 있는 기업을 찾아내 저평가된 상태에서 매입한 다음 조용히 기다리면 아마추어라도 큰 수익을 낼 수 있다."

— 《일본 주식시장의 승부사들 Ⅰ》 중에서

"투자 기술을 향상시키는 지름길은 '과거의 성공 사례를 공부하는 것'이다."
많은 전문가가 이렇게 말한다.
그럼 성공 투자자들은 과연 지금까지 어떤 성공을 쌓아왔을까? 16가지 승리 패턴으로 살펴보자.

승리의
기본 패턴을
배운다

억대 투자자에게 배우는
승리의 기본 패턴 16

아일의 투자 패턴
- 패턴 1　지방에서 전국 기업으로 확장, 주가의 큰 변화형
- 패턴 2　M&A를 통해 성장에 탄력, 빠른 주가 상승
- 패턴 3　스톡형 기업, 수비하면서 공격적으로 투자

주식1000의 투자 패턴
- 패턴 4　저평가주에 투자할 때는 역경에 강한 종목을 선택
- 패턴 5　경기 상승기에는 자산 부자가 강하다
- 패턴 6　땅 부자 기업의 경우, 토지 매각에 따른 일시적 주가 상승을 노린다

www9945의 투자 패턴
- 패턴 7　저평가 고배당주는 성장력을 확인한다
- 패턴 8　라이벌보다 낮은 PER에 주목한다
- 패턴 9　테마에 편승할 때는 실력파를 선택한다

DUKE.의 투자 패턴
- 패턴 10　재료를 감정하고 상승 추세에 올라타다

유나기의 투자 패턴
- 패턴 11　지수 편입, 상장 직후의 강세에 주목한다
- 패턴 12　기업의 아노말리에 편승한다
- 패턴 13　시장이 호조일 때는 조정 국면에 매수한다
- 패턴 14　직접 조사해 습성을 파악한다

V-com2의 투자 패턴
- 패턴 15　이벤트를 예상해 매수 후 기다린다
- 패턴 16　정석 투자 후 끈기 있게 기다린다

패턴 **1**

히로시마증권거래소 시절에 성장력을 발견

패스트리테일링

이런 회사

'유니클로'를 전국에 운용하는 의류품 제조사. 해외 의류도 취급한다.

지방에서 전국 기업으로 확장, 주가의 큰 변화형

성공 투자자의 눈

● 가까운 유니클로 점포에서 인파를 발견! 인기를 실감
● 매출은 우상향, 실적도 양호함을 확인
● 도쿄 하라주쿠에 대형 점포를 개점했다는 보도로 대히트를 예감

― 12개월 이동평균선   ― 24개월 이동평균선

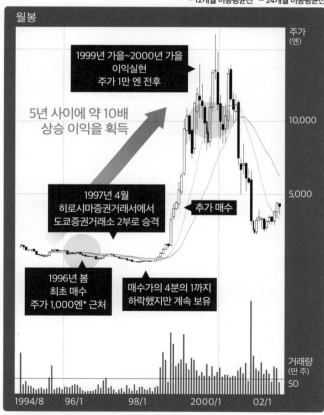

월봉

1999년 가을~2000년 가을
이익실현
주가 1만 엔 전후

5년 사이에 약 10배
상승 이익을 획득

1997년 4월
히로시마증권거래서에서
도쿄증권거래소 2부로 승격

추가 매수

1996년 봄
최초 매수
주가 1,000엔* 근처

매수가의 4분의 1까지
하락했지만 계속 보유

주가
(엔)

10,000

5,000

거래량
(만 주)

50

1994/8   96/1   98/1   2000/1   02/1

＊분할 후의 조정을 거친 주가

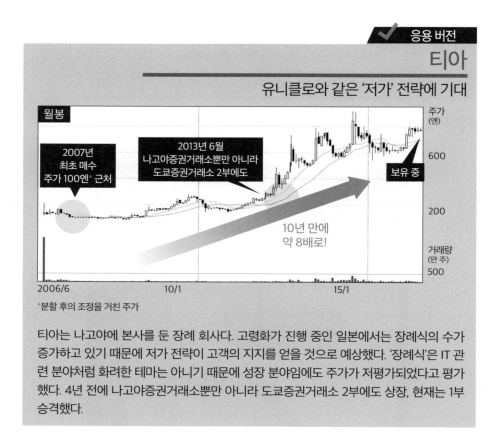

티아

유니클로와 같은 '저가' 전략에 기대

월봉

2007년
최초 매수
주가 100엔* 근처

2013년 6월
나고야증권거래소뿐만 아니라
도쿄증권거래소 2부에도

보유 중

주가
(엔)

600

200

10년 만에
약 8배로!

거래량
(만 주)

500

2006/6   10/1   15/1

*분할 후의 조정을 거친 주가

티아는 나고야에 본사를 둔 장례 회사다. 고령화가 진행 중인 일본에서는 장례식의 수가 증가하고 있기 때문에 저가 전략이 고객의 지지를 얻을 것으로 예상했다. '장례식'은 IT 관련 분야처럼 화려한 테마는 아니기 때문에 성장 분야임에도 주가가 저평가되었다고 평가했다. 4년 전에 나고야증권거래소뿐만 아니라 도쿄증권거래소 2부에도 상장, 현재는 1부 승격했다.

패스트리테일링에 대한 투자 성공은 이후 아일 씨의 기본 모델이 되었다.

기타큐슈에서 회사원으로 일하던 시절, 근처에 새로 생긴 유니클로 매장에 사람들이 길게 줄을 서 있는 모습을 발견하고 대히트를 예감했다. 당시 패스트리테일링은 히로시마증권거래소에 상장되어 있었고, 아직 지명도가 낮았다. 회사 정보지를 보고 이익이 매년 증가하고 있음을 알게 된 아일 씨는 주식을 매수했다. 한때 주가가 크게 조정되기도 했지만, 그 후 도쿄 하라주쿠에 주력 점포를 열었고 후리스 열풍도 불었다. 여기에 도쿄증권거래소 1부 승격도 달성하면서 실적과 지명도 모두 계속 상승했다. 지방 기업에서 전국 기업으로, 지방에서 도시로 빠르게 확장하는 기업을 이른 단계에 찾아낸다면 큰 투자 수익을 얻을 수 있다.

패턴 **2**　패스트리테일링 투자의 응용형
게오 홀딩스

M&A를 통해 성장에 탄력, 빠른 주가 상승

성공 투자자의 눈

- 경쟁사에 비해 지명도가 낮고 저평가
- 유니클로처럼 전국구 기업으로 성장을 예감
- 주주총회에서 질문을 통해 M&A 전략의 강점을 이해

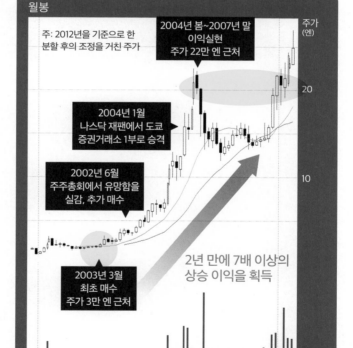

— 12개월 이동평균선　— 24개월 이동평균선

월봉

주: 2012년을 기준으로 한 분할 후의 조정을 거친 주가

2004년 봄~2007년 말 이익실현 주가 22만 엔 근처

주가 (엔)

2004년 1월 나스닥 재팬에서 도쿄 증권거래소 1부로 승격

2002년 6월 주주총회에서 유망함을 실감, 추가 매수

2003년 3월 최초 매수 주가 3만 엔 근처

2년 만에 7배 이상의 상승 이익을 획득

거래량 (만 주)

2001/1　02/1　04/1　06/4

게오 HD(투자 당시에 사명은 게오)에 대한 투자는 패스트리테일링의 응용형이었다. 게오 HD는 나고야에 소재한 회사로, 아일 씨가 투자를 시작했을 때는 나스닥 재팬에 상장되어 있었다. 아일 씨는 이 회사가 결국 지방에서 전국으로 사업 전개를 시작할 것이며, 도쿄증권거래소 승격도 기대할 수 있다고 판단했다.

여기에 저가 정책도 비슷했다. 지명도가 낮은 까닭에 같은 업종의 츠타야를 운영하는 CCC에 비해 이익 성장률이 높음에도 주가는 상대적으로 저평가되어 있다는 점에도 주목했다.

게오의 매력은 부진한 기업의 재건 등 M&A 전략으로 성장이 탄력을 받기 시작했다는 것이었다. DVD 대여는 성숙 산업이지만, 주주총회에 참석해 사장에게 질문한 결과, 이 회사가 탁월한 노하우를 보유하고 있음을 확신했다.

아일 씨가 저평가 판단에 활용하는 PEG 비율

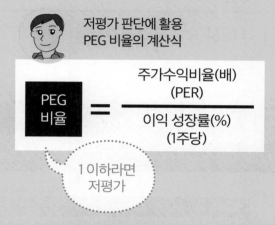

저평가 판단에 활용
PEG 비율의 계산식

$$PEG\ 비율 = \frac{주가수익비율(배)\ (PER)}{이익\ 성장률(\%)\ (1주당)}$$

1 이하라면
저평가

저평가 성장주 투자자 아일 씨의 투자 기준은 기본적으로 PER 10배 이하이다. 하지만 'PEG 비율'이라는 숫자도 신경 쓴다고 한다. 이것은 성장률을 가미해 주가 수준을 측정하는 지표로, PER을 향후 3~5년 정도의 이익 성장률(1주당)로 나눠서 산출한다. 일반적으로 1 이하라면 저평가된 수준이며, 2 이상이라면 고평가되었다고 판단한다.

투자를 시작할 때 게오는 PER이 10배 정도였지만 이익 성장률이 20~30%에 이를 것으로 예상했다. 그리고 이것을 바탕으로 PEG 비율을 계산한 결과 0.5 정도가 나옴에 따라 저평가되었다고 판단했다.

패턴 **3**

주가 하락의 리스크를 회피

VT 홀딩스

스톡형 기업, 수비하면서 공격적으로 투자

성공 투자자의 눈

- 성숙 산업, 경쟁사의 M&A 등 게오와의 유사점에 주목
- 자동차 검사 등의 정기적인 수입으로 안정성이 있다는 점도 높게 평가
- 해외 진출의 여지도 있어 시장이 크다고 판단

― 12개월 이동평균선 ― 24개월 이동평균선

월봉

주가 (엔)

10년에 약 10배

보유 중

600

2007년
최초 매수
주가 70엔* 근처

추가 매수

400

200

거래량 (만 주)

7000

2006/1   10/1   15/1   17/7

*분할 후의 조정을 거친 주가

146

VT 홀딩스는 나고야의 자동차 딜러다. 아일 씨는 패스트리테일링과 게오의 성공 체험을 바탕으로 2007년에 투자를 시작했다. 이 업계는 DVD 대여와 마찬가지로 성숙 산업이어서 성장성에 한계가 있다고 봤다. 하지만 실적이 부진한 경쟁사를 M&A해서 단기간에 흑자로 전환시키는 점을 높이 평가했다. 또한 자동차 딜러는 전 세계에 있기 때문에 외국에서도 그 노하우를 살릴 수 있다고 기대했다.

VT 홀딩스에 대한 투자 판단의 축은 다음 세 가지였다. ① 다른 회사의 신규 진입이 어렵다. ② M&A를 통한 규모의 확대가 기대된다. ③ 스톡 수입이 실적을 뒷받침한다. M&A를 통해 증가하는 고객에게 자동차 점검과 검사 등을 제안해 정기적인 수입을 꾀하고 있다는 점을 높이 평가해 장기 보유하고 있다.

다이오스는 사무실용 커피 사업을 하는 기업으로, VT 홀딩스처럼 고객 기반의 확대를 통해 착실한 성장을 기대할 수 있다는 점을 높이 평가했다. 법인 고객은 개인 고객보다 해약률이 낮다. 미국에 진출해 사무실 커피시장에서 3위에 오르며 선전하고 있는 등 해외 사업 전개 능력도 투자 판단의 포인트가 되었다.

아일
(닉네임)

전업 투자자. 소매업이나 외식 등 주변의 서비스업에 주목, 집중투자 하는 저평가&성장주 투자자. 중장기적으로 주가 상승을 노린다. 운용자산 약 3억 엔. 인기 오프모임 '나고야 캐시플로 게임 모임'을 주최한다.

전업 투자자 아일 씨는 "투자를 단행할 때는 그 기업이 유망함을 투자 동료들에게 자신 있게 설명할 수 있을 정도로 연구합니다"라고 말한다. 주변의 사업 모델을 이해하기 쉬운 외식이나 소매업 등의 서비스 관련 종목에 주목하며, 고향인 나고야에서 전국으로 전개하는 확대 과정을 파악해 이익을 내는 투자가 특기다.

고향에 사람들이 몰려드는 흥미를 끄는 점포가 있으면 그 운영 회사의 사업이나 과거의 실적을 확인한다. 그리고 상품이나 서비스의 내용, 점포의 인기도, 접객 태도 등을 살펴본다. 그 결과, 유망하다면 그 기업의 주식을 최소 한도로 매수하고, 주주총회에 참석해 경영진의 목소리를 직접 듣고 질문도 하며 의문점을 해결한다. 그리고 유망하다는 확신이 강해지면 추가 매수를 진행한다. 이것이 아일 씨의 투자 절차다. 특히 총회에서의 정보 수집을 중시해서, 매년 주주총회에 참석한다. 또한 라이벌 기업의 주식도 매수해 다른 회사의 시선으로도 관찰하는 등 다면적인 분석에 힘쓴다.

승리의 POINT

✓ 다른 투자자에게 유망함을 설명할 수 있게 될 때까지 사업 내용을 이해한다.

✓ 실제로 점포를 찾아가 강점이나 변화를 체감한다.

✓ 주주총회나 IR 이벤트에도 적극적으로 참가해 변화를 빠르게 감지한다.

현금 부자라는 데 주목

니신제당

이런 회사

니신제당과 신코제당이 경영을 통합해 2011년에 상장. 스미토모 상사가 대주주

저평가주에 투자할 때는 역경에 강한 종목을 선택

성공 투자자의 눈

● 설탕은 화려하지는 않지만 매일 사용하는 중요 식재, 안정성 중시
● 리먼 브라더스 사태 당시도 적자 없음, 현금 축적에 주목
● 대주주가 스미토모 상사이며 재무 내용이 양호한 것도 높이 평가

— 12개월 이동평균선 — 24개월 이동평균선

월봉

2015년 11~12월
이익실현
주가 1,700엔 근처

4년이 채 못 되는 기간에
3배 이상의 상승 이익을
획득

주가
(엔)

1,500

1,000

2015년 11월
도쿄증권거래소
2부에서 1부로
승격, 증배 발표

500

2012년 4월
최초 매수
주가 540엔* 근처

거래량
(만 주)

2011/10   13/1   15/1   17/6   50

*분할 후의 조정을 거친 주가

주식1000 씨의 기본 투자 패턴을 살펴보자. 니신제당은 주식1000 씨가 독자적인 저평가주 계산 방식을 통해 발굴한 종목이다. 투자를 결정하게 된 근거는 주가 하락의 리스크가 낮다는 점이었다. 주방에 없어서는 안 될 식재료인 설탕을 취급하기 때문에 화려하지는 않지만 견실한 수요를 기대할 수 있다.

주식1000 씨는 투자처의 결산 자료를 항상 15기 전까지 확인한다. 니신제당은 리먼 브라더스 사태 이후에도 적자에 빠지지 않는 등 경기나 해외 요인에 좌우되는 경우가 적었다. 여기에 이른바 현금 부자 기업이어서 디플레이션에도 강할 것으로 판단했다.

2011년에 도쿄증권거래소 2부에 신규 상장된 뒤에는 주가와 생산량 모두 만족스럽지 못한 시기가 계속되었다. 하지만 인기가 없다는 점에서 투자의 묘미를 느꼈다. 적자가 없는 견실한 성장이 계속된다면 자연스럽게 순자산이 쌓이며 저평가도가 높아질 것이다. 가만히 기다리면 1부 승격이나 증배 등의 재료가 등장할지도 모르고, 그런 재료가 없더라도 주가가 적정가격까지 상승하는 국면이 찾아올 것으로 예상했다. 이 생각이 적중해, 2015년 11월에 도쿄증권거래소 1부 승격과 증배가 발표되었다. 그 결과 주가가 급등해 배당수익률이 3%를 밑돌자 저평가가 해소되었다고 보고 이익실현을 해 3배 이상의 상승 이익을 획득했다.

경기 상승기에는 자산 부자가 강하다

성공 투자자의 눈

- 가오의 주식을 대량 보유하고 있는 주식 부자 회사
- 경기가 상승하는 시기에 우량주 보유는 순풍
- IPO 대폭 상승 후 시초가 하락으로 저평가 수준

─ 13주 이동평균선 ─ 26주 이동평균선

주봉

주가 (엔)

상장 직후, 일봉을 보면 연일 상한가를 기록해 매수를 보류

조금씩 상승

3,500

조정 모드에 들어가자 기회를 노리다.

3,000

보유 중

2,500

2,000

시초가 하회 후 2016년 12월 최초 매수 주가 1,760엔

거래량 (만 주)

50

2016/3   17/1   6

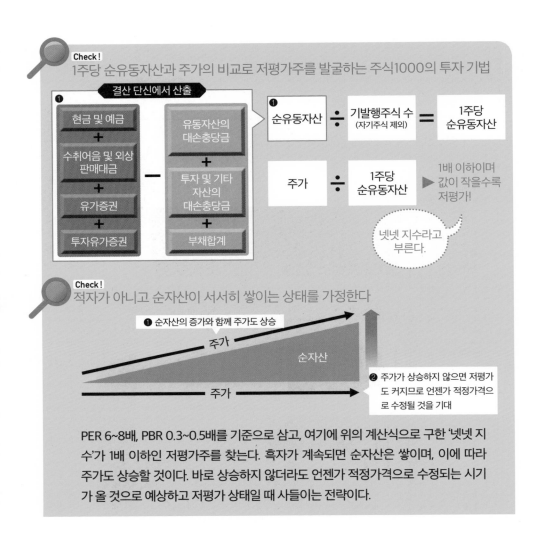

결산 단신에서 산출

❶

현금 및 예금

+

수취어음 및 외상 판매대금

+

유가증권

+

투자유가증권

−

유동자산의 대손충당금

+

투자 및 기타 자산의 대손충당금

+

부채합계

❶ 순유동자산 ÷ 기발행주식 수 (자기주식 제외) = 1주당 순유동자산

주가 ÷ 1주당 순유동자산 ▶ 1배 이하이며 값이 작을수록 저평가!

넷넷 지수라고 부른다.

❶ 순자산의 증가와 함께 주가도 상승

주가

순자산

주가

❷ 주가가 상승하지 않으면 저평가도 커지므로 언젠가 적정가격으로 수정될 것을 기대

PER 6~8배, PBR 0.3~0.5배를 기준으로 삼고, 여기에 위의 계산식으로 구한 '넷넷 지수'가 1배 이하인 저평가주를 찾는다. 흑자가 계속되면 순자산은 쌓이며, 이에 따라 주가도 상승할 것이다. 바로 상승하지 않더라도 언젠가 적정가격으로 수정되는 시기가 올 것으로 예상하고 저평가 상태일 때 사들이는 전략이다.

주식1000 씨는 '순유동자산에 비해 주가가 저평가인가'를 중시하며 투자한다. 엄밀히 말하면 저평가인지 판단할 때 기업이 보유한 ① '현금'이 풍족함, ② '주식'이 풍족함, ③ '토지 자산' 등이 풍족함 중에서 무엇에 해당하는지 생각하고 시장 국면에 적합한 유형을 우선한다.

디플레이션일 때 유리한 것은 ① 현금 부자 유형이다. 니신제당은 ①의 유형으로, 주식시장이 침체되었을 때 투자에 적합하다. 한편 경기의 상승이 기대되어 주

가가 상승 기조인 시기에는 ②나 ③, 즉 주식이나 토지 부자 유형을 유망하게 본다. 이 관점으로 선택한 저평가 종목이 가오의 주식을 대량 보유한 쇼에이 약품이다. 2016년에 신규 상장된 직후에는 연일 상승해 손을 댈 수가 없었다. 하지만 잠시 기다리자 주가가 대폭 조정되었다. 그리고 상장 첫날의 시초가를 밑돌았고, 그후 반등을 시작했을 때 뛰어들었다.

패턴 **6**

부동산 정보에 강하다면

다이와 자동차 교통

이런 회사

도쿄도 내의 4대 택시회사 중 한 곳. 일등지에 영업소가 있는 땅 부자 기업

땅 부자 기업의 경우, 토지 매각에 따른
일시적 주가 상승을 노린다

성공 투자자의 눈

● 경기 회복기나 도시개발 시기에는 토지를 보유한 기업이 강하다.
● 우량 토지 매각 후의 이익 상승 시기를 노린다.
● 일시 상승을 노리고, 급등 후에는 빠르게 이익을 실현한다.

− 13주 이동평균선 − 26주 이동평균선

주봉

주가
(엔)

2013년 5월
급등을 지켜보다 이익실현
주가 480엔 근처~

500

2012년 12월
최초 매수
주가 220엔 근처

400

300

200

약 반년 만에 2배의
상승 이익을 획득

거래량
(만 주)

5

2012/1   13/1   8

154

152쪽의 계산식으로 저평가주를 발견하는 방법과는 다르지만, 주식1000 씨는 경기가 좋고 도시개발이 활발한 시기 등에는 우량한 미실현 자산을 보유한 기업에도 주목한다. 이른바 땅 부자 기업이다. 명목 PBR은 낮지 않지만 토지 가격 상승에 따른 평가이익을 가미하면 실질 PBR은 크게 하락하는 '숨은 저평가주'를 노린다.

결산기	2013/3연	2014/3연	2015/3연
매출액	17,233	17,728	17,881
영업이익	723	447	880
경상이익	349	15	588
당기이익	-437	3,342	428
1주 이익(엔)	-	335.30	43.02
1주 배당(엔)	3.00	3.00	5.00
결산 월수(개월)	12	12	12

토지의 매각으로 특별 이익이 발생. 이 결산기의 당기이익·1주 이익은 크게 불어났다.

CB그룹 매니지먼트
미실현 자산 매각과 증배로 주가가 2배 상승

주봉

배당 권리 확정일이 지나 하락

2008년 1월 토지 매각에 따른 이익으로 증배 발표

증배로 주가가 약 50% 상승

주가 (엔)
500
400
300

거래량 (만 주)
20

2007/5   08/1   09/4

토지 매각으로 특별 이익이 발생하면 그 후에 특별 배당이 실시되는 경우도 있다. 주식1000 씨는 다이와 자동차 교통도 토지 매각 후 특별 배당이 있을지 모른다고 기대했지만, 이 기대는 불발로 끝났다. 한편 2008년에 보유 토지를 매각한 CB그룹 매니지먼트(당시의 사명은 주오물산)의 경우는 그 후에 특별 배당을 실시했다. 이에 따라 토지 매각과 배당 실시라는 각각의 재료로 주가가 두 차례 크게 상승했는데, 주식1000 씨는 그 두 국면에서 모두 상승 이익을 획득하는 데 성공했다(차트는 증배 발표 시 상승).

다만 이런 종목의 경우, 주가가 크게 올랐을 때 빠르게 이익을 실현한다. 주가 상승의 재료가 평가이익이 있는 토지를 매각한 데 따른 특별 이익이므로, 이것은 어디까지나 일시적인 요인일 뿐이라고 판단하기 때문이다.

2012년 가을, 주식1000 씨는 다이와 자동차 교통이 도쿄에 보유하고 있던 토지를 매각한다는 이야기를 듣고 즉시 주식을 매수했다. 자민당으로 정권이 교체되어 경기 확대가 기대되는 시기였던 것도 긍정적인 재료였다. 그리고 이러한 시기에는 금융, 증권, 부동산이나 미실현 자산주가 먼저 오른다는 점도 고려했다. 그 후 다이와 자동차 교통의 주식은 아베노믹스 경기를 타고 크게 상승했다. 주식1000 씨는 주가가 3배까지 올랐을 때 이익을 실현했는데, 그해에 두 번째로 많은 수익을 올린 종목이 되었을 정도로 큰 이익이었다.

주식1000
(닉네임)

가치주를 노리는 전업 투자자. 투자 경력 29년. 중학교 2학년 때 모아놓았던 세뱃돈 40만 엔을 자본금으로 투자를 시작한 이래 현재까지 3억 엔 이상의 누적 이익을 달성했다.

주식1000 씨는 시가총액 200억 엔 이하의 신흥시장 종목을 중점적으로 노리는 자산가치(저평가)주 투자자다. 저평가된 정도를 측정할 때, 현금 등의 유동자산에서 총부채를 뺀 '순유동자산'에 주목한다. 저명한 투자자 벤저민 그레이엄의 철학을 바탕으로 한 독자적인 계산법을 이용해 저평가주를 발굴한다.

주식1000 씨는 크게 잃지 않는 것이 투자에서 가장 중요하다고 말한다. 한 번의 대실패로 그때까지 벌어들였던 돈을 전부 날려버릴 위험성도 있기 때문이다. 시장을 읽기는 어렵다. 하지만 저평가주에 일찌감치 투자해 적정가격으로 돌아가는 과정의 흐름을 파악하는 것이 실패율이 낮은 최적의 투자법이라는 신념을 갖고 있다. 주식시장이 폭락할 때는 재산을 팔아서라도 매수에 뛰어든다.

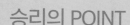

승리의 POINT

✓ '잃지 않는 투자를 계속하면 자연스럽게 성공이 찾아온다'가 신조이다.

✓ 어떤 국면에도 주식시장에 남아서 기회를 엿본다.

✓ 경기 국면에 맞춰 저평가주를 다시 선별한다.

패턴 **7**	화장품 재료로 아시아 확대
	KH네오켐

이런 회사

세계적인 냉동기 윤활유의 제조사. 화장품용 원료도 만든다.

저평가 고배당주는 성장력을 확인한다

성공 투자자의 눈

- 상장 후 고배당, 저PER이 눈에 들어와 주시
- 세계적으로 점유율이 높은 분야를 보유한 것을 높이 평가
- IR 페어 설명회에서 얻은 생산 능력 증강 뉴스도 중요시

— 5일 이동평균선   — 25일 이동평균선

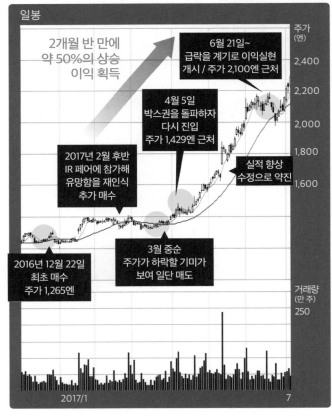

일봉

2개월 반 만에 약 50%의 상승 이익 획득

6월 21일~ 급락을 계기로 이익실현 개시 / 주가 2,100엔 근처

4월 5일 박스권을 돌파하자 다시 진입 주가 1,429엔 근처

2017년 2월 후반 IR 페어에 참가해 유망함을 재인식 추가 매수

실적 향상 수정으로 약진

2016년 12월 22일 최초 매수 주가 1,265엔

3월 중순 주가가 하락할 기미가 보여 일단 매도

주가 (엔)

2,400
2,200
2,000
1,800
1,600

거래량 (만 주)

250

2017/1   7

158

www9945 씨는 KH네오켐을 '저평가와 배당수익률 3% 이상'을 충족하며 ① 높은 시장점유율, ② 성장을 기대할 수 있는 아시아로의 확장이라는 플러스 재료에 주목했다. 성장 종목을 고를 때는 ①, ②를 특히 중시한다. 교와 발효의 화학 부문이 모체인 KH네오켐은 에어컨용 기계유와 화장품용 보습 성분 분야에서 세계적으로 높은 점유율을 자랑한다. 특히 화장품의 경우 소비가 왕성한 아시아 지역에서의 수익 상승도 기대됐다.

  2016년에 상장된 후 주가가 지지부진한 시기가 계속되었고, '대주주의 매도가 원인이 아닐까'라고 추측했다. 그래서 매수 호기로 보고 느긋하게 상승을 기다리자고 생각했다. 처음에는 손절매를 해야 한다고 생각했지만, IR 페어에서 유망함을 재인식했으며, 주가 부진도 일시적인 수급 요인이었음을 알게 되었다. 이에 자신을 갖고 매수에 나섰고, 예상대로 주가가 상승했다.

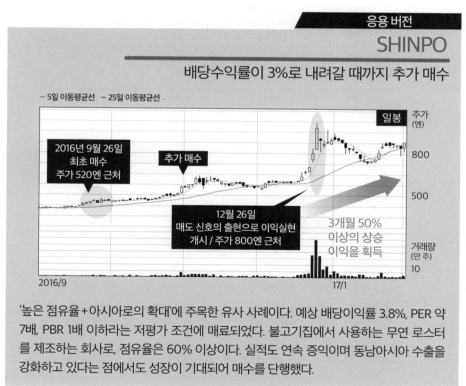

응용 버전

SHINPO

배당수익률이 3%로 내려갈 때까지 추가 매수

— 5일 이동평균선 — 25일 이동평균선 .

일봉 / 주가 (엔)

2016년 9월 26일
최초 매수
주가 520엔 근처

추가 매수

12월 26일
매도 신호의 출현으로 이익실현
개시 / 주가 800엔 근처

3개월 50%
이상의 상승
이익을 획득

거래량 (만주)

2016/9   17/1

'높은 점유율＋아시아로의 확대'에 주목한 유사 사례이다. 예상 배당이익률 3.8%, PER 약 7배, PBR 1배 이하라는 저평가 조건에 매료되었다. 불고기집에서 사용하는 무연 로스터를 제조하는 회사로, 점유율은 60% 이상이다. 실적도 연속 증익이며 동남아시아 수출을 강화하고 있다는 점에서도 성장이 기대되어 매수를 단행했다.

BP캐스트롤

100%에 가까운 배당성향에 주목

─ 13주 이동평균선 ─ 26주 이동평균선

2015년 2월
최초 매수
주가 1,200엔 근처

11월 후반 / 다시 진입
주가 1,300엔 근처

보유 중

주봉

주가
(엔)

1,800

1,400

1,000

8월
일단 매도

추가 매수

1년 8개월 만에
약 40% 상승

거래량
(만 주)

100

2015/1   16/1   17/1

'배당성향 약 100%'라는 유달리 높은 수준에 끌려서 매수한 종목이다. 고급 승용차용 윤활유를 취급하는 대기업으로 저유가가 플러스 요인이다. 2015년 당시도 저유가여서 투자하기 좋은 조건이라고 판단했다.

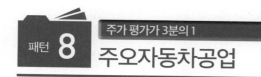

주오자동차공업

이런 회사
자동차용품을 취급하는 상
사. 코팅제 등의 상품도 취급
한다.

라이벌보다 낮은 PER에 주목한다

성공 투자자의 눈
● PER 7배로 매력적
● 이익의 성장에 비해 저평가
● 경쟁사의 주가는 높음

— 5일 이동평균선 — 25일 이동평균선

일봉

8개월 만에
약 65% 상승

추가 매수

보유 중

주가
(엔)
1,400

1,200

1,000

2016년 11월 15일
최초 매수 / 주가 920엔

거래량
(만 주)
10

2016/11   17/1   5

주오자동차공업은 '저평가&고배당'을 바탕으로 경쟁사에 비해 저평가되었다는
느낌이 강한 '그늘 종목'에 주목한 사례다. 이익이 크게 증가하고 있음에도 이것이
주가에 반영되지 않아 PER이 7배 정도였다.

한편 역시 자동차용 코팅제를 취급하는 KeePer(키퍼) 기연의 PER은 20배에 가
까웠기 때문에 앞으로 주가 상승의 잠재력이 크다고 판단하여 매수를 결정했다.

패턴 **9** 바이오주의 한 축
모리시타 은단

테마에 편승할 때는 실력파를 선택한다

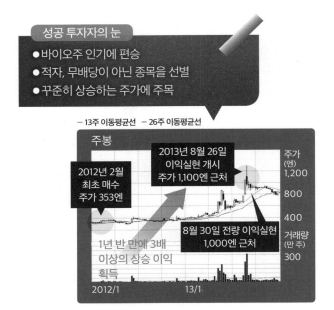

모리시타 은단은 바이오주가 각광받던 당시 그 인기에 편승해서 선택한 종목이다. 대표 상품인 '은단'의 노하우를 살려서 의료부터 식품, 산업용까지 다양한 분야에서 활용할 수 있는 심리스 캡슐을 개발함으로써 바이오 관련주의 한 축이 되었다.

종목을 선택할 때 주목한 기준은 주가 상승으로 연결될 실력이 있느냐의 여부였다. 테마주는 전체적으로 일과성 상승이 많기 때문에 그런 상황을 피하고자 실적의 안정성을 중시해, '적자 없음, 무배당 걱정 없음'의 실력파를 우선했다. 다른 바이오주에 비해 화려함은 없었지만, 실적 향상과 함께 주가도 꾸준히 상승했다.

www9945
(닉네임)

투자 경력 23년. 연봉 300만 엔으로 약 20년 동안 3억 엔이라는 자산을 쌓은 회사원 투자자의 우상. 현재는 전업 투자자로서 고배당주 중시. 주식시장의 변화를 감지하는 능력이 뛰어나다. 베트남 등 해외 주식에도 투자하고 있다.

www9945 씨는 주식시장의 변화를 빠르게 감지하고 그때그때 상황에 맞는 투자법을 선택함으로써 자산을 불려왔다. 기본 스타일은 실적이 좋은 가치주를 노리는 것이며, 전업 투자자로 변신한 뒤로는 배당 수입도 중시하게 되었다. 종목을 선택할 때의 주요 기준은 다음과 같다.

① 배당수익률 3% 이상 ② PER 10~15배 이하 ③ PBR 1배 미만 ④ ROA 10% 이상

이 기준에 따라 후보를 추려낸 뒤 주가가 착실하게 상승할 것 같은 종목을 골라 주식을 매수한다. 주가가 상승하면 배당수익률이 하락하기 때문에 대체로 주가가 상승해 3%를 밑돌게 될 때까지 추가 매수한다.

중장기적인 시점에서 주가 상승을 노리며, 보유 중에는 평가손실에 대한 스트레스 없이 배당 수입을 얻을 때까지 자금관리에도 신경을 쓴다. 최초 매수 후에는 보유 주식을 매수가격대별로 나열했을 때 피라미드형이 되도록 추가 매수한다. 주가가 저평가 영역에 있을 때 신용거래까지 이용해서 최대한 많은 주식을 매수해 토대를 쌓고, 주가가 상승함에 따라 서서히 매수 주식의 수를 줄여나간다. '주가 100엔일 때 산 주식은 남기고 150엔일 때 산 주식만 판다'라는 원칙으로 주가가 하락해 일정 이상 평가손실이 발생한 가격대의 보유 주식은 손절매한다. 항상 모든 가격대에서 평가이익이 발생하는 상태가 되도록 신경 쓴다.

승리의 POINT

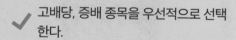
✓ 고배당, 증배 종목을 우선적으로 선택한다.

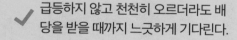
✓ 급등하지 않고 천천히 오르더라도 배당을 받을 때까지 느긋하게 기다린다.

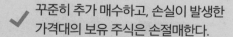
✓ 꾸준히 추가 매수하고, 손실이 발생한 가격대의 보유 주식은 손절매한다.

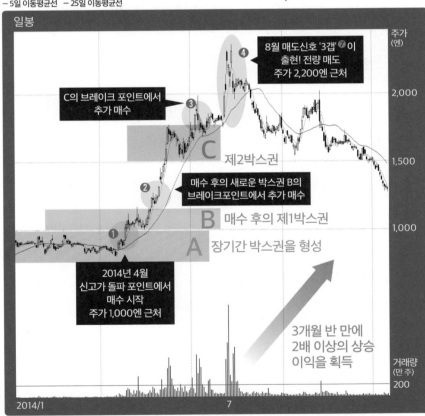

이런 회사

완구, 게임 도매업 분야의 최대 기업. '요괴워치'의 인기로 대성공

패턴 10 해피넷

신고가 돌파, 대변혁을 기대

재료를 감정하고 상승 추세에 올라타다

성공 투자자의 눈

- 관찰이 쉬운 소매업이나 서비스업에 주목
- 대변혁을 부르는 '신제품', '신사업', '신서비스' 등이 있는지 확인
- 박스권 돌파와 '요괴워치'의 인기를 주시

─ 5일 이동평균선 ─ 25일 이동평균선

일봉

주가 (엔)

8월 매도신호 '3갭' ❼ 이 출현! 전량 매도
주가 2,200엔 근처

❹

2,000

C의 브레이크 포인트에서 추가 매수

❸

C 제2박스권

2,000

1,500

❷

매수 후의 새로운 박스권 B의 브레이크포인트에서 추가 매수

B 매수 후의 제1박스권

1,000

❶

A 장기간 박스권을 형성

2014년 4월
신고가 돌파 포인트에서 매수 시작
주가 1,000엔 근처

3개월 반 만에 2배 이상의 상승 이익을 획득

거래량 (만 주)

200

2014/1   7

❼ 갭은 차트에서 막대와 막대 사이에 생기는 빈 공간을 뜻하며, 이것이 사흘 연속으로 나타났을 때 3갭이라고 한다.

164

해피넷은 DUKE. 씨의 투자 성적을 크게 끌어올린 '신고가 브레이크 투자법'의 대표적인 성공 사례다. 인기와 실력을 겸비한 종목으로 상승 기조에 올라탄 뒤 박스권 돌파를 의식하면서 추가 매수해 투자 수익을 늘렸다.

　DUKE. 씨는 투자를 판단할 때 ① 신고가를 돌파해 투자자들의 각광을 받은 종목인가, ② 주가의 상승을 뒷받침할 정도의 호실적을 내고 있는가, ③ 향후 주가 상승을 부를 재료가 있는가에 주목한다. 해피넷의 경우 DUKE. 씨는 ③의 요소로 매수 당시 대성공의 징조가 보였던 '요괴워치'에 주목했다. 장난감 도매업자인 해피넷은 '요괴워치'도 취급하고 있었다.

- 도쿄역의 매장이 입장 제한을 할 만큼 인기
- 쇼핑센터 등의 '요괴 길흉제비 신사'에 생긴 긴 행렬
- 신고가를 돌파한 시기에 요괴워치의 텔레비전 방송이 시작되어 관심이 더욱 커질 가능성이 높음

　DUKE. 씨는 이러한 점들이 종합되어 유력한 재료가 될 것으로 생각했다.
　재료의 감정은 초보자에게 결코 쉬운 일이 아니지만, "신고가를 돌파하거나 주가가 급등한 시기에 어떤 재료가 나왔는지 시간을 거슬러 올라가 조사하다 보면 감각이 생긴다"는 것이 DUKE. 씨의 조언이다. 덧붙여 과거의 주가 정보지 등을 읽고 당시의 매출 증가에 공헌한 신상품이나 서비스를 조사해보면 공부가 될 것이라고 한다.

슛핀

우수한 비즈니스 모델을 높게 평가

신고가 브레이크 투자법을 공부하기 시작했을 무렵의 성공 사례이다. 비즈니스 모델이 우수한 저평가 성장주에 주목해, 신고가 돌파를 신호로 추가 매수를 계속했다.

인터넷을 통해 중고카메라의 매입과 재판매 사업을 하는 기업으로, 실제 점포를 한 곳에 집약하고 판촉과 영업은 전부 인터넷으로 하는 점을 높게 평가했다. 고정비를 억제하는 가운데 이익이 꾸준히 성장할 것으로 기대했다. 창업자인 스즈키 게이鈴木慶가 소프맵 등 2개의 상장기업을 만든 실적이 있기 때문에 같은 성과를 기대할 수 있다고도 생각했다.

브랜지스타

비용 억제로 이익 증가, 주도 인물에 주목

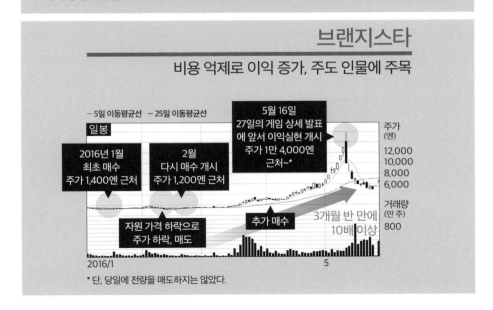

* 단, 당일에 전량을 매도하지는 않았다.

슛핀과 비슷한 발상으로 '비용을 억제한 이익 성장'과 '새로운 서비스를 주도하는 인물의 솜씨'에 주목한 사례. 투자를 단행한 계기는 브랜지스타가 온라인 스마트폰 게임 '신의 손' 개발을 발표한 것이었다. 이 게임에 주목한 이유는 그 프로듀서가 아키모토 야스시였기 때문인데, 틀림없이 인기를 끌 것이라고 예상했다. 또한 스마트폰 게임은 개발비가 많이 들어가기는 해도 매출 증가에 따른 비용 증가가 없다는 점에 호감을 느꼈다. 재고의 발생 없이 게임의 히트와 함께 실적이 대폭 확대될 것을 기대했다.

Check!

DUKE.의 투자 흐름

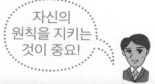

자신의 원칙을 지키는 것이 중요!

STEP

1 유망 종목 발굴

✔ 신고가 돌파 종목에 주목

2 합격점이라면 매수 시작

✔ 대변혁의 요소는 있는가?
신상품, 신서비스, 신업태 등에 해당되는 요소가 있는지 연구

✔ 실적은 양호한가?

❶ 1년 단위의 실적이 안정적인가?

❷ 직전 1~2년의 경상이익 증가율이 20% 이상인가?

❸ 직전 2~3분기의 경상이익은 전년 동기 대비 20% 이상인가? 매출액은 10% 이상인가?

❹ 직전 2~3분기의 매출액 경상이익률(경상이익÷매출액)이 전년 동기 대비 증가했는가?

3 추가 매수

✔ Step 2를 점검하면서 주가가 박스권을 돌파했거나 박스권의 바닥에서 반등했을 때를 추가 매수의 기회로 삼는다.

DUKE.
(닉네임)

투자 경력 13년. 최근 전업 투자자로 변신. 처음에는 저평가된 성장주 위주의 투자였지만 성공과 실패를 반복하다 기술적 분석을 조합한 개량 투자법으로 성과를 높여 2014년에 누계 이익 1억 엔을 돌파했다.

"주식투자는 미인투표와 같다. 아무리 실적이 매력적이라고 해도 다른 투자자들이 높이 평가하지 않는다면 주가는 오르지 않는다."

2003년부터 본격적으로 투자를 시작한 DUKE. 씨는 열심히 펀더멘털을 분석해 저평가된 성장주를 노리는 방법으로 투자를 계속했지만 생각처럼 성과가 나지 않았다. 그래서 무엇이 문제인지 고민하다 이런 깨달음을 얻고 방법을 개량했다. 그러자 갑자기 성적이 좋아져 2년 후에는 누적 이익 1억 엔을 돌파하기에 이르렀다. 그 개량법은 바로 펀더멘털 분석과 기술적 분석의 양 측면에서 접근하는 '신고가 브레이크 투자법'이다.

대략적인 투자 절차는 먼저 신고가를 돌파한 종목에 주목하는 것이 제1단계. 그후 제2단계에서 업무 내용과 실적을 깊게 분석한다. 특히 신경 써서 살펴보는 것은 그 사업 모델에 신상품, 신서비스, 신업태 등 기업에 '대변혁'을 가져올 요소가 있느냐다. 또한 경상이익의 증가를 의식해 167쪽 'DUKE.의 투자 흐름' Step2의 ①~④의 조건을 충족하는지 확인한다. ③의 직전 2~3분기 실적은 가장 중시하는 포인트다.

이런 절차를 거쳐서 투자할 가치가 있다고 생각하면 다음 날 시초가에 매수한다. 그런 다음 기술적인 측면도 살피며 박스권 돌파 등을 의식하면서 추가 매수한다.

승리의 POINT

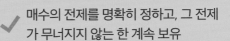

✓ 매수의 전제를 명확히 정하고, 그 전제가 무너지지 않는 한 계속 보유

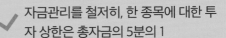

✓ 자금관리를 철저히, 한 종목에 대한 투자 상한은 총자금의 5분의 1

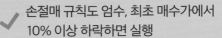

✓ 손절매 규칙도 엄수, 최초 매수가에서 10% 이상 하락하면 실행

신고가 돌파, 우대 수익률

JR규슈

지수 편입, 상장 직후의 강세에 주목한다

성공 투자자의 눈

- 신고가 돌파, 우대 부여의 이론에 따라 참가
- 주가 횡보 기간을 거친 뒤의 상승력에 기대
- 신규 상장 후의 주요 주가지수 편입 수요에도 주목

— 5일 이동평균선　— 25일 이동평균선　— 75일 이동평균선

일봉

주가 (엔)

3월 9일 급락에 따라 이익실현 / 주가 3,700엔 근처

추가 매수

2월 22일 이익 확정 2월 24일에 재매수

이후 추가 매수

2017년 2월 8일 첫 매수 신고가 돌파 후 주가 3,000엔 근처

1개월 만에 20% 이상 상승 이익을 획득

3,600

3,400

3,200

거래량 (만 주)

100

2017/1

5

신고가를 돌파한 우대주를 선행 매수해 성공한 사례가 JR규슈다. 2016년 10월에 도쿄증권거래소 1부에 신규 상장했다. ① 주가의 횡보가 계속된 뒤에 신고가를 돌파하면 그 후의 상승력이 강할 때가 많고, ② 신규 상장 후 MSCI 등 주요 주가지수 편입에 따른 실수요 매수가 발생, ③ 상장 후 첫 주주가 될 수 있는 권리 확정일을 앞두고 투자자의 매수 의욕이 강할 것이다. 이 세 가지 요소를 순풍으로 판단했고, 조금 과감하게 매수해 상승 이익을 획득했다.

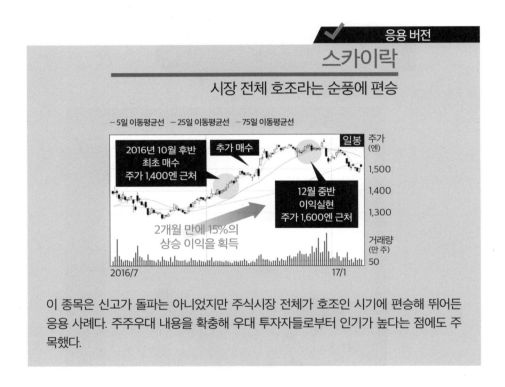

✔ 응용 버전

스카이락
시장 전체 호조라는 순풍에 편승

— 5일 이동평균선 — 25일 이동평균선 — 75일 이동평균선

일봉 | 주가 (엔)

2016년 10월 후반
최초 매수
주가 1,400엔 근처

추가 매수

12월 중반
이익실현
주가 1,600엔 근처

2개월 만에 15%의
상승 이익을 획득

1,500
1,400
1,300

거래량 (만 주)

2016/7 　　　　　17/1 　　50

이 종목은 신고가 돌파는 아니었지만 주식시장 전체가 호조인 시기에 편승해 뛰어든 응용 사례다. 주주우대 내용을 확충해 우대 투자자들로부터 인기가 높다는 점에도 주목했다.

오리엔탈랜드

기업의 아노말리에 편승한다

〈일본경제신문〉에 연재되는 '나의 이력서'에 등장한 인물이 소속된 기업의 주가는 그달 중순까지 상승하는 경향이 있다. '아노말리(이론으로 설명할 수는 없지만 체계적, 지속적으로 나타나는 현상)'에 편승한 성공 사례다.

'나의 이력서'는 매달 1일부터 월말까지 매일 연재되는데, 1년에 몇 차례는 상장 기업의 경영자가 등장한다. 이러한 주가의 동향은 '주목→이익실현→최종회가 다가오면서 재주목'이라는 투자자 심리에 따른 것인지도 모른다. 이 사례에서는 신고가 경신으로 상승이 계속되었기 때문에 월 중순 이후까지 계속 보유했다.

〈일본경제신문〉 '나의 이력서' 등장 기업의 평균적인 주가 추이

주: 유나기 씨 작성. 2010~2015년 2월의 〈일본경제신문〉 '나의 이력서' 등장 기업 총 21개사에 대해 첫 연재일의 직전 영업일의 주가를 0으로 놓고 그 후의 움직임을 평균화했다. 이때 TOPIX와 해당 종목 주가의 차이를 이용해 시장의 영향을 받은 부분 을 배제하고 산출했다.

시장이 호조일 때는 조정 국면에 매수한다

─ 5일 이동평균선 ─ 25일 이동평균선 ─ 75일 이동평균선

일봉

4일에 100엔의 상승
이익을 획득

주가
(엔)

2,000

3월 10일 이익실현

1,900

2017년 3월 7일
구주매출주의 양도일
아침부터 매수 개시

1,800

2017/2

공모증자나 구주매출⑧ 때는 수급 악화에 대한 우려에서 일단 주가가 조정될 때가 많은데, 그 반등을 노린다. 경험상 주식시장이 호조일 때 성공 확률이 높다고 한다. 퍼솔 홀딩스의 경우, 대주주의 구주매출이므로 주가의 희석화는 없다. 또한 그 후 유동성이 높아짐으로써 기관 투자자 등의 매수가 들어올 확률이 높다는 점도 기대했다.

---

⑧ 대주주나 일반주주 등 기존 주주가 보유하고 있는 주식지분 중 일부를 일반인에게 공개적으로 파는 것

패턴 14 닛케이225 선물

직접 조사해 습성을 파악한다

― 5일 이동평균선   ― 25일 이동평균선

닛케이225 선물의 움직임(일봉)

주가
(엔)

연휴 전후의 트렌드
지속에 편승

5월 9일

5월 2일

19,500

19,000

18,500

3영업일에 430엔의
상승 이익을 획득

2017/4   5

유나기 씨는 '닛케이평균주가가 25일 이동평균선으로부터 3% 이상 상방 괴리된 상태에서 연휴에 들어가면 연휴 직후 더 상승하는 경향이 있다'라는 자신의 조사 결과를 활용했다. 단기 승부를 전제로 하며, 이 조건을 만족한 연휴 전날인 5월 2일 낮부터 밤에 걸쳐 매수(닛케이225 미니 6월물)한 뒤 연휴 다음 날인 8일부터 매도 타이밍을 엿보다 9일에 이익실현에 성공했다.

유나기
(닉네임)

자본금 30만 엔으로 주식투자를 시작해 억 단위까지 자산을 불린 실력자. 투자 경력은 약 17년이며, 2012년부터 전업 투자자가 되었다. 우대주 선행투자 등 수급의 습성을 활용한 투자가 장기이다.

유나기 씨는 수급의 습성을 활용한 이벤트 투자가 장기이다. 주요 전략은 인기 주주우대가 있는 종목이 주주우대를 노린 투자자의 매수로 권리 확정일 직전까지 상승하는 것을 노린 선행 투자다. 권리 확정일의 1~4개월 전부터 매수 타이밍을 엿보고 있다가 주가가 올랐을 때 파는 단순한 방법을 뚝심 있게 구사한다. 하지만 권리 확정일 전에 처분하므로 주주우대는 받지 못한다.

포인트는 상승 추세의 종목에 올라타는 것이다. 신고가 경신, 혹은 한동안 횡보 상태가 계속된 뒤 갑자기 주가가 상승했을 때가 매수 타이밍이다. 다만 '신고가 돌파, 주주우대 있음'이라는 조건을 만족한다고 해서 반드시 주가가 오른다는 보장은 없다. 주가가 기대대로 움직이지 않는다면 미련 없이 손절매하고 다음 유망 종목으로 넘어간다. 또한 매수가를 밑돌면 일단 철수하는 것이 기본 방침이다.

매수를 시작한 뒤에는 직전 고가 등을 의식하면서 적절하게 추가 매수해 이익을 최대화한다. 최근에는 JR규슈 이외에 일본 맥도날드 홀딩스 등의 투자도 성공했다. 맥도날드의 경우, 연초부터 상승이 계속되어 5월에 직전 고가를 돌파했을 때 매수하기 시작해 그 후 약 1개월 동안 상승 이익을 획득했다.

그 밖에 패턴 12~14와 같은 아노말리를 이용한 단기 투자도 최대한 활용해 전체 수익을 높이고 있다.

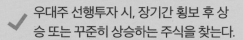

승리의 POINT

✓ 손절매를 철저히! 기본적으로 매수가를 밑돌면 실행

✓ 우대주 선행투자 시, 장기간 횡보 후 상승 또는 꾸준히 상승하는 주식을 찾는다.

✓ 변동성이 높을 때는 투자 비율을 낮춰서 뛰어든다.

패턴 **15** 마르코

이벤트를 예상해 매수 후 기다린다

성공 투자자의 눈

- 주주우대로 인기를 끈 Rizap과 비슷할 것으로 예상
- 재무 건전화로 흑자가 되면 우대가 신설될 것으로도 추측
- 적시 공시정보를 확인해 주가 재료를 빠르게 감지

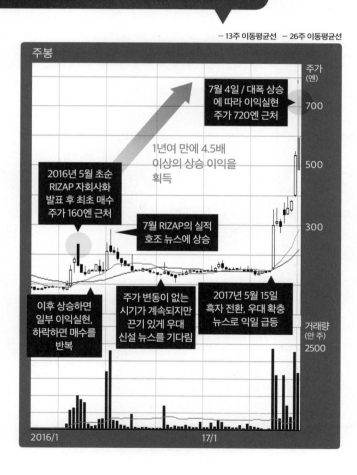

— 13주 이동평균선 — 26주 이동평균선

주봉

주가 (엔)

7월 4일 / 대폭 상승에 따라 이익실현 주가 720엔 근처

700

1년여 만에 4.5배 이상의 상승 이익을 획득

500

2016년 5월 초순 RIZAP 자회사화 발표 후 최초 매수 주가 160엔 근처

7월 RIZAP의 실적 호조 뉴스에 상승

300

이후 상승하면 일부 이익실현, 하락하면 매수를 반복

주가 변동이 없는 시기가 계속되지만 끈기 있게 우대 신설 뉴스를 기다림

2017년 5월 15일 흑자 전환, 우대 확충 뉴스로 익일 급등

거래량 (만 주)

2500

2016/1　　　　　　　17/1

'기다림'의 저평가주 투자자인 v-com2 씨의 승리 패턴을 배워보자.

2017년 5월 중순, RIZAP(라이잡) 그룹 주요 회사의 주가가 연일 상승하며 속칭 'RIZAP 축제'가 주목을 받았다. v-com2 씨는 이 움직임을 상당히 이전부터 예상하고 있었다. 그래서 마르코를 비롯한 '축제' 종목을 전부 매수해놓았다.

발상은 간단했다. 주주우대로 인기를 얻은 RIZAP이 자회사화한 기업은 역시 RIZAP의 주주우대가 적용되어 인기를 끌 것으로 예측하고, 다음 그림과 같이 제 1진을 매수했다. 그리고 이것이 성공하자 다음으로 자회사화한 제2진도 매수했는데, 우대 신설 또는 확충을 재료로 크게 상승했다.

또한 RIZAP 우대를 아직 도입하지 않은 제3진에 대해서도 같은 움직임을 예상하고 매수했는데, 5월에 제1, 2진을 따라서 대폭 상승했다. 이에 재료를 기다리던 상황이었지만 7월 4일에 전부 이익을 실현했다.

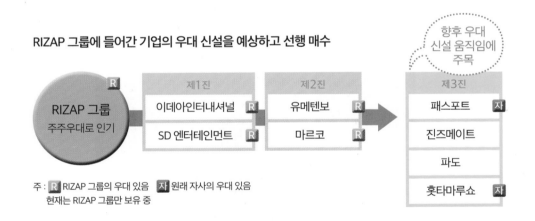

RIZAP 그룹에 들어간 기업의 우대 신설을 예상하고 선행 매수

주 : R RIZAP 그룹의 우대 있음 자 원래 자사의 우대 있음
현재는 RIZAP 그룹만 보유 중

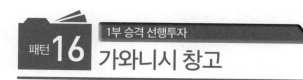

패턴 **16** 가와니시 창고

정석 투자 후 끈기 있게 기다린다

성공 투자자의 눈

● 주주우대 신설과 시간 외 대량 매매로 승격을 추측
● 낮은 PBR, 실적 횡보의 반동이 클 것으로 예상
● 다른 투자자들의 심리에 흔들리지 않고 자신만의 길을 선택

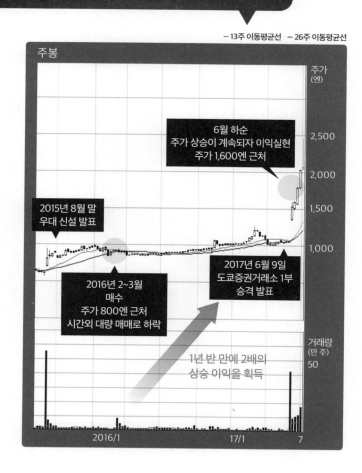

— 13주 이동평균선 — 26주 이동평균선

주봉

주가 (엔)

6월 하순
주가 상승이 계속되자 이익실현
주가 1,600엔 근처

2,500

2,000

1,500

2015년 8월 말
우대 신설 발표

1,000

2016년 2~3월
매수
주가 800엔 근처
시간외 대량 매매로 하락

2017년 6월 9일
도쿄증권거래소 1부
승격 발표

1년 반 만에 2배의
상승 이익을 획득

거래량 (만 주)

50

2016/1   17/1   7

가와니시 창고는 1부 승격 선행투자의 성공 사례다. 승격의 신호로 생각하는 ① 주주우대 신설, ② 시간외 대량 매매 뉴스가 나와 주목한 종목이다. 승격 신호가 나오고 승격이 발표되기까지 거의 2년이 걸렸다. 하지만 연 2회의 QUO 카드(선불카드) 우대를 누리면서 끈기 있게 기다렸다. 그리고 마침내 1부 승격이 발표되자 주가는 단숨에 2배 이상이 되었다.

매수 당시는 PBR 0.5배 이하에 실적도 횡보 상태였다. 주가도 거래액도 인상적이지 못했지만, 1부 승격이라는 재료가 나왔을 때의 상승력은 강할 것으로 예상했다. 최소 매수액이 9만 엔 정도여서 정기예금을 한다는 느낌으로 장기 투자하려고 생각했다. SNS 등에서 "더는 기다릴 수가 없어서 팔았다"라는 가와니시 창고 주식 보유자들의 글을 다수 발견할 수 있었지만, 흔들리지 않고 계속 보유했다.

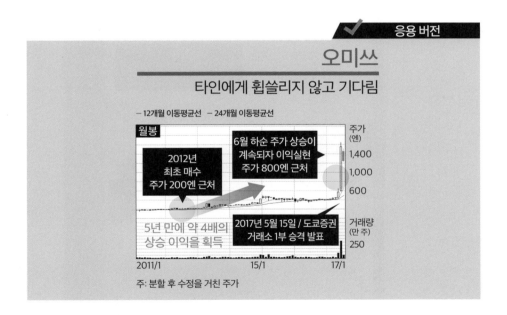

응용 버전

오미쓰

타인에게 휩쓸리지 않고 기다림

─ 12개월 이동평균선 ─ 24개월 이동평균선

월봉

2012년
최초 매수
주가 200엔 근처

6월 하순 주가 상승이
계속되자 이익실현
주가 800엔 근처

주가
(엔)
1,400
1,000
600

5년 만에 약 4배의
상승 이익을 획득

2017년 5월 15일 / 도쿄증권
거래소 1부 승격 발표

거래량
(만 주)
250

2011/1   15/1   17/1

주: 분할 후 수정을 거친 주가

178

시스템 리서치

승격 신호 3개가 모두 갖춰지다

−13주 이동평균선 − 26주 이동평균선

2016년 4월 초순
시간외 대량 매매 실시로 하락했을
때 최초 매수 / 주가 1,200엔 근처

주봉

주가
(엔)

2,000

1,600

12월 6일 / 도쿄증권거
래소 1부 승격 발표*
주가 2,000엔 근처

1,200

거래량
(만 주)

8개월 만에 약 65%의
상승 이익을 획득

35

2016/1   17/1   7

*단, 승격 발표 전에 대부분 이익실현

모두 1부 승격 선행투자에 성공한 사례다. 오미쓰의 경우 ②의 시간외 대량 매매 실시를 재료로 가와니시 창고보다도 더 끈기 있게 상승을 기다렸다. 시스템 리서치의 경우는 ① 주주우대 신설, ② 시간외 대량 매매, ③ 주식 분할을 전부 단기간에 실시해 기대가 높았다.

v-com2
(닉네임)

투자 경력 약 14년이고 회사원 투자자로서 2년 전에 '억대 투자자' 대열에 합류했다. 재무제표 분석을 구사해 주주우대가 있는 저평가된 도쿄증권거래소 1부 승격 기대 종목을 선행 매수한다.

v-com2 씨는 회사원 투자자다. 급여 수입이 있다는 강점을 살려 '기다리고 또 기다리는' 투자 전략을 구사한다. 도쿄증권거래소 2부나 신흥시장의 저평가주가 도쿄증권거래소 1부 승격 발표로, 이른바 'TOPIX 매수'의 기대감에 주가가 상승할 것을 노리고 선행 매수하는 것이 주된 투자법이다. 주가가 급등하기까지 시간이 걸릴 때도 많지만, 주주우대 종목에 투자함으로써 초초해하지 않고 느긋하게 '때'를 기다린다.
승격을 기대해도 되는지 판단할 때는 ① 주주우대의 신설 또는 확충, ② 시간외 대량 매매, ③ 주식 분할의 세 가지에 주목한다. 이것은 전부 주주의 수 증가로 이어지는 요건으로, 1부 승격의 기준인 '주주 수 2,200명 이상'을 달성하려는 목적이 있다고 생각할 수 있기 때문이다.
이런 신호가 나온 종목이 있으면 즉시 분석해 저평가되어 투자 가치가 있는지 확인한다. 기준이 되는 PER 10~15배 이하, PBR 1배 이하에 해당된다면 유력 후보다. 또한 기업의 중기 경영 계획도 확인해서 성장성을 조사한다. 3년 후의 1주당 이익을 이용해 목표주가도 계산해본다. PER 15배로 가정하고 계산했을 때 산출된 목표주가가 현재 주가를 크게 상회한다면 그만큼 상승 여지가 있다고 본다. 이 점도 중요한 판단 재료다. 분산투자도 실천해서, 한 종목에 보유 자산의 10% 이상을 투입하는 것은 피한다. 리스크를 분산하면서 대박 주를 만날 기회를 늘릴 방법을 찾는다.

승리의 POINT

✓ 주주우대를 누리면서 주가 상승을 끈기 있게 기다린다.

✓ 역추세의 발상으로, 주가가 대폭 조정될 때를 노려 매수한다.

✓ 자산을 분산시켜 리스크를 관리한다.

칼럼 ②
뉴페이스 억대 투자자

FILE 6

4년여 만에 1억 엔 도달! 회사원을 졸업하고 전업 투자자로

중소형주
투자로 나도
'억대 투자자'가
되었다

투자자 해리의 이 점은 대단하다!

▶ 주식투자 4년여 만에 운용자산 1억 엔을 돌파했다.

▶ 자본금은 매년 300만 엔 정도씩 저금하여 약 1,000만 엔이다.

▶ 연봉 이상의 수익을 꾸준히 벌어들이고 있다.

▶ 일을 하면서도 매일 2시간씩 공부를 계속했다.

해리
(닉네임)

연령	34세
직업	전업 투자자(전 회사원)
거주지	아이치현
운용자산	1억 7,000만 엔
트위터계정	해리(@harry_0920)

해리 씨는 2017년 6월에 운용자산 1억 엔을 달성하고 가을에 회사원 투자자를 졸업했다. 아이치현에 사는 해리 씨가 주식투자를 시작한 때는 2013년 봄이었으므로 4년 2개월 만에 억대 투자자가 된 것이다. 매일 2시간 이상 투자 공부를 하며 노력

을 거듭해왔기에 이룰 수 있었던 성과다.

투자를 시작한 계기는 회사의 처우에 불만을 느끼면서다. 급여도 줄어들어서 그
것을 만회하고자 투자에 도전했다. 주식투자를 시작하기 전에는 도서관에 가서 투
자 관련 책을 일주일에 두세 권씩, 모두 100권 이상 읽었다. 그리고 2010년에 결혼
한 뒤 매년 300만 엔씩 저금해 모은 돈 1,000만 엔을 자본금으로 삼았다. 대출 없이
내 집을 사려고 꾸준히 모았던 돈이다. 이에 대해 해리 씨는 "물욕이 없는 편이어
서 전혀 힘들지 않았습니다"라고 말하며 웃었다.

억대 투자자가 되기까지의 여정

2012년	FX(외환증거금거래)를 시작
	대상은 달러/엔, 유로/엔
가을	아베노믹스 경기가 시작되다.
2013년	FX의 성과가 부진해 주식투자로 전환
3월	TOPIX와 닛케이평균주가의 연동 ETF(상장지수펀드)를 구입
	운용자산 1,500만 엔
5월	버냉키 쇼크로 주가 급락
	일본 주식은 고평가되었다고 생각해 저평가된 홍콩 주식에 투자하다.
9월	처음으로 일본 주식(산신전기)을 매수
2014년 7월	베트남 주식을 매수, 제약·의료 관련이 중심
2015년 봄	홍콩 주식은 버블이라 느껴 매도를 시작하다.
3월	운용자산 3,000만 엔 돌파
6월	운용자산 5,000만 엔 돌파
6월	저평가 일본 주식에 투자를 시작하다.
8월	차이나 쇼크가 일어나다.
2016년 6월	홍콩 주식을 전량 매도
	운용자산은 6,500만 엔에 육박
가을	트럼프 경기가 시작되다.
	일본 주식 가운데 성장주·재료주에 투자를 시작하다.
12월	운용자산 8,000만 엔 돌파
2017년	베트남 주식의 매도를 진행하다.
6월	운용자산이 1억 엔을 돌파! 전업 투자자가 되다.

해리의 투자 기법

✓ 20종목으로 분산투자

✓ **주 전략** 자산가치주
➡ 자산의 70%, 20종목 중 15종목 정도

✓ **부 전략** 성장주·재료주
➡ 자산의 30%, 20종목 중 5종목 정도

처음에는 FX(외환증거금거래)부터 시작했다. 2012년경부터 달러/엔과 유로/엔으로 거래했는데, 1년 정도 몰두했지만 결과는 수천 엔의 손실이었다. 기술적 분석을 통해 이런저런 시도를 해봤지만 가격이 변동하는 이유를 알 수가 없어 "점을 치는 기분이었다"고 한다.

결국 FX를 포기하고 주식투자에 도전했다. 2013년 3월에 닛케이225지수와 TOPIX(도쿄증권거래소 주가지수)에 연동되는 ETF를 산 것이 시작이다. 매수 직후 일본은행이 실시한 양적·질적 금융 완화로 주가가 상승하면서 ETF도 상승해 쾌조의 출발을 보였다.

그레이엄의 방식으로 투자하다

그러나 기쁨도 잠시, 5월 하순에 미국의 금융긴축 언급으로 세계의 주가가 동시에 하락한 일명 '버냉키 쇼크'가 일어나면서 ETF도 하락했다. 이에 해리 씨는 일본 주식에 대한 투자를 일단 단념하고 홍콩 주식으로 투자의 축을 옮겼다. 일본 주식에 비해 우량한 저평가 종목이 많았기 때문이다. 당시는 중국 주식의 버블이 일어나기 전으로, 홍콩 주식은 PBR이 0.1배 또는 0.2배 등 저평가가 심한 종목이 많았다.

해리 씨를 억대 투자자로 이끈 것은 자산가치(저평가)주에 대한 분산투자다. 투자를 시작할 때 읽은 책 중에서 벤저민 그레이엄과 존 템플턴, 하워드 막스, 피터 린치의 생각에 공감했다. 그리고 홍콩 주식은 그레이엄식 자산가치주인 '넷넷주' 투자에 적합한 무대라고 생각했다.

넷넷주는 회사의 청산가치보다 주가가 저평가된 수준의 주식을 말한다. PBR로

는 1배 미만인 종목이다. 다만 넷넷주
는 두 가지 측면에서 일반적으로 PBR
1배 미만 주식에 대한 투자와 다르다.
첫째는 청산가치(1주당 순자산액)의 산
정 방법이고, 둘째는 매수의 대상이
되는 저평가도의 판정 기준이다.

넷넷주의 청산가치는 회사가 보유
한 '현·예금', '외상판매대금', '유가증
권' 등의 현금등가물에서 총부채를 뺀
금액을 기발행주식 수로 나눠 계산한
다. 일반적으로 PBR은 총자산에서 총
부채를 뺀 순자산이 기준이므로 넷넷
주는 자산만을 한정한다.

또한 저평가 판정 기준의 경우, 현
재 주가가 청산가치의 3분의 2 이하인
종목을 대상으로 삼는다. 그 주식의
주가가 청산가치보다 상승하면 최소
한 50% 이상의 수익을 기대할 수 있기

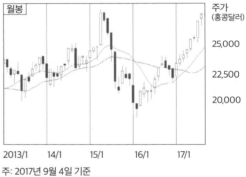

넷넷주의 투자법

1 실질 순자산을 계산
→ 재무상태표에서 현·예금, 외상판매대금,
유가증권 등 현금등가물을 계산
현금등가물에서 부채를 뺀다.

2 주가총액이 실질 순자산의 65%
이하인지 확인한다.

3 실질 해산가치까지 상승이 이익실현
의 기준(50%의 상승을 노린다.)

홍콩 항셍지수의 추이
— 12개월 이동평균선 — 24개월 이동평균선

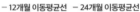

월봉

주가
(홍콩달러)

25,000

22,500

20,000

2013/1   14/1   15/1   16/1   17/1

주: 2017년 9월 4일 기준

때문이다. 해리 씨는 청산가치보다 35% 이상 저평가된 것으로 판정된 주식을 투자
대상으로 삼았다.

넷넷주 투자를 할 때는 재무제표를 넘기며 관련된 항목을 추출해 계산하는 작업
이 필요하다. 해리 씨는 엑셀에 일일이 입력하면서 투자 대상으로 삼아도 될지 아
닐지를 파악했다.

또한 청산가치를 계산할 때는 배당수익률이나 증자 등도 고려해 독자적인 기준

처음으로 2배 상승주를 만나다

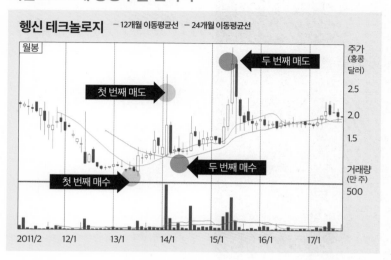

헹신 테크놀로지 — 12개월 이동평균선 — 24개월 이동평균선

을 설정함으로써 그레이엄의 기법에 독자성을 더했다.

가장 성공한 홍콩 주식은 동축케이블 등 통신기기 관련 제조사인 헹신 테크놀로지다. 2013년에 주목했을 당시 이 회사의 주식은 실질 PER이 3.7배, PBR이 0.25배 수준이었다. 넷넷주의 계산식으로 봐도 청산가치의 절반 수준이다. 실적은 하락하고 있었지만 적자는 아니었기 때문에 같은 해 7월에 0.74홍콩달러에 매수했다.

매수 후 주가가 오르기 시작했는데, 2014년 2월에 종가 기준으로 전일 대비 2배 가까이 급등한 날 2.3홍콩달러에 매도했다. 해리 씨에게는 주가가 2배 이상 상승한 첫 번째 주식이었다. 그리고 이익실현 후 주가가 급락하자 다시 매력적인 저평가 수준이 되었다고 보고 1.2홍콩달러에 매수했는데, 예상대로 주가가 다시 상승세로 전환되었다. 해리 씨는 2015년 4월에 주가가 급등하자 2.8홍콩달러에 전량 매도함으로써 두 번의 거래에서 모두 2배 이상의 수익을 올리는 데 성공했다.

그러나 세 번째 매수는 자제했고, 다른 종목도 포함해 홍콩 주식시장에서 철수하기 시작했다. 그리고 그해 여름에 차이나 쇼크가 일어나 중국 주식시장이 폭락

재료주의 투자법

1 뉴스 등을 확인한다.

2 재료와 주가 동향의 관계를 통계 분석으로 검증한다.

3 독자적인 분석을 통한 7~8가지 경험칙과 합치한 주식을 선정한다.

성장주의 투자법

1 실적이 성장하고 있으며, 앞으로도 기대되는지 확인한다.

2 원칙적으로 PER 15배 이하에 매수, 하락 리스크를 억제한다.

함으로써 그 판단이 틀리지 않았음이 증명되었다.

"운도 좋았지만, 지표를 보니 버블의 냄새가 풍겨 슬슬 발을 뺄 시기가 되었다고 생각했습니다."

분산투자를 철저히 하고 있는 것도 해리 씨의 특징이다. 홍콩 주식시장이 크게 오르기 시작한 2014년 여름부터 베트남 주식시장으로도 발을 뻗었다. 인구와 GDP(국내총생산)가 증가하는 상황에서 홍콩 주식보다 저평가된 주식이 많을 것으로 봤기 때문이다. 특히 의약품과 의료품 관련 종목이 유망하다고 판단했다. 홍콩 의료 관련 종목이 PER 30배가 넘는 가운데 같은 업종의 베트남 주식은 PER이 6배 정도에 머물러 있었다. 그런데 인구가 증가함에 따라 의료 수요가 착실히 증가하고 있었고, 이에 따라 의료 관련 종목의 주가도 상승할 것으로 예상하고 포트폴리오에 추가했다. 그리고 같은 관점에서 수도水道 관련 종목에도 투자했는데, 예상이 빗나가 결국 손절매했다.

주식투자를 하다 보면 손해를 볼 때도 있지만, 저평가주 중심으로 20종목 정도에 분산투자 하면 하락 리스크를 낮출 수 있다. 또한 손실이 발생하더라도 전체 자산에서 차지하는 영향을 완화시킬 수 있다. 반면에 수익도 분산되기 때문에 "한 종목에서 1,000만 엔이 넘는 이익을 올린 적은 없다"고 한다. 그래도 4년여 만에 억대 투자자가 될 수 있었던 이유는 "큰 손실을 보는 사태는 피한 덕분"이라고 말했다.

본격적으로 일본 주식에 투자를 시작하다

해리 씨가 본격적으로 일본 주식에 투자하기 시작한 시기는 홍콩 주식에서 철수하기 시작한 2015년 6월경부터다. 일본 주식의 경우도 자산가치주에 분산투자 하는 전략을 구사해, 2017년 6월까지 2년 동안 운용자산을 5,000만 엔에서 2배인 1억 엔으로 불렸다. 다만 넷넷주 중심에서 2016년 후반부터 수법을 변경해 PBR이 0.5배 이하, 현재는 0.7배 이하이면서 저평가 조정의 재료(주가 변동의 계기)가 있는 종목에 투자하고 있다.

후지쯔 계열 딜러인 쓰즈키 전기도 그중 하나인데, 해리 씨가 주목한 재료는 '도쿄증권거래소 1부 지정', '주주우대 도입', '업종 변경'이었다. 이것이 쓰즈키 전기 주주총회 의사록에 언급되어

해리 씨가 받은 쓰즈키 전기의 주주총회 의사록

제77회 정기주주총회 의사록
2017년 6월 28일 6월 28일 오전 10시 00분 개회
일 오전 1' ·접수번호 3번의 주주로부터,
⑮ 건전 경영에 관한 질문

이상의 15가지 질문, 의견이 있었으며,
① 의장 및 의장이 지명한 요시이 이사가 도쿄증권거래소 1부 상장을 지향한다는 점, 주주우대의 검토, 자기주식 처분의 검토, 도쿄증권거래소의 업종 변경 검토 등의 회답을 했다.
② 의장이 귀중한 의견으로 다루겠다는 취지의 답변을 했다.
③ 의장이 지명한 요시이 이사가 장래에 다시 한 번 설정 등을 생각하겠다는 취지의 답변을 했다.
④ 의장이 귀중한 의견으로 다루겠다는 취지의 답변을 했다.
⑤ 의장이 지명한 요시이 이사가 단기 차입에서 장기차입으로 변경했다는 취지의 답변

2017년 6월 말 주주총회 직후부터 상승세가 강해지다

쓰즈키 전기 − 13주 이동평균선 − 26주 이동평균선

주봉

·PBR이 1배 이하, PER이 10배 미만으로 저평가 상태
·'도쿄증권거래소 1부 지정', '주주우대 도입', '업종 변경'이 주가 상승의 재료가 될 수 있다.

주목하는 이유

주가 (엔)
1,000
800
600

거래량 (만주)
10

2016/1   17/1

주: 2017년 10월 16일 기준

있음을 확인하고 실현을 위해 움직일 확률이 높다고 판단했다. 의사록은 IR 담당자에게 전화를 걸어서 확보했는데, 처음에는 망설여졌지만 '문의하는 것은 공짜이니 밑져야 본전'이라는 생각으로 용기를 냈다. 지금은 궁금한 점이 있으면 IR 담당자에게 적극적으로 문의한다.

해리 씨는 자산가치주 투자와 함께 성장주·재료주에 대한 투자도 새로 시작했다. 일본 주식의 주가 수준이 높아져서 매력적인 자산가치주를 찾기가 어려워졌기 때문이다. 현재는 20종목 가운데 5종목, 운용자산의 30% 정도를 자산가치주에 투자하고 있다.

2017년 8월 초, 해리 씨는 스마트폰과 차량 탑재기기용 재료인 귀금속 도금 가공이 주력 사업인 산노의 주식을 800엔대에 매수했다. 이 회사가 개발한 '은도금 아크릴 입자'의 특허 취득이 재료가 되었기 때문이다. 실제로 8월 24일에 산노가 이 기술과 관련된 새로운 특허를 취득했다고 발표하자, 주가는 다음 날 가격 제한폭까지 올랐다. 그리고 해리 씨는 8월 28일부터 29일에 걸쳐 매도해 이익을 실현했다. 2017년 1월에도 산노가 이 기술과 관련된 특허 취득을 공표하자 주가가 500엔

특허취득 공표로 주가 급등

주: 2017년 10월 16일 기준

주목하는 이유

· '은도금 아크릴 입자' 관련 특허가 재료가 되고 있다.
· IR 등을 통해 기술의 유망성을 확인한다.
· 예상 시장 규모와 현재의 시가총액 괴리가 크다.

대 초반에서 1,940엔까지 상승했는데, 8월 후반에 같은 상황이 재현된 것이다.

성장주 투자의 경우 'PER 15배 이하'라는 기준이 있지만 재료주에는 이러한 기준이 없다. 해리 씨가 기존과 다른 투자법에도 손을 댄 이유는 재료주 투자를 통해 재료를 찾는 기술을 갈고닦기 위함이었다. 이것은 주된 투자 대상인 자산가치주 투자의 성적 향상으로도 이어졌다. 해리 씨는 주가의 동향과 재료 관계의 통계를 분석해서 발견한 몇 가지 경험칙을 바탕으로 재료를 발굴해 투자하고 있다.

지금은 이러한 분석에 매일 4시간 이상의 시간을 할애하고 있지만 괴롭다든가 하기 싫다고 느낀 적은 단 한 번도 없다고 한다. 2017년 전업 투자자로 변신한 후 연봉 이상의 수익을 거두고 있기 때문이기도 하지만 그저 '주식이 좋기' 때문이다.

억만장자가 될 수 있었다!

▶ 자신의 투자법을 확립하고 실천했다.
▶ 20종목에 분산투자 해 리스크를 억제했다.
▶ 결산서 등 데이터 분석을 게을리 하지 않았다.
▶ 일본 주식 이외에 해외의 저평가주에도 투자했다.
▶ 낭비하지 않고 저축을 계속했다.

중소형주 중에서 성장력 넘버원 종목을 찾는다

중소형주 투자로 나도 '억대 투자자' 가 되었다

중소기업 진단사
이무라 도시야

- **연령** 33세
- **직업** 전업 투자자(전 주식 개그맨)
- **거주지** 도쿄
- **운용자산** 1억 엔
- **트위터계정** @imura_stock

이무라 도시야 씨는 주식투자 수익으로 생계를 꾸려 나가면서 개그맨으로 활동했던 일명 주식 개그맨이다. 2017년 4월에 마침내 자산 1억 엔을 달성해 억대 투자자의 대열에 합류했다. 현재는 개그맨을 은퇴하고 전업 투자자로서 매일 투자에 정진하고 있다. 이무라 씨를 억대 투자자의 반열에 올려놓은 것은 바로 중소형주 투자다.

데이트레이딩이나 우대주 투자 등 돈이 될 것 같은 기법은 전부 도전해봤다고 한다. 하지만 2017년에 들어서면서 중장기적인 관점에서 엄선한 중소형 성장주 두세 종목에 집중적으로 자금을 투입하는 투자 스타일을 주축으로 삼게 되었다.

성장력이 있는 회사가 넘쳐난다

이무라 씨가 중소형주에 투자하는 이유는 주가 변동이 크기 때문이기도 하지만, 주식투자란 본래 기업의 성장에 투자하는 것이라고 생각하기 때문이다.

"도요타 자동차는 분명 훌륭한 기업이지만, 매출액이 갑자기 50%씩 증가할 일은 거의 없습니다. 하지만 중소형 종목에는 그 정도의 성장력을 지닌 기업이 드물지 않아요."

어떤 회사인지 알기 쉽다는 점도 매력적이라고 한다. 이무라 씨는 일단 주식을 산 다음 그것을 철저히 조사하면서 이거다 싶은 주식을 계속 추가 매수한다. 전년도의 재무제표까지 읽고, 비즈니스 모델도 경쟁자의 유무, 진입장벽, 시장성 등을 검토한다. 소매업이나 요식업이라면 가게에도 직접 찾아가 보고, 사장은 물론 직원의 블로그나 페이스북도 찾아서 글을 읽어본다.

"중소형주의 경우, 회사를 조사해보면 사업이 한 가지인 기업도 많기 때문에 무엇으로 돈을 벌고 있는지, 그 사업이 순조로운지 알기 쉽습니다. 조금만 깊이 파고들면 그 방면의 기관 투자자나 전문가보다 박식해질 수 있고, 성장력에도 확신을 가질 수 있지요."

중소형주 중에는 스타가 될 기업이 반드시 있다

이렇게 해서 찾는 것은 성장력이 높은 회사다.

"심정적으로는 모든 상장 기업 중에서 가장 좋은 회사, 가장 성장하는 회사의 주식을 사고 싶습니다. 그것이 무리라는 건 잘 알고 있어요. 그래도 넘버원에 가까운 성장력을 확신할 수 있는 종목을 찾고 있는데, 그런 종목은 고작해야 3~4개뿐이지요. 그렇다 보니 아무래도 집중투자의 형태가 됩니다."

성장력을 확신해도 주가가 고평가되었다면 사지 않으며, 판단 기준은 PER이다.

"주식시장의 상황에 따라 달라지지만, 지금은 미국 페이스북을 기준으로 삼고 있습니다. 이 회사는 매출이 40~50% 증가하고 있으면서 PER은 40배 정도입니다. 하지만 PER이 40배 이하이지만 성장력이 있다면 저평가되었다고 판단하지요."

이무라 씨가 최근에 대박을 터뜨린 종목은 페퍼푸드 서비스다.

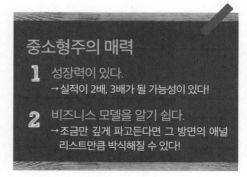

중소형주의 매력

1 성장력이 있다.
→ 실적이 2배, 3배가 될 가능성이 있다!

2 비즈니스 모델을 알기 쉽다.
→ 조금만 깊게 파고든다면 그 방면의 애널리스트만큼 박식해질 수 있다!

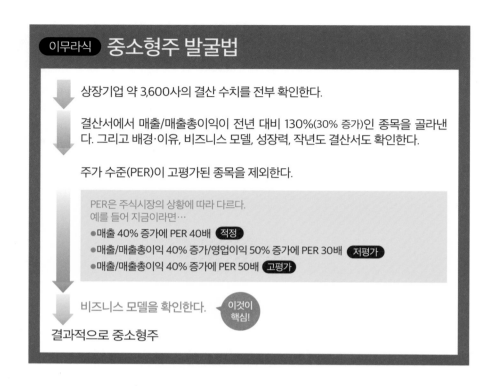

이무라식 **중소형주 발굴법**

상장기업 약 3,600사의 결산 수치를 전부 확인한다.

결산서에서 매출/매출총이익이 전년 대비 130%(30% 증가)인 종목을 골라낸다. 그리고 배경·이유, 비즈니스 모델, 성장력, 작년도 결산서도 확인한다.

주가 수준(PER)이 고평가된 종목을 제외한다.

> PER은 주식시장의 상황에 따라 다르다.
> 예를 들어 지금이라면…
> ●매출 40% 증가에 PER 40배　적정
> ●매출/매출총이익 40% 증가/영업이익 50% 증가에 PER 30배　저평가
> ●매출/매출총이익 40% 증가에 PER 50배　고평가

비즈니스 모델을 확인한다.　이것이 핵심!

결과적으로 중소형주

"제1사분기의 매출총이익이 전년 대비 50% 증가라는 호성적을 냈습니다. 저탄수화물 열풍으로 여성과 고령자도 고기를 먹고 있지요. 물론 경쟁자는 있지만 비즈니스 모델에 강점이 있습니다. 보수적인 실적 예상 때문에 PER은 높았지만 실질적으로는 20배 수준이라고 판단했습니다. 그리고 '매출총이익이 50% 증가했는데 PER이 20배라니 싸잖아?'라고 생각해 5월에 2,500엔일 때 샀습니다."

그 후 이무라 씨는 4,100엔에 추가 매수했고, 최종적으로 평균 7,400엔에 이익을 실현했다.

"중장기 투자를 생각하고 샀는데 상승 속도가 너무 빨랐습니다. 높은 성장력은 변함이 없다고 생각하지만 이 주가로는 들어가기가 조금 망설여집니다."

2017년 9월 말에 보유한 주식은 겐키스시 등 세 종목이다.

"이 종목들도 주가가 몇 배가 되더라도 이상하지 않을 주식이라고 생각하지만,

1억 엔 달성을 뒷받침한 중소형주

첫 10배 수익을 달성 종목

인포마트
— 13주 이동평균선 — 26주 이동평균선

이익실현 2,100엔대

매수
200엔 전후
(분할 고려)

주가
(엔)

1,500
1,000
500

거래량
(만 주)
50

2011/1   12/1   13/1   14/1

> 2011년부터 2013년에 걸쳐 매수했다. 200만 엔이었던 자본금을 2,000만 엔으로 만듦으로써 한 단계 도약할 수 있도록 해준 종목이다.

주가
825엔

시가총액
1,070억 엔

시류에 올라탄 종목을 발굴!

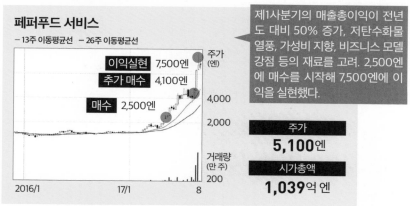

페퍼푸드 서비스
— 13주 이동평균선 — 26주 이동평균선

이익실현 7,500엔
추가 매수 4,100엔

매수 2,500엔

주가
(엔)

4,000
2,000

거래량
(만 주)
200

2016/1   17/1   8

> 제1사분기의 매출총이익이 전년도 대비 50% 증가, 저탄수화물 열풍, 가성비 지향, 비즈니스 모델 강점 등의 재료를 고려. 2,500엔에 매수를 시작해 7,500엔에 이익을 실현했다.

주가
5,100엔

시가총액
1,039억 엔

주: 차트는 주식분할 전, 주가와 지표의 수치는 2017년 10월 17일 시점

이것은 장래에 스타가 될 신인 개그맨을 예상하는 것과 마찬가지로 절대적은 아닙니다. 다만 상장한 중소형주 중에는 장래에 스타가 될 자질을 갖춘 기업이 반드시 있습니다. 개그 프로그램의 프로듀서가 되었다는 생각으로 미래의 톱스타를 찾고 있습니다!"

이무라 도시야의 보유 종목(2017년 9월 말 기준)

동일본 중심의 회전초밥 체인

겐키스시

주가 **2,737**엔	
PER(예상) **40.2**배	성장성, 높은 진입 장벽이 매력. 부동산 경매에 기대
PBR(실적) **3.65**배	
예상 배당수익률 **0.43**%	
시가총액 **243**억 엔	

스마트폰 게임 공략 사이트 운영

GameWith

주가 **3,655**엔	
PER(예상) **57.9**배	제1사분기의 결산이 양호. 국내외에서 모두 성장 호조
PBR(실적) **15.63**배	
예상 배당수익률 **0.00**%	
시가총액 **305**억 엔	

기업의 광고 전략을 대행하는 독립계 PR 기업

벡터

주가 **1,540**엔
PER(예상) **39.0**배
PBR(실적) **7.61**배
예상 배당수익률 **0.45**%
시가총액 **706**억 엔

주: 2017년 10월 17일 시점

자산을 10배로 불린 고성장주 수집가

<u>스포</u>

"PER은 20배로 수렴하지 않으며, 적정 PER은 성장력에 따라 다르다는 것을 깨달았습니다. PER이 10배인 종목보다 20배인 종목이 더 성장력이 높으므로 주가가 2배가 될 확률도 높습니다."

—《일본 주식시장의 승부사들 I》중에서

주식투자에서 가장 어려우며 전업 투자자도 고민하는 것이 '매도'다. 손절매와 이익실현, 그중에서도 이익실현을 위한 매도는 매우 어렵다.

손절매는 모멘텀 투자인가, 중장기 투자인가에 따라 방식이 다르다. 이익실현을 할 때는 서두르지 말고 이익을 최대한 획득하는 것이 철칙이다.

이익실현과
손절매 기법

우리가 자산을 불리는 방법은
이익실현과 손절매 기법에 있다

어느 시점에 이익을 실현하고, 하락할 때는 어느 시점에 빠져나와야 하는가? 백전연마(백번의 전투로 연마함)의 투자자도 '언제 팔아야 하는가?'를 항상 고민하며 끝없이 연구한다. 각기 다른 투자 기법으로 주식시장을 공략하는 개성파 억대 투자자 7인에게 자신만의 매도 비결을 물어봤다.

투자 기법 1 이벤트 활용형
우대주 선행투자

우대 권리 확정일 전에 미리 매수해 상승 이익을 획득
틀렸다면 깔끔하게 손절매

"손절매를 할 수 있었다면 자신을 칭찬해줘야 합니다."

추세추종 전략이 장기인 전업 투자자 유나기 씨는 이렇게 말한다. 손절매는 투자에 성공하기 위한 중요한 전략 중 하나이며, 이때다 싶은 타이밍에 머뭇거리지 않고 실행한다. 즉 '손절매는 실패'라고 생각하지 않는다.

유나기 씨는 보유 주식이 평가손실을 보더라도 손절매하지 않고 방치하는, 소위 묵히기를 왜 권하지 않는 것일까? 여기에는 두 가지 이유가 있다.

첫째는 자금 효율성의 악화다. 주식을 묵혀 놓으면 더 유망한 다른 종목이 나타났을 때 자금이 없어 기회를 놓칠 수 있다. 특히 전업 투자자라면 이것은 정말 안타까운 일이다.

둘째는 투자 기술을 갈고닦을 수 없다는 점이다. 경험을 쌓아야 기술을 향상시

킬 수 있는데, 주식을 묵혀 놓고 기다리기만 해서는 평생 초보자의 영역에서 벗어
날 수 없다는 것이다.

유나기 씨의 주된 투자 기법은 투자자들이 매수 주문이 몰리기 쉬운 이벤트에 맞
춰서 유망 종목을 미리 사들이는 방법이다. 주주우대 권리 확정일이라는 이벤트를
노리는 전략의 경우, 권리 확정일 몇 개월 전부터 주식을 사들였다가 권리 확정일
이 가까워져 주가가 상승했을 때 전부 팔아버린다. 주식을 살 때는 단순히 인기 우
대 종목에 주목하는 것이 아니라 신고가를 돌파한 '상승 추세에 있는 종목'을 노리
는 것도 포인트다.

비교적 실천하기 쉬운 이 투자법은 이익실현과 손절매의 규칙도 단순하다. 이익
실현의 경우는 천장에서 팔려고 욕심 부리지 말고, 어느 정도 이익이 났을 때 실행
한 뒤 오를 것 같은 다른 종목에 올라탄다. 주식시장 전체가 호조일 경우, 특히 인
기 우대주는 170쪽의 스카이락처럼 권리 확정일이 다가올수록 주가가 상승할 때
가 많다. 이럴 때는 '상승의 움직임이 주춤하기 시작한 시기가 매도 타이밍'이라고
한다. 도중에 좋은 재료가 나와서 주가가 급등한다면 이때도 이익을 실현하는 타
이밍이다.

초보자에게
한마디 !

'손절매를 슬퍼하
지 마라. 손절매
를 한 자신을 칭
찬해줘라'는 마음
가짐으로 투자에
임하십시오!

억대 투자자

유나기

30만 엔을 자본금으로 주식투자를
시작해 자산을 억대로 불린 실력
자. 투자 경력은 약 17년이며, 2012
년부터 회사원을 그만두고 전업 투
자자가 되었다. 우대 투자 등 수급
의 습성을 이용한 투자가 장기다.
저서로 《스타벅스 주식은 1월에 사
라!》가 있다.

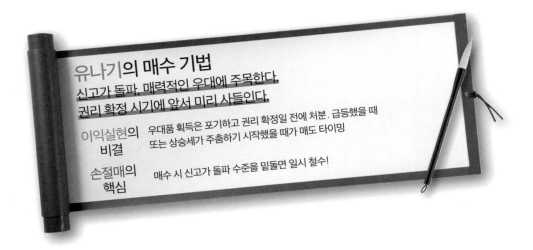

유나기의 매수 기법

신고가 돌파, 매력적인 우대에 주목한다.
권리 확정 시기에 앞서 미리 사들인다.

이익실현의 비결
우대품 획득은 포기하고 권리 확정일 전에 처분. 급등했을 때 또는 상승세가 주춤하기 시작했을 때가 매도 타이밍

손절매의 핵심
매수 시 신고가 돌파 수준을 밑돌면 일시 철수!

주가가 매수 지점이 된 신고가를 돌파한 수준까지 다시 하락했을 때 손절매한다. '다시 상승하더라도 그때 또 사면 된다'고 생각하고 망설임 없이 손절매한다. 또한 보유 종목에 우대 폐지 등의 소식이 들려오면 이것도 손절매의 이유가 된다. 공모증자도 수급 환경의 악화 요인이 되므로 역시 깔끔하게 손절매한다.

한편 실적 악화 뉴스가 나왔을 때는 조금 생각할 필요가 있다. 보통은 매도 대상이 되지만, 우대 종목의 경우는 주가가 하락하면 눌림목 매수의 기회로 활용되기도 한다.

"원래 우대 종목을 장기 보유하는 사람 중에는 실적 따위는 신경도 쓰지 않는 투자자가 많기 때문에 하락하더라도 즉시 매수 주문이 들어올 때가 많습니다."

기법은 단순하지만, 실제 상황에서 이 규칙을 철저히 적용하려면 용기가 필요하다. 유나기 씨의 말에 따르면 신고가를 돌파한 인기 우대 종목을 골랐다고 해도 반드시 그 후에 주가가 계속 상승한다는 보장은 없다. 특히 주식시장의 상황이 좋지 않은 시기에는 손절매가 이어질 수 있다는 점도 각오해야 한다.

주식시장이 얼어붙었던 2016년 전반기에도 유나기 씨는 자신만의 투자법을 속

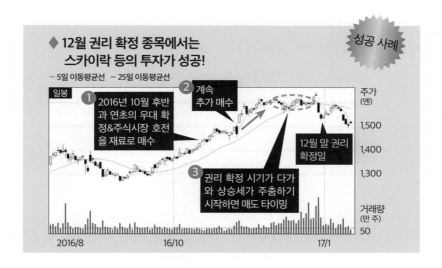

◆ 12월 권리 확정 종목에서는
스카이락 등의 투자가 성공!

─ 5일 이동평균선 ─ 25일 이동평균선

성공 사례

일봉

① 2016년 10월 후반
과 연초의 우대 확
정&주식시장 호전
을 재료로 매수

② 계속
추가 매수

③ 권리 확정 시기가 다가
와 상승세가 주춤하기
시작하면 매도 타이밍

12월 말 권리
확정일

주가
(엔)

1,500

1,400

1,300

거래량
(만 주)

50

2016/8   16/10   17/1

행했다. 그는 "거대한 박스권을 오르내리는 상황에 빠져서 손절매의 폭풍에 좌절할 것만 같았습니다"라고 당시를 회상했다. 그러나 수많은 위기를 극복한 강한 정신력으로 간신히 헤쳐 나갈 수 있었다고 한다.

주식시장의 상황이 나빠도 투자를 계속하는 이유는 주식시장에 계속 머물러 있지 않으면 거대한 반등의 물결에 뒤늦게 올라타게 될 수 있기 때문이다. 2016년에는 전반기의 괴로운 시기를 견뎌낸 덕분에 후반기에 상승이 시작될 때 빠르게 올라탈 수 있었다. 그리고 가을 이후 이어진 트럼프 경기의 과실도 배불리 따 먹을 수 있었다.

최근의 성공 사례는 앞에서 언급한 스카이락이다. 신고가를 돌파한 것이 아님에도 매수한 이례적인 사례이지만, 주식시장 전체의 분위기가 호전되고 있었던 것이 매수의 요인이었다. 또한 2016년 초에 보유 주식의 수에 따라 주주우대를 확충하는 조치를 취한 것도 결정적인 요인이 되었다.

6월 권리 확정을 노린 투자는 주식시장 전체의 상황 악화에 짓눌려 불발로 끝났다. 하지만 12월 권리 확정 종목에도 도전했다. 일반적으로 12월이 다가오면 이례적인 주가 상승이 일어날 확률이 높다는 점에 기대를 품었다. 그 예상이 적중해 가을 이후로는 주가가 꾸준히 상승했다. 그리고 유나기 씨는 규칙대로 상승세가 주춤하기 시작했을 때 이익을 실현하는 데도 성공했다.

참고로, 이 매수 패턴에서의 손절매 포인트는 매수가 기준이다. 언제 어느 때라도 큰 손실을 피하고 다음의 호기를 노리는 것이야말로 성공의 비결이라는 것이 유나기 씨의 생각이다.

투자 기법 2 이벤트 활용형
저평가, 승격 기대 종목을 빠르게 매수

저평가 해소나 승격 달성을 재료로 파악
주주우대를 누리면서 손절매는 기본적으로 보류

v-com2 씨도 이벤트를 이용한 투자가 특기로, 주로 도쿄증권거래소 2부나 신흥 시장의 저평가주를 노린다. 이들 종목이 도쿄증권거래소 1부 승격을 발표하면서 이른바 'TOPIX 매수'의 기대감에서 주가가 상승하기 전에 사들이는 전략이다.

승격 기대 종목을 발굴할 때는 기업이 실시하는 ① 주주우대 신설이나 확대, ② 시간외 대량 매매, ③ 주식분할에 주목한다. 이것은 모두 주주 증가로 이어지는 요인으로, 1부 승격의 기준인 '주주 수 2,200명 이상'을 달성하려는 의도로 받아들일 수 있기 때문이다.

v-com2 씨는 손절매에 그다지 집착하지 않는다. 애초에 이미 신고가를 돌파하며 각광받고 있는 종목이 아니라 그때까지 어느 누구도 주목하지 않았던 수수한 종목을 노린다. 여기에 회사 업무를 통해서 키운 재무 분석 기술을 동원해 기업이

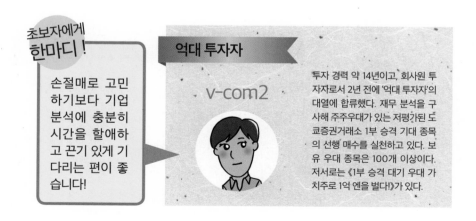

초보자에게 한마디 !

손절매로 고민하기보다 기업 분석에 충분히 시간을 할애하고 끈기 있게 기다리는 편이 좋습니다!

억대 투자자

v-com2

투자 경력 약 14년이고, 회사원 투자자로서 2년 전에 '억대 투자자'의 대열에 합류했다. 재무 분석을 구사해 주주우대가 있는 저평가된 도쿄증권거래소 1부 승격 기대 종목의 선행 매수를 실천하고 있다. 보유 우대 종목은 100개 이상이다. 저서로는 《1부 승격 대기 우대 가치주로 1억 엔을 벌다!》가 있다.

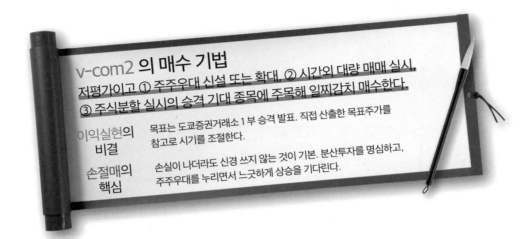

v-com2 의 매수 기법

저평가이고 ① 주주우대 신설 또는 확대, ② 시간외 대량 매매 실시,
③ 주식분할 실시의 승격 기대 종목에 주목해 일찌감치 매수한다

이익실현의
비결
목표는 도쿄증권거래소 1부 승격 발표. 직접 산출한 목표주가를
참고로 시기를 조절한다.

손절매의
핵심
손실이 나더라도 신경 쓰지 않는 것이 기본. 분산투자를 명심하고,
주주우대를 누리면서 느긋하게 상승을 기다린다.

저평가되었는지 아닌지도 사전에 충분히 검증한다. 굳이 따지자면 역추세 전략으로 큰 폭의 조정기를 적극적으로 노려서 좀 더 저렴한 가격에 사들이려고 한다.

"손절매를 어떻게 할 것이냐에 연연하기보다 기업 분석에 집중하는 편이 결과적으로 좋은 성적을 낼 때가 많았습니다."

물론 분석을 잘못할 때도 있으며, 예기치 못한 대폭락에 휩쓸려 손실을 입을 가능성도 있기 때문에 그런 사태에 대비해 분산투자도 철저히 한다. 한 종목의 투자 비중을 자금 전체의 10% 미만으로 억제함으로써 리스크를 분산시킨다. 또한 평가손실을 낸 종목이 일부 생기더라도 전체적으로 봤을 때 수익이 나고 있다면 상관없다고 생각한다.

보유 종목의 대부분은 우대주다. 평가손실을 끌어안거나 주가가 오르지 않는 기간이 길어지더라도 주주우대를 누리면서 주가 상승을 기다릴 수 있다고 한다. 급여 수입이 있는 회사원에게 적합한 투자법이라고도 말할 수 있다.

이익실현의 기준은 단순해서 '도쿄증권거래소 1부 승격 발표'가 났을 때 실행한다. 다만 주가가 저평가 상태인지 아닌지도 중시하기 때문에 발표 전이라 해도 자신이 생각하는 목표주가에 도달한다면 이때도 이익실현의 대상으로 삼는다. 기준

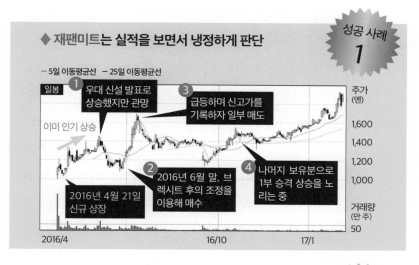

◆ 재팬미트는 실적을 보면서 냉정하게 판단

— 5일 이동평균선 — 25일 이동평균선

일봉

① 우대 신설 발표로 상승했지만 관망

이미 인기 상승

③ 급등하며 신고가를 기록하자 일부 매도

② 2016년 6월 말, 브렉시트 후의 조정을 이용해 매수

④ 나머지 보유분으로 1부 승격 상승을 노리는 중

2016년 4월 21일 신규 상장

주가(엔)
1,600
1,400
1,200
1,000

거래량(만 주)
50

2016/4   16/10   17/1

성공 사례 1

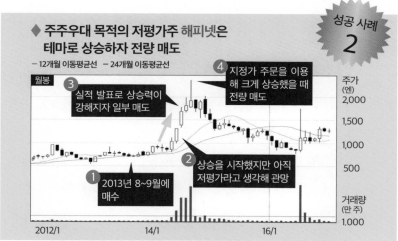

◆ 주주우대 목적의 저평가주 해피넷은 테마로 상승하자 전량 매도

— 12개월 이동평균선 — 24개월 이동평균선

월봉

④ 지정가 주문을 이용해 크게 상승했을 때 전량 매도

③ 실적 발표로 상승력이 강해지자 일부 매도

② 상승을 시작했지만 아직 저평가라고 생각해 관망

① 2013년 8~9월에 매수

주가(엔)
2,000
1,500
1,000
500

거래량(만 주)
1,000

2012/1   14/1   16/1

성공 사례 2

은 2~3년 후를 내다본 중기 경영 계획 또는 그전까지의 실적을 바탕으로 가정한 1주당 이익을 이용했을 때 주가가 PER 15배까지 도달한 수준이다. PBR 1배 미만의 종목이라면 1배까지 회복한 수준도 고려한다. 반대로 승격 발표를 맞이했더라도 아직 저평가되었다고 생각하면 계속 보유하기도 한다.

기업을 상세히 분석함으로써 '고평가·저평가'를 냉정하게 파악하고, 수급 상황이나 주식시장 전체의 상황에 따른 주가 변동을 투자에 적절히 활용한다.

최근의 성공 사례 중 하나로는 2016년 4월에 신규 상장한 재팬미트가 있다. v-com2 씨는 이 회사가 상장 후 주주우대 신설을 발표하자 매수 기회라고 생각했다. 하지만 이미 주가가 상승한 상태였던 까닭에 즉시 매수하지 않고 일단 관망했다. 그런데 열기가 가라앉기를 기다리던 중 브렉시트 쇼크(영국의 유럽연합 탈퇴 국민투표가 가결되자 전 세계의 주가가 폭락한 사건)가 발생해 주식시장 전체가 크게 하락했다. 당연히 이 회사의 주식도 덩달아 하락했지만, 기업 실적 자체는 변함이 없었다. 이에 v-com2 씨는 절호의 매수 기회로 보고 즉시 행동에 나섰다. 그 후 재팬미트의 주가는 반등해 신고가를 경신하며 상승했고, 일봉 차트에 윗수염(*)이 길게 생기며 상승 기세가 약해지자 이익을 실현했다(* 차트에 '윗수염'이 생겼다면 이것은 거래시간에 기록했던 고가보다 종가가 낮은 상태라는 의미다. 매수 기세가 약해지기 시작한 신호로 경계된다).

한편 2014년 여름에 주가가 크게 상승했던 해피넷의 경우는 인기 테마에 편승한 비정상적인 폭등세를 보고 매도 타이밍을 판단한 사례다. 이미 도쿄증권거래소 1부 승격을 마친 상태였기 때문에 단순히 주주우대를 목적으로 산 종목이었다. 그런데 매수 후 '요괴워치'의 인기가 폭발하며 주가가 폭등했다. 이에 v-com2 씨는 기업 가치와 주가를 비교한 뒤 천장에서 전량 매도하는 데 성공했다. "실적은 앞으로도 좋아지겠지만, 그래도 20~30% 증가하는 수준일 것이다. 단기간에 주가가 2배 이상 오른 것은 어떻게 봐도 과도한 상승이다"라는 판단이었다.

손실에 대한 대처 현명한 투자자들은 어떻게 할까?

유나기

'VIX(변동성)'의 변동을 보고 투자 비중을 조절한다

주식시장의 상황이 나쁠 때도 손절매를 반복하면서 공략을 계속하는 유나기 씨는 보유자산에서 차지하는 투자의 비중을 조절하면서 리스크를 관리한다. 이때 주목하는 지표 중 하나가 시장의 심리가 얼어붙으면 상승하는 'VIX' 지수다.

VIX는 일반적으로 닛케이평균주가 등이 상승할 때는 값이 낮아지고, 하락할 때는 높아진다. 또한 주가가 심하게 요동칠 때도 높아진다. 상승 트렌드에 편승하는 추세 추종파인 유나기 씨의 투자법은 주가가 하락할 때나 주식시장이 박스권에서 요동칠 때는 성공률이 낮아지는 경향이 있다. 그래서 VIX 값이 높아 혼란스러운 장세에서는 투자 금액을 줄여서 대응하며, 반대로 값이 낮은 평온한 장세에서는 투자 금액을 늘려 과감하게 공략한다.

v-com2

우대 QUO 카드를 활용해 생활비를 절감한다

기본적으로 평가손실이 나도 버티는 v-com2 씨에게 현재 보유 중인 100종목이 넘는 주주 우대의 우대품은 든든한 아군이 되어준다. 시장이 얼어붙은 국면에서는 모아놓은 QUO 카드를 적극적으로 활용한다. 편의점 등에서 생필품을 살 때도 이용이 가능하기 때문에 생활비도 절약된다. 덕분에 주식시장이 침체되었을 때도 상당히 마음 편하게 보낼 수 있다고 한다.

v-com2 씨가 가지고 있는 우대 QUO카드

IPO 종목의 상장 축제에 올라탄다

시초가의 상한가 수준에서 조금 아래에 설정
야간시장을 활용한 선행 매도로 이익실현

IPO 투자는 종목에 따라서는 주가의 대폭적인 성장을 기대할 수 있다. JACK 씨도 이것을 이용해 자산을 불려왔다. 대표적인 수익 패턴은 상장 전 공모를 할 때 그 주식을 입수해 상장일에 시초가로 전량 매도하는 방법이다. 공모 가격은 IPO 할인이라고 해서 본래의 기업 가치보다 낮게 책정되며, 발행주식의 수도 적을 때가 많다. 때문에 상장 시에 공모 가격을 크게 웃도는 시초가가 형성되는 일이 많다.

JACK 씨도 당연히 이 부분을 노리는데, 일반적으로 IPO주를 공모 단계에서 매수할 확률은 낮다. 그래서 상장 직후에 기세가 붙은 IPO주의 주가 동향에 편승하는 기법을 사용한다. 매수는 상장 첫날 하는데, 시초가부터 살펴보면서 상한가[9]가 되기 조금 전에 사들인다(209쪽 그림의 ①). 성공 비결은 기세 좋게 상승하는 IPO주에만 올라타는 것이다. 그리고 최소 300주 정도를 산 다음, 시기를 나눠 이익을 실현해나간다.

이 기법에서는 이익실현의 좋은 기회가 적어도 세 번 찾아온다. 최소 300주를 사는 이유는 이 세 번의 기회를 전부 살려서 견실하게 이익을 내기 위함이다.

첫 번째로 노리는 이익실현 타이밍은 매수가에서 그날의 상한가를 기록할 때까지다. JACK 씨가 거래한 WASH하우스의 경우, 시초가는 3,240엔이었고 상한가는

---

[9] 상한가가 되는 가격은 주가 수준에 따라 다르다. 예를 들어 시초가가 3,240엔이었던 WASH하우스의 경우는 플러스 700엔인 3,940엔이 상한가가 된다. 일본은 한국과 가격 상승폭 제도가 달라서, 비율이 아니라 가격대에 따라 변동폭이 설정되어 있다.

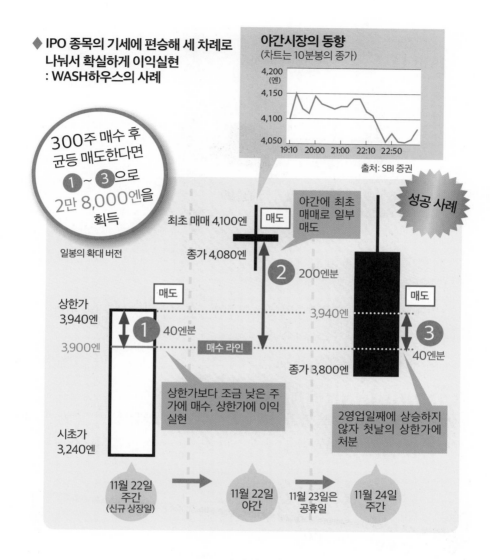

◆ IPO 종목의 기세에 편승해 세 차례로
나눠서 확실하게 이익실현
: WASH하우스의 사례

야간시장의 동향
(차트는 10분봉의 종가)

출처: SBI 증권

300주 매수 후
균등 매도한다면
1 ~ 3으로
2만 8,000엔을
획득

성공 사례

일봉의 확대 버전

최초 매매 4,100엔

매도

야간에 최초
매매로 일부
매도

종가 4,080엔

2 200엔분

상한가
3,940엔

매도

1 40엔분

3,900엔

매수 라인

3,940엔

매도

3 40엔분

종가 3,800엔

상한가보다 조금 낮은 주
가에 매수, 상한가에 이익
실현

2영업일째에 상승하지
않자 첫날의 상한가에
처분

시초가
3,240엔

11월 22일
주간
(신규 상장일)

11월 22일
야간

11월 23일은
공휴일

11월 24일
주간

플러스 700엔인 3,940엔이 된다. 그래서 이보다 조금 낮은 3,900엔에 매수해 일단
3,940엔에 일부를 매도함으로써(그림의 ①) 주당 40엔의 이익을 얻었다.

　IPO주의 주가가 상장 후 반드시 상승하는 것은 아니며, 시초가가 천장이 되는
경우도 있다. 하지만 JACK 씨는 경험상 "상장 직후에 기세 좋게 상승하는 주식이
라면 그 기세가 이어져 상한가까지 오를 때가 많다"고 본다. 그래서 일단은 그 움

직임에 편승해 이익을 얻는 것이다.

두 번째 이익실현 타이밍은 SBI 증권이 제공하는 PTS시장(사설거래 시스템)을 사
용해 야간거래를 할 때다(그림의 ②).

"낮에 대폭 상승한 종목은 밤에도 미처 주식을 사지 못한 투자자들의 매수 주문
이 들어와 더 오를 때가 많습니다."

이 움직임을 이용해 다음 날의 거래에 앞서 일부를 매도한다. 여기에서는 야간
의 최초 매매가 4,100엔에 매도함으로써 주당 200엔의 이익을 획득했다.

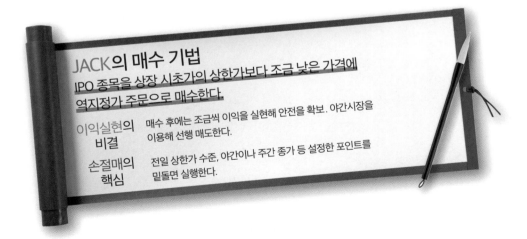

JACK의 매수 기법
IPO 종목을 상장 시초가의 상한가보다 조금 낮은 가격에
역지정가 주문으로 매수한다.

이익실현의
비결
매수 후에는 조금씩 이익을 실현해 안전을 확보. 야간시장을
이용해 선행 매도한다.

손절매의
핵심
전일 상한가 수준, 야간이나 주간 종가 등 설정한 포인트를
밑돌면 실행한다.

세 번째 이익실현 타이밍은 상장 다음 날의 일중 거래(그림의 ③)다. 더 상승하기를 기대하며 남은 보유분을 더 높은 가격에 팔 기회를 엿본다. WASH하우스의 경우는 안타깝게도 다음 날까지 기세가 이어지지 못했다. 하지만 JACK 씨는 하락도 염두에 두고 사전에 빠져나올 포인트를 설정해놓았다. '상장 첫날의 상한가인 3,940엔까지 주가가 내려가면 매도'라는 조건으로 매도 주문을 걸어놓은 것이다. 그리고 이 거래가 성립되어 주당 40엔의 이익을 얻었다. 300주를 매수해서 그림의 ①~③ 국면에 균등하게 이익을 실현했다고 보면 모두 합쳐 2만 8,000엔의 이익을 얻은 셈이다.

이 전략에서는 '역지정가 주문'이라고 부르는 주문 방법이 유용하게 사용된다. 이것을 사용하면 그림 ①의 상황처럼 '시초가에서 상승해 3,900엔에 도달했을 때 매수', ③의 상황처럼 '기대와 달리 3,940엔까지 하락했을 때 매도' 등의 주문이 가능하다. 또한 손절매를 할 때도 도움이 된다.

손실에 대한 대처 현명한 투자자들은 어떻게 할까?

가족 모두가 단결! 우대주 매수 작전

주식시장이 부진해 손실이 커질 것 같을 때면 JACK 씨와 아내, 두 자녀의 4인 가족은 힘을 합쳐 위기를 기회로 바꾼다. 주가 하락 국면에서는 주주우대를 노리는 투자자들의 매수를 기대하며 미리 개설해놓은 가족 네 명의 증권계좌를 이용해 우대주를 물타기 매수(보유 주식의 주가가 하락했을 때 추가로 매수해 평균매입단가를 낮추는 것)한다. 가족의 계좌까지 동원해서 물타기 매수를 하는 이유는 우대 수익률을 낮추지 않기 위해서다. 우대 실시 기업은 '100주 이상일 때 6,000엔 상당의 식사권' 같은 조건으로 우대품을 제공한다. 하지만 추가 매수를 해서 200주를 만들어도 그에 비례해 우대가 업그레이드되는 일은 거의 없다. 즉 200주를 사도 우대는 6,000엔이므로 추가 매수를 하면 우대 수익률이 낮아지게 된다.

이런 사태를 피하기 위해 JACK 씨는 가족을 총동원해 우대주를 추가 매수한다. 네 명이 각각 100주씩 사면 4인분의 우대품을 받을 수 있다. 수익률을 낮추지 않으면서 보유 주식도 늘릴 수 있는 것이다. 가족 모두가 행복해지는 즐거운 작전이다.

우대주를 혼자서 추가 매수하면 우대 수익률이 저하!
가족이 협력하면 고수익률을 유지할 수 있다

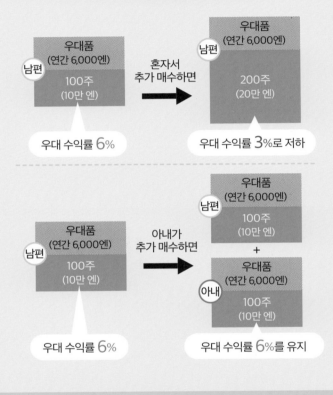

신고가 경신, 대변혁이 기대되는 종목에 투자

상승 중에는 용기를 내어 계속 보유한다
손절매는 10%일 때 실행을 규칙화

"한꺼번에 10종목을 단기 매매하기보다 주가가 오르고 있는 한 종목을 장기간 보유하는 편이 낫다."

이것은 최대 5종목에 집중투자하는 방법으로 자산을 확대해온 DUKE. 씨가 투자할 때 참고로 삼는 니콜라스 다비스의 명언이다. 마음이 흔들릴 때는 니콜라스 다비스, 윌리엄 오닐 등의 명저를 읽고 또 읽는다.

DUKE. 씨는 먼저 신고가를 경신한 상승 추세 종목에 주목한다. 그리고 '경상이익의 성장을 기대할 수 있는가? 대변혁을 불러올 수 있는 업무 내용인가?' 등 성장력을 철저히 조사해서 종목을 선별한 다음 매수를 시작한다. 이후에는 거대한 상승의 물결에 올라타 단계적으로 추가 매수를 진행한다. 즉 추세추종형 투자법이다. 이익실현과 손절매에 대해서도 자신의 규칙을 명확히 정하고 그것을 충실히 지키며 매매한다.

손절매의 규칙은 손실 규모가 작더라도 자주 실행한다는 것이다. 최초 매수가보다 10% 하락하면 무조건 손절매를 실행한다. 한편 이익실현의 경우는 이익을 최대한 키운 다음 실행하는 것이 규칙이다. 최초의 판단이 틀리지 않았고 기술적 분석에서 이상 신호가 발견되지 않는 한 이익실현을 하지 않고 기다린다. 이익을 어느 정도 확보해 매도 유혹을 받더라도 꾹 참는 것이다. 경험상 큰 이익을 내려면 주가 상승의 파동 속에 진득하게 발을 담그고 있는 것이 중요하다고 생각한다.

'상승하는 중에 성급하게 이익을 실현했더라도 또 사면 되는 거 아니야?'라고 생

각하는 사람도 있을지 모른다. 그러나 DUKE. 씨는 그것이 생각처럼 쉬운 일이 아
니라고 말한다. 일단 그 종목에서 빠져나오면 처음에 샀던 가격이 눈에 밟혀 다시
사기가 어려워진다는 것이다.

주가가 상승하고 있을 때는 추가 매수도 한다. 이때 그 종목을 보유 중이라면 평
가이익을 실현함으로써 자신 있게 추가 매수에 나설 수 있다. 하지만 추세추종 전
략이라도 이익실현을 너무 자주 하면 주가 상승의 과실을 충분히 누릴 수 없다.

박스권 돌파를 의식한다

2014년에 투자한 해피넷의 사례를 통해 DUKE. 씨의 이익실현과 손절매 규칙을 구
체적으로 살펴보자. 매수 개시는 기나긴 박스권 ①을 벗어난 Ⓐ의 포인트에서 실
행했다. 박스권을 돌파한 것인지 아닌지는 일봉 차트의 종가를 보고 판단한다.

먼저 손절매에 대해 살펴보자. 앞에서 이야기했듯이 매수 후에 상승하지 않고
10% 하락하는 국면이 있으면 이 시점에 손절매한다. 이때 손절매 후에도 그 종목
의 주가 동향을 계속 관찰하는 것이 중요하다. 그 종목의 펀더멘털에는 문제가 없
지만 주식시장 전체의 하락에 이끌려 함께 하락했을 수도 있기 때문이다.

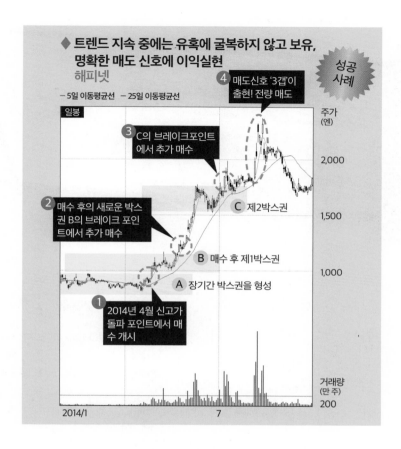

◆ 트렌드 지속 중에는 유혹에 굴복하지 않고 보유, 명확한 매도 신호에 이익실현

해피넷

성공 사례

― 5일 이동평균선 ― 25일 이동평균선

일봉

주가 (엔)

❹ 매도신호 '3갭'이 출현! 전량 매도

❸ C의 브레이크포인트에서 추가 매수

2,000

❷ 매수 후의 새로운 박스권 B의 브레이크 포인트에서 추가 매수

C 제2박스권

1,500

B 매수 후 제1박스권

1,000

A 장기간 박스권을 형성

❶ 2014년 4월 신고가 돌파 포인트에서 매수 개시

거래량 (만 주)

2014/1　　　　　　7　　　　　　200

정말 좋은 종목이라면 주식시장이 반등할 때 크게 오르는 경우가 있으므로 그 호기를 기다린다. 그리고 ①과 같은 기회가 다시 찾아오면 재매수한다. 매수 개시 후 주가가 상승하면 손절매 포인트를 높인다. 20% 상승하면 '매수가의 마이너스 10%'에서 '매수가'로 끌어올린다.

주가가 더욱 상승했을 때의 이익실현 타이밍은 어떨까? '주가는 펀더멘털에 선행한다'라고 생각하는 DUKE. 씨는 이익실현도 기술적 지표를 우선하며 실행한다. 즉 상승력이 약해졌다는 신호가 발견되면 그때 처분하는 것이다. 매수 개시 후 계속 상승했을 경우, ⑧나 ⓒ처럼 그 후에 형성되는 박스권을 의식한다.

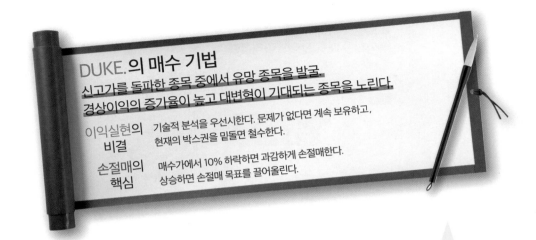

DUKE.의 매수 기법
신고가를 돌파한 종목 중에서 유망 종목을 발굴.
경상이익의 증가율이 높고 대변혁이 기대되는 종목을 노린다.

이익실현의
비결
기술적 분석을 우선시한다. 문제가 없다면 계속 보유하고,
현재의 박스권을 밑돌면 철수한다.

손절매의
핵심
매수가에서 10% 하락하면 과감하게 손절매한다.
상승하면 손절매 목표를 끌어올린다.

매수 후의 첫 번째 박스권 ⓑ에서는 주가가 바닥을 뚫고 내려가는 국면이 보이면 그 포인트가 이익실현(처분)의 타이밍이다. 두 번째 박스권 ⓒ가 형성된 이후에는 이익실현의 목표 포인트도 끌어올린다. 주가가 직전에 있었던 박스권의 상한선(예를 들면 박스권 ⓑ의 상한선)까지 되돌아간다면 이때가 이익실현의 타이밍이 된다.

펀더멘털의 관점에서는 처음에 투자하기로 결심한 전제를 뒤흔드는 악재

실천 중! 손절매에 대한 **7**가지 규칙

1. 최초 매수가보다 10% 하락하면 매도한다.

2. 매수 후 주가가 상승했을 경우, 20% 상승했다면 손절매 목표 포인트를 끌어올린다.

3. 신고가를 돌파해 최초 매수한 뒤에 다시 원래의 박스권으로 돌아가면 매도한다.

4. 최초 매수 후 매수가 부근 박스권의 바닥을 오르내리고 있다면 매도한다.

5. 닛케이평균주가보다 움직임이 약하면 매도한다.

6. 실적 악화 등 사전에 그렸던 시나리오가 틀렸다고 판단하면 매도한다.

7. 주식시장 전체에 위험 신호가 발생했다면 포지션을 줄인다.

가 나오면 이익실현 또는 손절매를 실행에 옮긴다. 판단이 망설여질 때는 3분의 1 정도로 일부만 파는 경우도 있다고 한다.

해피넷의 경우는 앞에서 소개한 이익실현·손절매의 조건에 해당되는 국면이

찾아오지 않은 채 주가가 지속적으로 상승했다. 때문에 제2박스권 ⓒ를 돌파할 때까지 계속 보유했다. 그리고 주가가 급등할 경우 차트에 '3갭(*)' 또는 거대한 장대음봉이나 윗수염(*)이 나타났을 때 이익을 실현한다는 또 다른 규칙에 따라, '3갭'이 나타났을 때 전량 매도함으로써 천장에서 이익을 실현하고 빠져나오는 데 성공했다(*'3갭'은 주가 차트의 막대가 3영업일 연속으로 틈을 벌리며(가격이 크게 벌어졌다는 뜻) 상승하는 것이다. '윗수염'은 거래시간 중에 형성된 고가와 종가에 큰 차이가 난 상태이다). 이런 종목을 만나기는 쉽지 않겠지만, 개념만큼은 참고해두기 바란다.

배당이 많은 저평가주를 피라미드형으로 매수

피라미드형을 지향하며 추가 매수
'신용거래'를 이용해 항상 평가손실이 없는 상황을 유지한다

주식시장의 변화를 빠르게 감지하는 능력이 뛰어난 www9945 씨가 주로 노리는 대상은 PER 10배 이하, PBR 1배 미만의 실적이 좋은 저평가주다. 회사원 생활을 그만두고 전업 투자자로 변신한 뒤로는 배당 수입도 중시하고 있다. PER이 다소 높더라도 배당수익률이 3% 이상인 고배당주를 우선적으로 선택한다.

손절매나 이익실현은 '피라미딩'이라고 부르는 투자법을 구사하면서 규칙에 따라 실행한다. 피라미딩은 주가가 낮을 때 최대한 많이 사 모으고, 주가가 상승하는 동안은 수량이나 빈도를 줄이면서 계속해서 매수하는 방법이다. 낮은 가격대에 산 보유 주식으로 토대를 만들고, 그 위에 가격대가 서서히 높아지도록 쌓는다. 그래서 매수가격과 보유 주식 수의 관계가 피라미드 모양이 되도록 하는 것이 포인트다.

초보자에게 한마디！

투자를 하다 보면 예정을 변경하는 일은 흔합니다. 거래량의 변화에도 주목하며 이변을 감지해내십시오!

억대 투자자

www9945

투자 경력 23년으로, 연봉 300만 엔으로 약 20년 동안 3억 엔이라는 자산을 쌓은 회사원 투자자의 우상이다. 현재는 전업 투자자로 변신했다. 주식시장의 변화를 감지하는 능력이 뛰어나며 베트남 등 해외 주식에도 투자하고 있다. 저서로는 《연봉 300만 엔의 청소부인 내가 1억 엔을 모은 방법》이 있다.

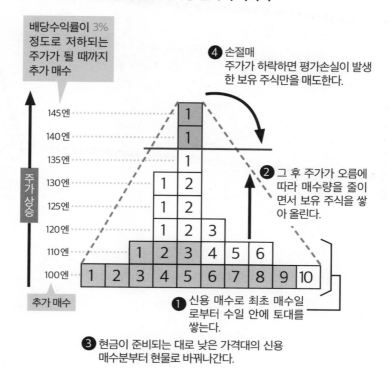

◆ **www9945의 장기인 피라미딩 전략의 이미지**

배당수익률이 3% 정도로 저하되는 주가가 될 때까지 추가 매수

❹ 손절매
주가가 하락하면 평가손실이 발생한 보유 주식만을 매도한다.

주가 상승

145엔
140엔
135엔
130엔
125엔
120엔
110엔
100엔

❷ 그 후 주가가 오름에 따라 매수량을 줄이면서 보유 주식을 쌓아 올린다.

추가 매수

❶ 신용 매수로 최초 매수일로부터 수일 안에 토대를 쌓는다.

❸ 현금이 준비되는 대로 낮은 가격대의 신용 매수분부터 현물로 바꿔나간다.

www9945 씨는 손절매를 확실하게 하고 이상적인 피라미드 모양을 만들기 위해 신용거래를 활용한다. 당장 사고 싶은 종목이 있을 때 수중에 현금이 없더라도 현재의 보유 주식을 담보로 새로운 주식을 살 수 있다는 이점이 있기 때문이다.

게다가 신용거래의 경우 '145엔에 산 1,000주를 매도'와 같은 식으로 현물 주식에서는 불가능한 매매 기법을 사용할 수 있다. 현물 주식의 경우는 다른 가격으로 복수의 주식을 샀을 때 그 매입가격이 전체의 가중평균으로 계산된다. 그래서 싸게 산 보유 주식을 수중에 남기고 비싸게 산 보유 주식만 먼저 파는 식의 거래는 불가능하다.

www9945 씨는 이 이점을 살려서 항상 평가손실이 없는 상태로 피라미드를 유

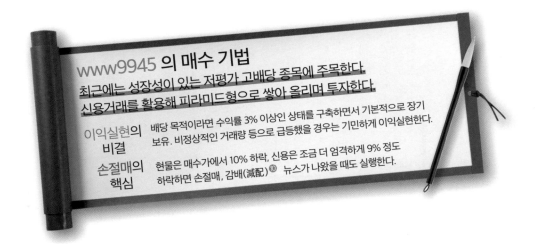

지하려고 노력한다. 피라미드를 형성하는 도중에는 손실이 난 가격대의 보유 주식을 계속 손절매한다(매수가로부터 8~9% 하락하면 실행하는 것이 규칙). 그리고 매수 단가가 높아져 배당수익률이 3% 정도까지 하락하면 추가 매수를 종료하고, 그 지점을 피라미드의 고점으로 삼는다.

도중에 다른 보유 종목의 이익실현 등으로 현금을 조달할 수 있으면 우선적으로 낮은 가격대부터 현금으로 상환한다(신용거래로 산 분량을 현물 주식으로 바꾼다). 이렇게 해서 토대를 더욱 단단히 다지며 높은 배당을 받는 체제를 만드는 것이 이 전략의 최종 목표다. 현물 주식으로 바꿔 놓으면 신용거래에서 담보가 부족해졌을 때 의무화되는 추가 증거금 납입을 걱정할 필요 없이 안심하고 장기 보유할 수 있다.

조금 난이도가 높은 투자법일지도 모르지만, '수익률이 3% 이하로 내려갈 때까지 추가 매수' 등의 출구 전략을 정해놓는 것이나 손절매를 철저히 해서 평가손실이 없는 상태를 유지하는 리스크 관리 자세는 참고할 만하다.

2016년 가을에는 SHINPO 주식으로 피라미드 구축에 도전했다. 원래 고배당을

---

⑩ 회사가 주주에게 지급하는 배당을 줄이는 것

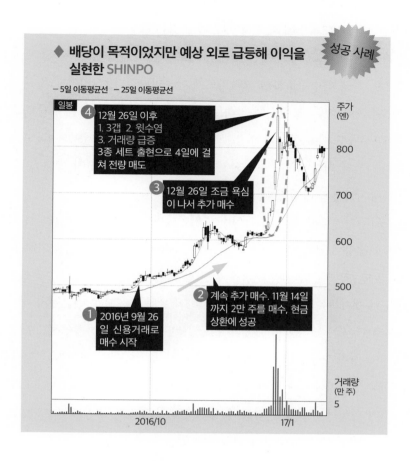

◆ 배당이 목적이었지만 예상 외로 급등해 이익을 실현한 SHINPO

성공 사례

— 5일 이동평균선 — 25일 이동평균선

일봉

④ 12월 26일 이후
1. 3갭 2. 윗수염
3. 거래량 급증
3종 세트 출현으로 4일에 걸쳐 전량 매도

③ 12월 26일 조금 욕심이 나서 추가 매수

② 계속 추가 매수. 11월 14일까지 2만 주를 매수, 현금 상환에 성공

① 2016년 9월 26일 신용거래로 매수 시작

주가 (엔)
800
700
600
500

거래량 (만 주)
5

2016/10   17/1

노리고 장기 보유할 계획이었는데 갑자기 급등하는 바람에 예정을 변경해 이익을 실현한 사례다.

www9945 씨는 9월에 발매된 《회사사계보》에서 이 종목을 발견했다. '예상 배당 이익률 약 3.8%'라는 숫자가 눈에 들어와서 조사해보니 PER이 약 7배, PBR이 1배 이하로 저평가된 상태였다. 게다가 불고기집에서 사용하는 무연 로스터(조리기구의 일종)의 시장점유율이 60%가 넘었으며, 실적도 연속 증익을 기록하고 있었다. 그리고 동남아시아 수출을 강화하고 있어 더 큰 성장이 기대되었다.

www9945 씨는 9월 하순에 즉시 8,100주를 매수했다. 그리고 '예산 1,000만 엔으로 배당수익률이 3%가 될 때까지 추가 매수'라는 규칙을 정한 뒤 피라미드의 토대를 쌓기 시작했다. 그 후 주가는 기대한 대로 꾸준히 상승했고, www9945 씨는 추가 매수를 속행하며 순조롭게 피라미드를 만들어나갔다. 그리고 11월 중순에 2만 주 매수를 달성했다. 또한 신용거래로 산 보유 주식 전부를 현물 주식으로 바꿨다. 그리고 주가도 계속 상승해 배당수익률이 3% 수준(《회사사계보》의 예상 숫자로 산출)까지 내려가자 피라미드가 완성되었다고 생각했다. 그리고 이 상태로 장기 보유하며 배당이익을 누리려 했다.

그런데 갑자기 주가의 움직임에 이변이 일어났다. 그때까지 하루 1만 주 전후에 불과했던 거래량이 급격히 증가하며 상승하기 시작한 것이다. 거대한 양봉을 만든 12월 26일에는 거래량 약 30만 주라는 비정상적인 열기를 띠었다.

이 폭등의 계기는 어떤 실력파 개인 투자자가 유망 종목으로 언급했기 때문이었다. www9945 씨는 냉정하게 대응하려 노력했다. 거래량이 비정상적으로 증가한 26일에 만약 상한가를 기록한다면 다음 날도 강세가 이어질 것이라고 생각했다. 하지만 결국 상한가에는 이르지 못했다. 이에 기세가 꺾였음을 느꼈다. 그리고 여기에 차트가 매도 신호로도 판단할 수 있는 '3갭'을 형성한 것을 보자 다음 날부터 매도를 시작했다. 그리고 주가가 천장권에 있는 동안 모든 주식을 처분함으로써 이익실현에 성공했다.

이와 같이 빠른 판단을 하기 위해서는 보유 주식의 주가 패턴을 알고 평소부터 거래량의 수준을 관찰하는 것도 중요하다.

투자 기법 6 저평가·성장 중시형
외면당한 상향 수정 기대 종목을 줍는다

보유 주식에 문제가 없다면 평가손실에 동요하지 않는다
상향 수정의 희망이 없다면 손절매

"하락하면 팔고 싶어지는 주식은 애초에 사지 않는 편이 좋습니다."

꼼꼼한 기업 분석을 통해 저평가주를 노리는 DAIBOUCHOU 씨는 원칙적으로 '주가가 하락해서'라는 이유로는 손절매를 하지 않는다. 자신의 투자 판단이 틀리지 않은 이상은 평가손실이 나더라도 기본적으로 보유를 계속한다. 중장기 투자를 지향하며, 장기적으로 봤을 때는 주가의 부침을 피할 수 없다고 생각한다. 때문에 "평가손실을 다소 끌어안더라도 침착함을 유지할 수 있는 정신력이 필요합니다"라고 말한다.

다만 이것은 어디까지나 자신의 투자법에 입각한 생각이다. 초보자에게는 "자신의 성격이나 투자법과 맞지 않는다고 생각하는 방식을 억지로 따라 할 필요는 없습니다"라고 조언한다.

손절매를 서두르지 않는 큰 이유는 저평가주를 노리는 투자 스타일이기 때문이다. DAIBOUCHOU 씨의 투자 대상은 주로 중소형주다. 애널리스트 등이 관심을 갖지 않는 종목을 노려서 숨겨진 가치를 직접 찾아낸다. 본래의 가치보다 주가가 낮게 형성되어 있기 때문에 "주식시장 전체의 하락에 이끌려 주가가 동반 하락하더라도 일정 수준에서 하락이 멈출 때가 많다"고 한다.

또한 지금까지의 경험에서 저평가주를 노리는 가치 투자자들이 매수를 시작하는 시기는 저평가도가 상당히 높아진 시기여서 팔려는 사람이 이미 사라져버린 경우가 많다고 생각한다. 매수 후에 주가가 하락해 팔고 싶다는 생각이 들 정도까지 하락했을 때가 결국 대바닥이었던 적이 많았다. 그래서 리먼 브라더스 사태급의 위기가 아닌 이상은 조정 국면에서도 꾹 참고 기다리는 자세가 중요하다.

한편 '투자 판단을 잘못했다'고 느꼈을 때는 주저 없이 처분한다.

투자에 나설 때 주목하는 부분은 당기순이익이 두 자릿수 이상 성장했으며, PER이 10배 전후인지 여부이다. 또는 주가를 3년 후의 1주당 이익으로 나눴을 때 PER이 10배대로 하락하는 종목인지 분석한다. 그런 다음 '숨겨진 실력주'를 찾아내 실적 예상의 상향 수정이 기대된다면 매수를 개시한다.

그러나 도중에 이 상향 수정에 대한 기대가 무너진다면 매도 대상이 된다. 하향 수정이나 선행투자 등에 따른 이익 감소가 예상될 때도 즉각 철수한다. 이에 대해서는 분기별 실적의 추이나 월간 매출 상황 등을 확인하고 신속하게 판단한다.

2016년 봄, 직전 본결산에서 호실적이었던 마루치요 야마오카야의 주식을 사들였지만 11월에 손절매했다. 월간과 3개월 실적을 지켜본 결과 상향 수정은 무리라고 판단했기 때문이다. DAIBOUCHOU 씨는 실적을 수시로 확인한 덕분에 손실을 최소한으로 줄일 수 있었다.

초보자에게 **한마디**!

중장기 투자를 할 때는 손실이 조금 나더라도 침착함을 유지할 수 있는 정신력이 필요합니다!

억대 투자자

DAIBOUCHOU

투자 경력 17년의 DAIBOUCHOU 씨는 부동산주 집중투자 등으로 6년 만에 200만 엔을 10억 엔까지 불린 실력자다. 리먼 브라더스 사태로 자산이 절반 이하까지 줄어들었지만 저평가주 투자로 전환해 운용자산을 서서히 확대 중이다. 저서로는 《DAIBOUCHOU식 사이클 투자법》이 있다.

DAIBOUCHOU의 매수 기법
PER 10배 이하(또는 장래에 10배 이하가 될 가능성 있음)의
상향 수정을 기대할 수 있는 종목을 매수한다.

이익실현의
비결
다른 종목의 매력과 비교하면서 임기응변으로
테마 종목은 저평가도가 희석되더라도 참고 계속 보유한다.

손절매의
핵심
사분기 결산의 내용이나 월간 영업이익을 확인,
상향 수정을 기대할 수 없다면 처분한다.

이익실현 시기의 주된 후보는 상향 수정 발표로 주가가 올라 저평가도가 약해진 주식이다. 그 밖에 많은 투자자가 주목하는 캔들 차트의 일봉에 긴 윗수염이 생겼을 때도 이익실현의 신호로 본다.

또한 '다른 매력적인 종목을 더 사고 싶어서'라는 이유로 손절매나 이익실현을 실행할 때도 있다. 임대부동산을 보유해 임대수입도 얻고 있는 DAIBOUCHOU 씨는 기본적으로 항상 풀 포지션이다. 신용카드의 결제대금 등 생활비용으로 현금 150만 엔 정도를 남겨둘 뿐, 나머지는 전부 주식을 사는 데 사용한다. 그래서 좀 더 투자의 묘미가 있는 종목으로 자금을 옮기기 위해 '공격적으로 매도'해야 할 때가 있다고 한다.

최근 들어서는 테마주로 각광을 받을 것 같은 종목은 급하게 팔지 않는다는 원칙을 세웠다. 이것은 2016년 초에 핀테크 관련 종목으로 크게 급등했던 사쿠라 인터넷의 사례에서 얻은 교훈이다. 투자자들이 거들떠보지 않았을 때부터 사들였음에도 크게 상승하기 시작한 초기에 대부분을 매도해버리는 바람에 이후의 폭등으로 큰 이익을 거둘 기회를 놓친 것이다. 이 경험을 통해 "저평가주 투자에 익숙해져버린 나머지 매수 타이밍을 너무 일찍 잡는 습관이 생겼는지도…"라고 자신을 분석

저평가가 해소되더라도 테마주로서
급등할 것 같은 종목은 계속 보유

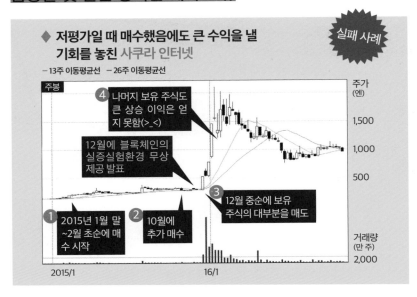

◆ **저평가일 때 매수했음에도 큰 수익을 낼 기회를 놓친** 사쿠라 인터넷

실패 사례

－13주 이동평균선 －26주 이동평균선

주봉

주가 (엔)

4 나머지 보유 주식도 큰 상승 이익은 얻지 못함(>_<)

12월에 블록체인의 실증실험환경 무상 제공 발표

1,500

1,000

500

3 12월 중순에 보유 주식의 대부분을 매도

1 2015년 1월 말 ~2월 초순에 매수 시작

2 10월에 추가 매수

거래량 (만 주)

2,000

2015/1   16/1

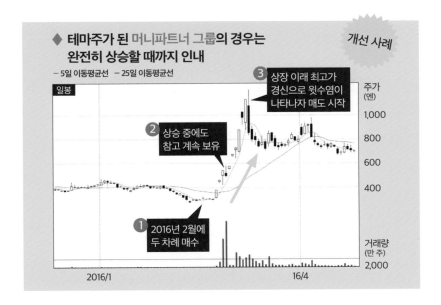

◆ **테마주가 된** 머니파트너 그룹의 경우는 **완전히 상승할 때까지 인내**

개선 사례

－5일 이동평균선 －25일 이동평균선

일봉

3 상장 이래 최고가 경신으로 윗수염이 나타나자 매도 시작

주가 (엔)

1,000

2 상승 중에도 참고 계속 보유

800

600

400

1 2016년 2월에 두 차례 매수

거래량 (만 주)

2,000

2016/1   16/4

했다. 이후 DAIBOUCHOU 씨는 각광받는 테마와 관련이 있어 보이는 종목이 전례가 없는 급상승의 움직임을 보일 때는 의식적으로 이익실현 타이밍을 늦추기로 결심했다.

이러한 개선 덕분에 성공한 사례가 머니파트너 그룹이다. 원래 저평가되어 있어서 산 종목인데, 2016년 2월 후반부터 주가가 그전에는 볼 수 없었던 기세로 급상승하기 시작했다. 이에 사쿠라 인터넷과 같은 패턴이 될 것으로 예상해 이익실현을 잠시 보류했다. 그리고 이후 큰 폭으로 상승한 뒤 일봉 차트에 긴 윗수염이 출현하자 이것을 신호로 천장 부근에서 전부 매도하는 데 성공했다. 참고 기다린 보람이 있었던 사례다.

실적을 통해 필승 규칙을 구축, 시스템 매매

역추세 전략의 경우 하락률은 손절매의 기준으로 부적합
손실이 나더라도 어느 정도 참고 견디는 것이 유리

주식 시스템트레이딩의 선구자적 존재인 사이토 마사아키 씨는 "역추세 전략을 실천할 경우, 추세추종 전략과는 다른 개념으로 손절매를 실행하는 편이 좋은 성장을 기대할 수 있습니다"라고 조언한다.

주가가 상승한 종목을 매수가보다 더 상승하기를 기대하며 사는 것이 추세추종 전략이며, 하락한 종목을 사서 그 후의 반등을 노리는 것이 역추세 전략이다. 예를 들어 앞에서 소개한 억대 투자자들 중 유나기 씨와 DUKE. 씨는 신고가를 돌파한 상승 트렌드의 종목을 사들이는 추세추종파다.

이들은 '매수가보다 10% 하락하면 손절매' 등 자신이 정해놓았던 수준에 도달하면 행동에 옮긴다. 둘 다 망설임 없이 실행하며, 추세추종파에는 이런 유형이 압도적으로 많다.

초보자에게
한마디!

추세추종 전략인가, 역추세 전략인가에 따라 손절매의 개념이 달라짐을 이해해야 합니다!

억대 투자자

사이토 마사아키

시스템 거래 소프트웨어인 '시스템트레이딩의 달인' 개발자이다. 2003년부터 독학으로 시스템트레이딩을 시작하여 3년 동안 6,000%에 가까운 수익률을 달성했다. 한때는 크게 자산이 줄기도 했지만 새로운 시스템의 개발로 부활하여 현재 연평균 약 44%의 이익을 안정적으로 지속하고 있다. 저서로는 《주식 시스템트레이딩 입문: 이익이 나는 로직을 만드는 법》 등이 있다.

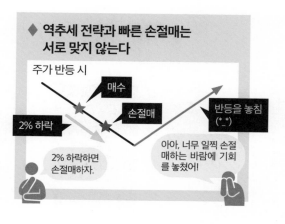

◆ 역추세 전략과 빠른 손절매는 서로 맞지 않는다

주가 반등 시

매수

손절매

반등을 놓침 (*_*)

2% 하락

2% 하락하면 손절매하자.

아아, 너무 일찍 손절매하는 바람에 기회를 놓쳤어!

그런데 사이토 씨는 역추세 전략의 경우 '매수가보다 ○% 하락하면 실행'이라는 손절매 규칙과 서로 맞지 않는다고 생각한다. 지금까지의 실증 데이터를 보면 '○% 하락'이라는 기준으로 손절매를 하기보다 일정 시간 지켜보는 편이 유리하다는 것이다. 사이토 씨가 바람직하다고 생각하는 방법은 '매수일로부터 14일이 경과했을 때까지 매수가보다 2% 상승하지 않으면 매도'다.

역추세 전략을 사용할 때 이상적인 형태는 바닥에서 줍는 것이지만, 완전한 바닥에서 줍는 것은 프로에게도 어려운 일이다. 매수한 뒤에 더 하락하는 일은 흔하며, 이것을 참아내지 못하면 이후의 반등 국면을 놓칠 때도 있다. 너무 빨리 손절매하면 큰 수익을 낼 수 있는 기회에 올라타지 못하게 되는 것이다.

시간을 기준으로 손절매하는 방법의 우위성을 알기 위해 과거의 주가를 이용한 실적을 살펴보자. 다음 그림(230쪽)은 자본금 500만 엔으로 투자를 시작, 전용 시스템트레이딩 소프트웨어를 사용해서 '매수 신호'가 뜬 종목을 기계적으로 샀을 경우의 성적을 비교한 것이다. 역추세 전략의 관점에서 '25일 이동평균선을 20% 밑돌 정도로 하락한 경우' 같은 조건에 부합했을 때 매수 신호를 보내도록 설정했다.

A와 B의 이익실현 규칙은 '매수가로부터 2% 상승하면 실행'으로 똑같다. 한편 손절매 규칙은 서로 달라서, A는 '매수가로부터 2% 하락하면 실행'이고, B는 '매수 후 14일이 경과했을 때 매수가로부터 2% 상승하지 않았으면 실행'이다. B는 평가손실을 안더라도 꾹 참고 일정 기간 동안은 계속 보유하는 개념인 것이다.

검증 결과, 500만 엔으로 시작한 투자에서 A의 자산은 3배, B의 자산은 4.4배로

실패

A	매입 당시보다	이익실현 → 2% 상승 시 손절매 → 2% 하락 시에 실행

1,600
(만 엔)
1400

17년 동안
약 3배

약 1,500만 엔

1,200

1,000

800

600

운용자산(장부가치)의 추이

400

500 만 엔

2002/1/1   2008/1/1   2016/1/1

승률
55.27%
평균손익
4,849엔
합계손익
969만 엔
최대 낙폭
63만 엔

17년 사이에 700만 엔 이상의 차이

성공

B	매입 당시보다	이익실현 → 2% 상승 시 손절매 → 14일이 경과해도 2%까지 상승하지 않으면 실행

2,500
(만 엔)
2,000

17년 동안
약 4.4배

약 2,200만 엔

1,500

1,000

운용자산(장부가치)의 추이

500

500 만 엔

0

2002/1/1   2008/1/1   2016/1/1

승률
76.48%
평균손익
1만 691엔
합계손익
1,702만 엔
최대 낙폭
42만 엔

주: 시스템거래 소프트웨어 '시스템트레이딩의 달인'을 사용해 2000~2016년에 삿포로증권거래소를 제외한 전체 상장 종목의 주가 실적을 실증한다. 자본금 500만 엔으로 시작해 매수 신호가 뜰 때마다 그때그때의 매수 가능 금액으로 사들일 경우이다. 자산이 증가한 뒤에도 투자 원금은 500만 엔까지만 계산한다. 최대 낙폭은 자산의 고점을 기준으로 최대 얼마까지 마이너스가 된 적이 있는가를 나타낸다.

확대되었다. 손실이 나더라도 얼마 동안은 참고 버틴 B의 승리였다. 운용 성과의 차이는 17년 동안 700만 엔 이상에 이르렀다.

여기에서 주목할 점은 A, B 모두 규칙에 따라 거래를 계속하자 자산이 증가했다는 것이다. 향후 투자에서도 대폭 하락한 주식을 사서 A나 B처럼 이익실현과 손절매 규칙을 철저히 지킨다면, 장기적으로 자산 증식을 기대할 수 있을 것이다.

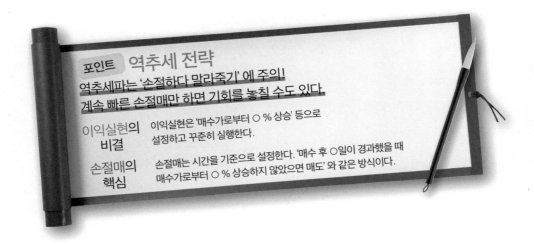

포인트 역추세 전략

역추세파는 '손절하다 말라죽기'에 주의!
계속 빠른 손절매만 하면 기회를 놓칠 수도 있다.

이익실현의
비결 | 이익실현은 '매수가로부터 ○ % 상승' 등으로 설정하고 꾸준히 실행한다.

손절매의
핵심 | 손절매는 시간을 기준으로 설정한다. '매수 후 ○일이 경과했을 때 매수가로부터 ○ % 상승하지 않았으면 매도'와 같은 방식이다.

　시스템트레이딩은 과거의 주가 데이터에서 효과적인 승리 패턴을 찾아내 그것을 기계적으로 실천하는 투자 기법이다. 일본의 대표적인 주식 시스템트레이딩 전용 소프트웨어로 사이토 씨가 개발한 '시스템트레이딩의 달인' 외에 '이자나미'가 있다. 이런 전용 소프트웨어를 사용하는 투자자도 투자 성과에 차이를 내려면 투자 아이디어가 중요하다. A와 B의 결과에 차이가 났듯이, 얼마나 유리한 매매 조건을 찾아낼 수 있느냐가 중요하다.

　실천의 제1단계는 매매 패턴을 연구해서 검증하는 것이다. '신저가를 경신하면 사고, 매수가로로부터 2% 오르면 파는 거래를 반복한다면 견실한 이익을 낼 수 있을지도 모른다'라는 아이디어가 떠올랐다면, 과거의 데이터를 이용해서 그 조건으로 매매했을 경우 어떤 결과가 나오는지 살펴본다.

　그리고 실제로 이익이 났고 그 결과가 마음에 들었다면 제2단계로서 트레이딩 소프트웨어에 그 조건을 설정한다. 이후에는 소프트웨어의 매매 지시에 따라 매매를 반복하기만 하면 된다. 전용 소프트웨어에 의지하지 않더라도 자력으로 어느 정도는 실천할 수 있다. 하지만 장기간의 방대한 주가 데이터를 가지고 검증하려면 전용 소프트웨어의 힘을 빌리는 것이 정확하고 간단하다.

　시스템트레이딩으로 성공하는 비결은 '계속하는 것'이다. 검증 결과는 장기 투자를 기준으로 한 것이므로, 일시적으로는 손실이 커질 때도 있다. 상황이 좋지 않을 때 포기하는 일이 없도록 먼저 자신이 수긍하고 계속할 수 있는 매매 규칙을 찾아내는 것이 중요하다.

억대 투자자의 말 ④

재료주에 과감하게 올라타는 시니어 승부사
이마카메안

"물론 제 판단이 틀려서 주가가 하락할 때도 있습니다. 하지만 급락하더라도 가격 제한폭 이내이므로 큰 손실은 보지 않습니다. 다섯 번 중에 한 번이라도 적중하면 큰 이익을 낼 수 있으므로 타율 2할만 기록하면 된다는 생각으로 마음 편하게 투자하고 있습니다."

―《일본 주식시장의 승부사들 Ⅰ》중에서

회사원이나 주부는 투자에 많은 시간을 들일 수가 없다.
하루에 1시간 정도의 시간을 할애하고도 투자에 성공할
방법은 없을까?
억대 투자자들에게 세련된 '척척 투자 기술'을 배워보자.

투자에 들어가는
시간을 줄인다

역대 투자자들에게 배우는

하루 1시간!
성공으로 가는
척척 투자 기술

"낮에는 주가정보 화면을 들여다볼 시간이 없어", "일을 마치고 귀가해도 투자에 할애할 시간을 충분히 확보할 수가 없어" 같은 고민을 하는 회사원들이 많다. 회사 업무와 투자를 병행하면서 투자에서도 좋은 성적을 내는 실력파들은 어떤 방법으로 시간의 효율화를 꾀하고 있을까? 그 비결을 살펴보자.

> 협력해준
> 억대 투자자들

주: 이름은 전부 닉네임
　　연수는 투자 경력

 회사원 투자자에서 전업 투자자로 변신

유나기
금융자산 **1**억 엔 이상
(40대·전업·약 17년)

자본금 30만 엔으로 주식투자를 시작해 억 단위까지 자산을 확대. 2012년부터 전업 투자자가 되었다. 우대주 투자 등 수급의 습성을 활용한 투자를 한다. 저서는 《스타벅스는 1월에 사라!》가 있다.
http://www.geocities.jp/yuunagi_dan/

B코미
금융자산 **1.5**억 엔
(37세·겸업·약 17년)

초등학생 때부터 주식에 관심. 증권회사 딜러, 보험회사 펀드매니저를 경험. 데이트레이딩부터 중·장기 투자까지 폭넓은 투자법을 구사. 현재는 투자 교육 등을 하는 회사의 경영자로도 활약 중이다.
http://cocorolab.com/

현재 회사원 투자자로 활약 중

JACK
금융자산 **2**억 엔

(40대·겸업·20년 이상)

IPO주와 부동산 투자, FX 등 다양한 투자로 자산을
확대. 행사 정보에도 해박. 저서는 《0엔으로 2억 엔
을 벌어들인 JACK 씨의 자산 증식 입문》이 있다.
http://www.jack2015.com/

아키
금융자산 **수천**만 엔

(40대·겸업·약 16년)

회사원으로 일하는 가운데 투자를 실천. 서브프라임
사태와 리먼 브라더스 사태 때 자산이 절반 이하로
줄어드는 뼈아픈 실패를 극복하고 파워업해 2012년
부터 투자를 재개, 이후 30%가 넘는 플러스 운용을
계속하고 있다.
http://growth-stock.blog.jp/

오발주
금융자산 **2.7**억 엔

(30대·겸업·약 14년)

리먼 브라더스 사태 이후 순조롭게 운용자산을 확대,
2013년 '억대 투자자'에 합류. 이후 아베노믹스 경기
에 편승해 자산을 2배로 증식. 자신이 저질렀던 오발
주 실수를 잊지 않고자 6년 전에 개명했다.
@erroneousOrder(트위터)

v-com2
금융자산 약 **1**억 엔

(30대·겸업·약 14년)

2년 전에 '억대 투자자'의 대열에 합류. 재무 분석을
구사해 주주우대가 있는 저평가된 도쿄증권거래소
1부 승격 기대 종목을 선행 매수. 저서는 《최강의 펀
더멘털 주식투자법》이 있다.
https://ameblo.jp/v-com2/

로쿠스케
금융자산 약 **2**억 엔

(40대·겸업·약 15년)

서브프라임 사태로 주식시장이 침체되었던 2008년
에 일본 주식의 저평가 종목에 주목해 적립형 펀드에
서 개별주 집중투자로 전환, 그 후 자산을 크게 불려
현금으로 내 집 마련을 실현했다.
https://blog.goo.ne.jp/6_suke

도리데미나미
금융자산 약 **1**억 엔

(40대·겸업·약 16년)

IT기업 근무. 증권계좌의 패스워드를 다섯 번 이상
잊어버린 자칭 초장기 투자자. 지금은 보기 드문 올
드 스타일의 투자 기법을 고수. 2017년에는 억대 투
자자가, 50세에는 3억 엔의 자산을 목표로 한다.
@torideminami(트위터)

기초편 1

주식투자에 첫 도전!
효율적으로 투자하는 법

직장에서는 항상 효율화를 요구받는데, 투자도 효율적으로 할 수는 없을까?

J

평일에는 바빠서 시간이 없어. 과연 투자할 시간을 마련할 수 있을까?

K

본격적으로 투자를 시작해보고 싶지만 평일에 시간을 내기가 힘든 회사원 K와 J 씨. 회사원 투자자 등 훌륭한 선배들에게 이야기를 들어보기로 했다.

달인들의 조언

 먼저 투자 공부를 열심히 한다.

 투자법을 정하면 어떻게 효율화해야 할지가 보이기 시작한다.

 잘 모르겠으면 일단은 다른 사람을 흉내 내도 OK!

조언자

v-com2

유나기

아키

기본은
'불필요한 요소' 줄이기

K(이하 **K**) 본격적으로 투자에 도전해보고 싶은데, 평일에는 일이 바빠서…. 1시간 정도만 들여서 빠르고 효율적으로 수익을 내는 방법이 있을까요?

v-com2(이하 **V**) 많지 않은 시간을 어떻게 활용하느냐는 회사원 투자자에게 매우

238

중요한 문제입니다. 지식과 경험을 쌓
아서 자신에게 맞는 투자법을 찾아내
는 것이 효율화의 비결입니다. 일단 그

시행착오를 거쳤을 때 비로소
효율성을 찾을 수 있다고 생각합
니다.
　　　　　　　　　—v-com2

기법을 익히면 정보 수집 방법을 자연스럽게 패턴화할 수 있어요. 그런 다음에는
그 패턴에 맞춰서 불필요한 작업을 줄여나가면 됩니다.

제 투자 기법은 주주우대가 있는 저평가된 신흥시장 종목 가운데 1부로 승격할 것
같은 종목을 찾아서 TOPIX 편입에 대한 기대로 주가가 크게 오를 때를 노리는 방
법입니다. 주로 중소형주가 대상입니다. 따라서 대기업의 정보는 필요 없기 때문
에 그 부분의 정보 수집은 생략합니다.

유나기(이하 유) 저는 수급의 습성을 이용한 이벤트 투자를 계속하고 있는데, 기업
의 실적 같은 것은 그다지 성과에 영향을 주지 않을 때가 많습니다. 제 경우도 '이
투자법으로 하자'라고 결정한 후 무엇에 힘을 주고, 무엇을 버려야 할지가 명확해
져서 불필요한 노력을 들이지 않게 되었습니다.

예를 들어 저는 우대 권리 확정일을 노리고 선행 매수를 합니다. PER이나 PBR이
어떤지 조사하기보다 우대 내용이나 관련된 조건들, 그 종목의 주가 데이터를 모
아놓고 무엇이 주가 상승에 크게 기여했는지 분석합니다. 이렇게 하는 것이 운용
성적을 높이는 데 훨씬 도움이 되었습니다.

아키(이하 아) 저는 저평가된 가치주를 찾아내서 기세 좋게 오를 때 올라타는 투자
기법을 사용합니다. 업종을 소매업 중심으로 압축함으로써 어느 정도 효율화에 성
공했다고 생각합니다. 소매업은 직접 점포를 보러 다닐 수 있어서 이해하기 쉽고,
생활과 밀착되어 있기 때문에 즐거운 마음으로 조사할 수 있어요. 그렇게 비슷한
조사를 반복하다 보면 '투자 뇌'가 조금
씩 단련됩니다. 한편 게임이나 IT 관련
종목은 지식이 별로 없다 보니 현재로
서는 손을 대지 않고 있습니다.

저는 PER이나 PBR 등을 조사하
는 것보다 더 힘을 쏟아야 하는
일이 있음을 깨달았습니다.
　　　　　　　　　—유나기

ⓥ 장기적으로 확실히 수익을 내고 싶다면 처음부터 '효율화'라든가 '에너지 절약' 같은 것을 지나치게 추구하지 않는 편이 좋습니다. 진정한 효율화 방법은 이것저것 열심히 시도해봤을 때 비로소 찾을 수 있다고 생각합니다. 이 부분만 극복하면 평일에 1시간씩 할애하지 않아도 투자를 할 수 있습니다.

ⓤ 동감입니다. 어느 정도 익숙해지면 효율적인 투자가 가능하지만, 능력 있는 투자자 동료들을 보면 처음에는 일정 기간 동안 집중해서 공부한 사람이 많습니다. 그리고 무엇보다도 '투자 자체를 좋아하는' 사람이 많아요.

ⓐ 저도 투자 자체를 좋아합니다. 가치투자의 개념을 익히기까지 많은 책을 읽었습니다. 그러면서 완전히 빠져들어서 공부가 고통으로 느껴지지 않게 되었습니다. 이제는 투자가 취미가 되어서, 솔직히 말하면 시간이 신경 쓰이지 않습니다. 어떤 종목이 투자할 가치가 있는지 곰곰이 생각하는 것 자체가 즐겁습니다.

ⓤ 저도 초보자 시절에는 투자서를 닥치는 대로 읽었습니다. 세미나 같은 곳에 가는 방법도 있지만, 그때는 돈도 시간도 없었거든요. 책이 가장 쉽고 빠른 방법이었지요. 그래서 용돈을 전부 책 사는 데 쏟아부었습니다.

먼저 할 일은 기초 체력 다지기

ⓥ 처음 투자를 시작하려는 사람에게 공부, 공부 하면 겁을 먹지 않을까요? 다만 이런 면은 있습니다. 저도 간단하고 효율적인 투자법을 가르쳐 달라는 부탁을 종종 받는데, 결과적으로 그런 것에만 신경 쓰는 사람이 투자에 성공했다는 이야기는 들어본 적이 없어요. 실제로 지식과 경험이 부족해 본질을 이해하지 못하면서 정보 수집이라든가 잔기술만 효율화한다고 해서 성공할 리가 없지요. 겉모습만으로 종목을 고르고, 조금만 주가가 하락해도 당황해서 팔아버리는 바람에 기회를 놓치고 맙니다. 투자 성적의 향상으로 이어지는 의미 있는 효율화를 꾀하기 위해서는 먼저 '공부의 절대량'이 필요하다고 생각합니다.

🈡 맞습니다. 투자도 스포츠처럼 기초 체력이 필요합니다. 먼저 공부를 계속해보고, 최대한 이른 시기에 쓰디쓴 경험도 해보면서 자신을 강하게 단련하는 것이 중요하다고 생각합니다.

🈎 그리고 주식시장에 뛰어든 이상 프로나 달인들과 같은 경기장에서 싸워야 한다는 사실을 명심해야 합니다. 초보자라고 해서 봐주지 않는 세계입니다. 그렇기 때문에 아무리 많이 공부해도 손해될 것이 없다고 생각합니다.

J(이하 Ⓙ) 처음부터 효율화 같은 것을 생각하다니, 투자를 조금 쉽게 봤던 것 같네요. 먼저 저 자신의 투자법을 결정해야겠습니다. 금방 찾을 수 있을까요?

🈎 처음에는 마음에 드는 사람의 기법을 흉내 내도 괜찮습니다. 제 경우는 스포 씨와 미키마루 씨, 붉은사슴 씨 등 공감되는 글을 쓰는 투자자들의 블로그를 보고, 그곳에 나온 투자 기법과 종목을 참고했습니다. 물론 자기 나름의 분석도 필수이지만, 제로부터 시작하는 것보다 시간을 상당히 단축할 수 있었어요.

Ⓙ 그렇군요.

일단 주식시장에 발을 들여놓자

🈎 공부를 별로 좋아하지 않거나 자신의 투자 기법을 결정하지 못하는 사람은 인덱스펀드부터 시작하는 것도 좋습니다. 소액이라도 좋으니 일단은 주식시장에 발을 들여보기 바랍니다.

Ⓥ 그 밖에도 주주우대를 받을 수 있는 종목을 보유하면 투자를 즐겁게 계속할 수 있습니다. 아무리 애를 써도 좀처럼 수익이 나지 않는 시기가 누구에게나 찾아오기 마련인데, 그럴 때 우대품이 집으로 배달되면 기분이 좋아지지요.

🈡 공부 시간을 확보하기 위해 근무 중에 할 수 있는 것들을 해보는 것도 중요합니

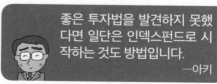

좋은 투자법을 발견하지 못했다면 일단은 인덱스펀드로 시작하는 것도 방법입니다.
—아키

다. 저는 회사원 시절에 귀가한 뒤 투자에 열중한 나머지 4시간 정도밖에 못 자는 날이 계속된 적이 있었습니다. 그래서 점심시간을 낮잠시간으로 활용했지요. 점심을 빠르게 먹은 다음 남은 시간에 잠을 잤습니다.

Ⓥ 저는 조금 돈이 들기는 하지만 출퇴근할 때 그린칸❶을 이용하고 있습니다. 30분 이동에 770엔이 더 지출되지만, 집중해서 공부할 수 있는 시간을 확보할 수 있습니다.

독자적으로 응용 방법을 찾는 것도 중요

Ⓨ 의식해야 할 점은 다른 사람의 흉내만 계속 내서는 성장하지 못한다는 것입니다. 물론 저도 처음에는 책에 나온 내용을 흉내 내는 것이 고작이었습니다. 하지만 노하우를 어느 정도 이해했다면 그다음에는 독자적인 응용 기술을 개척해나가야 합니다. 그런 마음가짐으로 투자에 임해야 합니다.

투자의 교과서라든가 격언 같은 것들은 분명히 옳습니다. 하지만 다른 투자자들도 그것을 알고 실천하고 있음을 명심해야 합니다. 그 기법을 모방하기만 한다면 결국 남들과 같은 성적에 그칠 뿐입니다. 어쩌면 뒤처질 수도 있지요.

Ⓚ 좋은 말씀이네요. 메모해둬야지!

Ⓨ 책을 읽더라도 그 책에 적혀 있는 이론에서 다른 사람들이 깨닫지 못한 작은 향신료를 발견해 자신의 투자법에 가미하는 것이 최종적으로 투자에 성공하는 포인트가 아닐까 싶습니다.

Ⓙ 그런 센스가 과연 저에게 있을까요?

Ⓨ 일단은 전부 시도해보십시오. 책과 블로그에 나와 있는 기법들을 읽고 시험하

----

❶ 추가 요금을 내고 이용할 수 있는 업그레이드 좌석칸. 전철의 경우, 차창을 등지고 있는 형태의 좌석이 아니라 일반열차와 같은 좌석이다.

다 보면 '어, 이건 좀 아닌 것 같은데?'라든가 '이런 방법도 괜찮을지 몰라' 같은 깨달음을 반드시 얻게 될 것입니다. 이런 시행착오를 거치며 경험을 축적하면 자신의 독자적인 기법이 탄생할 것입니다.

v-com2는 투자 시간을 절약하기 위해 이렇게 한다!

Check!

그린칸을 활용

30분 정도의 이동에 770엔이 더 지출되지만, 책이나 결산서를 집중해서 읽을 수 있어 비용 대비 효과가 크다. 몸도 쉴 수 있다.

목욕시간에도 가볍게 독서

기분이 내킬 때는 주주총회 소집통지나 주주통신 등 가볍게 읽을 수 있는 것을 보면서 욕조에 몸을 담근다.

'아침형 생활'로 개운하게

피로에 지쳐 있을 때 억지로 공부한다면 효과가 없다. 바로 잠자리에 들고 다음 날 아침에 일찍 일어나 개운해진 머리로 투자 공부를 한다.

스마트폰에 몰두하지 않는다

스마트폰을 사용하기 시작하면 순식간에 시간이 지나가 버리기 때문에 이동 중이나 자투리시간 등 사용 시간대를 한정한다.

정보 방송은 1.5배속으로

중간광고 등 불필요한 정보가 많은 텔레비전 방송은 실시간으로 시청하지 않고 녹화한 뒤 1.5배속으로 돌리면서 필요한 부분만을 확인한다.

B코미
(고코로 트레이딩 연구소
소장 사카모토 신타로)

투자에 익숙해지기
전까지는
일단 이것에 도전!

🌱 기초편 2

하루 일과는 20종목의
고점 측정하기

B코미라는 닉네임으로 알려진 개인 투자자이자 고코로 트레이딩 연구소 소장 사

카모토 신타로 씨는 현재 개인 투자자를 대상으로 투자 노하우를 지도하고 있다.

금융기관의 펀드매니저와 딜러 등의 경력을 통해 주식부터 채권에 이르기까지 폭

주식시장을 보는 눈을 키우기 위해
매일 확인하면 좋은 사이트나 지표

• 세계의 주가 ┈┈┈┈┈┈➤

• 닛케이평균주가, 도쿄증권거래소 마더스지수

• 닛케이225선물, CME닛케이225선물

• 다우공업평균지수30, S&P500지수

• 달러-엔 환율

• 미국 10년 국채 수익률 ◀ 금리 차이에
주목

• WTI원유선물 ◀ 급격한 가격
변동에 주의

⚫ '세계의 주가' 사이트

세계의 주요 주가를 한눈에 볼 수 있다.

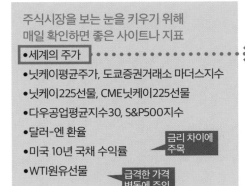

많은 성공 투자자가 이용하는 사이트로 주식시장이 하
락할 때 상승하기 쉬운 VIX지수나 금 가격도 볼 수 있어
편리하다. http://sekai-kabuka.com/

넓은 분야의 운용 실적을 보유하고 있다. 또한 데이트레이딩부터 중장기 투자까지 다양한 투자법을 실천해온 올라운더all rounder다.

'어떤 투자 기법을 선택해야 할지 모르겠다', '시간이 없다', '투자 기술이 향상되지 않는다'와 같은 고민을 안고 있는 회사원 투자자들에게 B코미 씨는 매일 1시간 정도를 할애해서 할 수 있는 투자력 향상 방법을 소개한다. 이 방법의 핵심은 하루의 관찰 종목을 20개로 압축하고 매일 같은 작업을 반복하는 것으로, 연속적으로 관찰하는 것이 포인트다. B코미 씨는 전업 투자자로서의 운용 경험에 입각해 "데이트레이딩, 중·장기 투자 등 어떤 투자 기법을 지향하든 일단은 투자 뇌를 키우기 위해 실천해보기 바랍니다"라고 말한다.

제1단계로, 모든 상장 종목 중에서 '흥미로워 보인다', '주가가 오를 것 같다'고 생각하는 200종목을 추출한다(246쪽 그림의 ①). 이때 대형주와 중소형주, 국내 주식이나 해외 주식이 골고루 포함되어 최대한 다양성이 생기도록 연구한다. 이를테면 신문기사 등에서 볼 수 있는, 주가에 영향을 끼칠 것 같은 '키워드'와 관련된 종목을 추출한다. 내수용 업종으로는 화장품이나 호텔 단독주택 개발, 중고거래 물건 증가 뉴스가 있으면 그런 것들을 취급하는 기업을 떠올려 종목을 선택한다.

다른 시각에서는 환율이 엔화 강세로 진행되었을 때 유리한 종목 혹은 불리한 종목 등을 생각해본다. 아니면 올림픽 관련, 고령화·돌봄 관련 등 사회문제에 대응하는 종목 등도 좋다. 그 밖에도 최근 거래량이 급증한 종목, 최고가 경신 중인 종목, 증배 종목, 실적 예상의 상향 수정을 실시한 종목 등 폭넓은 발상으로 플러스 재료가 있어 보이는 종목을 찾아낸다.

제2단계에서는 200개 종목 중에서 '사고 싶다'는 생각이 드는 종목을 20개 추려낸다(②). 이때도 선별 포인트가 편중되지 않고 다양해지도록 주의한다. 일단 가벼운 마음으로 골라보자.

투자의 비결을 파악하기 위해 일단 시도해보자!

B코미 씨의 시간 단축·투자력 향상 방법

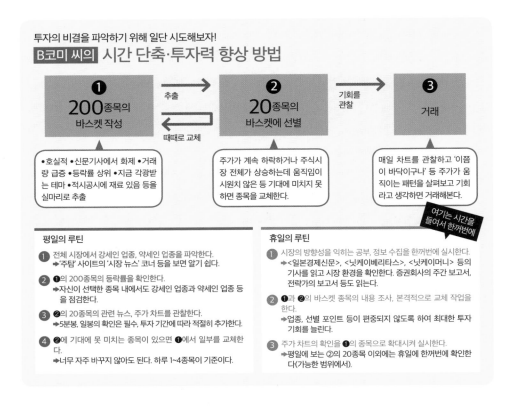

①
200종목의
바스켓 작성

추출 →
← 때때로 교체

②
20종목의
바스켓에 선별

기회를
관찰 →

③
거래

• 호실적 • 신문기사에서 화제 • 거래
량 급증 • 등락률 상위 • 지금 각광받
는 테마 • 적시공시에 재료 있음 등을
실마리로 추출

주가가 계속 하락하거나 주식시
장 전체가 상승하는데 움직임이
시원치 않은 등 기대에 미치지 못
하면 종목을 교체한다.

매일 차트를 관찰하고 '이쯤
이 바닥이구나' 등 주가가 움
직이는 패턴을 살펴보고 기회
라고 생각하면 거래해본다.

여기는 시간을
들여서 한꺼번에

평일의 루틴

① 전체 시장에서 강세인 업종, 약세인 업종을 파악한다.
➡'주탐' 사이트의 '시장 뉴스' 코너 등을 보면 알기 쉽다.

② ①의 200종목의 등락률을 확인한다.
➡자신이 선택한 종목 내에서도 강세인 업종과 약세인 업종 등
을 점검한다.

③ ②의 20종목의 관련 뉴스, 주가 차트를 관찰한다.
➡5분봉, 일봉의 확인은 필수, 투자 기간에 따라 적절히 추가한다.

④ ②에 기대에 못 미치는 종목이 있으면 ①에서 일부를 교체한
다.
➡너무 자주 바뀌지 않아도 된다. 하루 1~4종목이 기준이다.

휴일의 루틴

① 시장의 방향성을 익히는 공부, 정보 수집을 한꺼번에 실시한다.
➡<일본경제신문>, <닛케이베리타스>, <닛케이머니> 등의
기사를 읽고 시장 환경을 확인한다. 증권회사의 주간 보고서,
전략가의 보고서 등도 읽는다.

② ①과 ②의 바스켓 종목의 내용 조사, 본격적으로 교체 작업을
한다.
➡업종, 선별 포인트 등이 편중되지 않도록 하여 최대한 투자
기회를 늘린다.

③ 주가 차트의 확인을 ①의 종목으로 확대시켜 실시한다.
➡평일에 보는 ②의 20종목 이외에는 휴일에 한꺼번에 확인한
다(가능한 범위에서).

시행착오를 통해 투자 기술 향상

제1단계와 제2단계까지가 주말 등 시간이 있을 때 하면 좋은 작업이다. 매일의 루
틴은 다음과 같다. 먼저 ①의 200종목군의 등락률을 각각 확인한다. 업종별로 비
교해보며 강세 · 약세를 점검한다. 복수 종목을 등록해놓고 주가 정보를 볼 수 있
는 증권사의 인터넷 거래도구를 사용하면 된다.

다음에는 ②의 20종목에 대해 깊게 파고든다. 관련 뉴스를 확인하고, 주가 차트
의 동향을 관찰한다. 일봉과 5분봉의 움직임은 반드시 추적한다.

20종목 관찰을 계속하는 목적은 주가가 움직이는 패턴을 익혀서 대략적인 바닥

이나 천장이 어디인지를 파악하는 감각을 키우는 것이다. 바닥의 수준을 어느 정도 체감하면 기회라고 느끼는 타이밍에 거래해본다.

또 다른 목적은 ②의 20종목군에 유망 종목을 좀 더 많이 포함시킬 수 있도록 시행착오를 거침으로써 종목 선택 기술을 갈고닦는 것이다. B코미 씨의 과제에서는 ②에서 선택한 20종목군 중에 주가 동향이 시원치 않은 것이 있으면 제외한다. 그런 다음 ①의 200종목군에서 새로 선택하기를 반복한다. 시장평균이 상승하는 가운데 하락 추세를 보이는 종목이 있다면 후보에서 제외한다.

또한 20종목이 하나같이 시원치 않은 움직임을 보인다면 처음 선택했을 때의 착안점에 문제가 있었다는 결론이 나올 수 있다. 이러한 깨달음을 경험으로 축적하는 것이 중요하다. 다만 종목을 너무 자주 교체하면 훈련의 목적인 연속적으로 관찰하기가 어려워진다. 종목의 교체는 하루에 많아도 4종목 정도로 제한하는 것이 이상적이다.

그 밖에 매일의 루틴으로 추가하면 좋은 것이 주식시장 전체의 확인이다. 200종목의 등락률 확인과 함께 도쿄증권거래소의 33업종에 대해 업종별 등락률도 확인하고 강세 · 약세를 본다.

업종별 강세 · 약세를 보면서 무엇이 더 강세인가에 대해 판단할 때 지속적으로 상승하고 있는지를 봐야 한다. 또한 B코미 씨가 두뇌 운동으로 추천하는 방법은 강세인 업종을 찾아낸 다음 환율 동향을 보는 것이다. 내수가 강하다 또는 외수가 강하다고 느꼈을 때 그날의 환율이 어떠했는지 확인해보면 업종의 강세 · 약세와 환율의 관계를 확실히 알 수 있다.

주말에는 종목 관리와 공부

주말에 해야 할 일을 살펴보면, 주말에는 ①과 ② 종목군의 내용을 자세히 조사한다. 그리고 이들 종목군에 최대한 유망한 종목을 편성하도록 현재의 시장 환경을 파악하기 위한 공부를 한다. 투자 월간지, 주간지, 증권회사가 월 단위·주 단위로 내놓는 전략가·애널리스트의 보고서 등을 읽거나, 트위터나 블로그 등에 올라온 뉴스와 화제 종목을 확인하는 방법 등이 있다.

v-com2

'이 재료라면 이것을 본다'를 정해놓는다

실례편 1

투자의 절차를 명확히 하다

전략을 명확히 정해 낭비를 없앤다

회사원 투자자이면서 육아에도 바쁜 v-com2 씨는 자신이 사용할 투자법을 명확히 정하고 정보 수집의 절차를 패턴화함으로써 시간을 효율적으로 사용하고 있다. 주된 전략은 저평가되었으면서 장래에 도쿄증권거래소 1부로 승격할 것 같은 신흥시장이나 도쿄증권거래소 2부 종목을 선행 매수하는 것이다. 시장이 큰 폭으로 조정될 때를 노려서 사들이고, 이후 대폭 상승할 때 전량 매도한다. 우대 종목을 중점적으로 거래함으로써 한동안 주가 상승이 없더라도 참고 기다릴 수 있다. 이것은 급여 수입이 있는 회사원의 강점이기도 하다.

전략이 명확하기 때문에 정보 수집은 기본적으로 평소의 루틴대로 하면 된다. 먼저 일본거래소그룹이 공표하는 적시공시 정보를 확인해서 우대신설 등 관련 정보가 나오면 우대와 관련된 조사에 들어간다. 승격 관련 정보가 나오면 승격 조건 등 주식 관련 조사를 실시한다. 그런 다음 최종적으로 결산정보 등 기업의 실적을

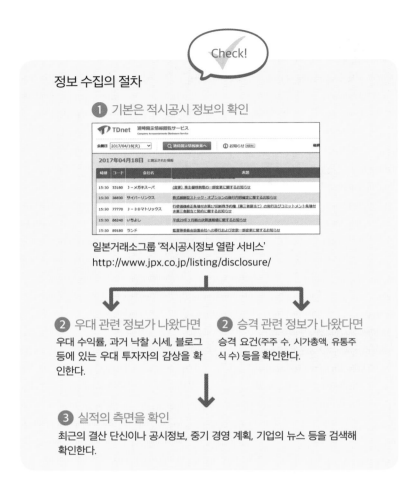

정보 수집의 절차

Check!

❶ 기본은 적시공시 정보의 확인

일본거래소그룹 '적시공시정보 열람 서비스'
http://www.jpx.co.jp/listing/disclosure/

❷ 우대 관련 정보가 나왔다면
우대 수익률, 과거 낙찰 시세, 블로그 등에 있는 우대 투자자의 감상을 확인한다.

❷ 승격 관련 정보가 나왔다면
승격 요건(주주 수, 시가총액, 유통주식 수) 등을 확인한다.

❸ 실적의 측면을 확인
최근의 결산 단신이나 공시정보, 중기 경영 계획, 기업의 뉴스 등을 검색해 확인한다.

깊게 파고든다. '이 재료가 나왔을 때는 이것을 본다'라는 흐름이 완성되어 있기 때문에 작업이 매끄럽게 진행된다. 투자하고 싶은 후보 종목이 정해졌으면 그다음에는 매수 타이밍을 잡으면 된다.

자신의 전략과 관계 없는 정보를 버리는 것도 효율화의 포인트다. 대기업이나 주주우대가 없는 종목(승격 기대주는 제외)의 정보는 처음부터 수집할 필요가 없다고 정해놓는다. 그래서 뉴스나 블로그 등을 확인할 때 불필요한 수고를 하지 않도록 한다.

평일의 루틴

① 여유시간에 투자 블로그 등을 확인한다.

② 귀가 후에 적시공시 정보를 확인한다.

③ 귀가 후 경제정보 방송을 1.5배속으로 시청한다.

약 1시간

효율화 POINT!	•불필요한 정보 수집은 생략 •해야 할 일을 패턴화 •주식시장 전체의 가격 동향은 중요시하지 않음

투자 타이밍은 전략으로, 주식시장 전체가 크게 하락한 시기를 매수 기회로 삼는다. 매수 후에는 비교적 장기적인 관점에서 대폭 상승하는 시기를 기다리기 때문에 매일의 주가 동향에 대한 예상도 그다지 신경 쓰지 않는다. 시황 관련 정보의 수집은 우선순위를 낮춰서 최대한 휘둘리지 않도록 노력한다.

JACK

손절매를 철저히 **하면 당황하지** 않는다

 실례편 2

목표는 IPO, 역지정가 주문으로 리스크 관리

가격 변동이 큰 IPO주, 우대주의 바닥 가격을 노린다

JACK 씨는 IPO(신규상장) 종목으로 수익을 낸다는 전략에 중점을 두고 있으며, 분야를 좁혀서 높은 수익을 추구하고 있다.

기법은 두 가지다. 첫 번째 방법은 상장 전 공모할 때 그 주식을 입수해 상장일의 시초가에 전량 매도한다. 상장일에는 공모 가격(상장 전의 가격)을 크게 웃도는 시초가가 형성되는 경우가 많기 때문에 이것을 노린다. IPO주를 공모 단계에서 획득하려면 추첨에서 수십~수백 대 1의 경쟁률을 뚫어야 한다. 그러므로 낚싯줄을 잔뜩 늘어뜨리는 방법으로 획득에 힘쓴다. 추첨에 떨어져도 포인트를 받아서 이후에 활용할 수 있는 다양한 증권회사에 최대한 계좌를 개설해놓았는데, 그 수가 70개 이상에 이른다. 조금이라도 유리한 정보를 얻기 위해 증권회사의 영업사원과 관계를 구축하는 일도 게을리 하지 않는다.

공모 시 IPO주를 얻지 못했을 경우는 차선책으로 상장 후 대폭 상승을 노린다.

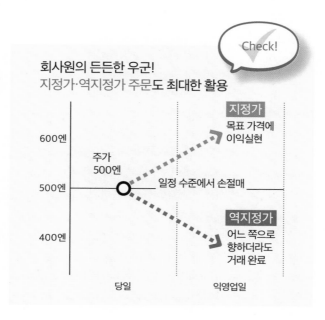

회사원의 든든한 우군!
지정가·역지정가 주문도 최대한 활용

Check!

지정가
목표 가격에
이익실현

600엔

주가
500엔

500엔 ─────○───── 일정 수준에서 손절매

역지정가
어느 쪽으로
향하더라도
거래 완료

400엔

당일   익영업일

상장 첫날 상한가를 기록하기 조금 전에 매수한 뒤 야간거래나 다음 영업일 이후 주가가 상승할 때 조금씩 이익을 실현해나가는 기법을 주로 사용한다. 그리고 이때 유용한 것이 '역지정가 주문[2]'이다. '시초가에서 상승해 ○○엔 이상이 되면 매수', 반대로 '○○엔 이하까지 하락하면 매도' 등 편리한 거래를 할 수 있는 주문 방법이다.

낮에는 일 때문에 주가를 확인하기가 어려운 JACK 씨는 IPO주가 상장 후 예상대로 오르면 통상적인 지정가 주문으로 이익을 실현한다. 반대로 하락했을 때는 역지정가 주문으로 손절매를 철저히 함으로써 큰 폭의 손실을 회피한다. 이런 식으로 과감하게 IPO주에 투자해 이익을 쌓고 있다.

---

[2] '지정가 주문'은 지정한 가격으로 오르면 팔거나 내리면 사는 주문 방법이다. 이와 반대로 '역지정가 주문'은 지정한 가격으로 내리면 팔거나 오르면 사는 주문 방법이다. 역지정가는 추세에 올라타거나 하락할 때 손실을 막고 싶을 경우에 도움이 된다.

평일의 루틴

① 여유 시간에 IPO 관련 사이트에서 정보 수집한다.

② 지정가 주문 등으로 관리한다.

③ 출퇴근 시간에 대략적인 시황을 확인한다.

약 1시간

효율화 POINT!	•장기인 IPO 관련, 우대 종목으로 목표를 좁힌다. •투자 동료는 소중하게, 때로는 씀씀이를 크게! •증권회사의 영업사원과도 사이좋게 지낸다.

IPO주 이외에는 우대주를 바닥권에서 매수하는 기법도 실천하고 있다. 식사권을 제공하는 등 인기가 높은 우대주에 주목해, 투자자들이 적당한 가격으로 느끼고 매수하려는 주가 수준을 사전에 파악한다. 그리고 종목에 따라 조금은 차이가 있지만 우대 수익률이 4~5%가 넘는 등 수익률이 높은 (주가가 하락하면 수익률은 상승한다) 주가에 지정가 주문을 넣어 바닥에 가까운 수준에서 매수한다.

도리데미나미

자신의 분신을
취직시키고 싶은
회사에 주목

🌳 실례편 3
초장기적으로 바라보며
서두르지 않는다

10~20년 동안 성장이
지속되는 종목을 선별한다

"주식투자 이외에도 하고 싶은 일이 산더미처럼 많습니다"라고 말하는 도리데미나미 씨는 10년, 20년 후의 성장까지 내다보며 종목을 선정하는 자칭 '초장기 투자자'다.

자신의 분신이 또 한 명 있다고 가정하고 '자신의 분신을 기업에 취직시킨다면 어디가 가장 좋을까?'라는 관점에서 장기적으로 성장이 지속되고 꿈이나 장래성을 느낄 수 있는 기업을 고른다.

"투자자라기보다 기업가의 눈으로 비즈니스 자체를 파악합니다."

큰 이익을 노린다기보다 투자에 들이는 시간 대비 수익을 최대로 얻을 수 있는 방법을 고민하다 이런 스타일을 갖게 되었다. 한정된 시간에 할 수 있는 일을 해보자는 발상이다.

투자에 할애하는 시간 기준은 연 100시간(주 2시간, 하루 20분 정도)으로 설정했다.

평일의 루틴

① 경제신문의 주요 부분을 읽는다.

② 업무나 일상의 사건에서 얻은, 오프라인 모임에 제공할 수 있는 소재를 메모한다.

③ 투자에 들이는 에너지를 최대한 줄여 취미 시간도 즐긴다.

약
20~30
분

효율화 POINT!	• 앞으로 성장할 업계를 선택하는 등의 방법으로 장기 투자한다. • 매일의 주가 변동은 중요시하지 않는다. • 투자의 힌트를 메모, 필요할 때 검색한다.

이 설정 시간 안에서 매일 하는 일 중 하나가 경제신문을 읽으며 산업계의 동향이나 심층 분석 기사를 확인하는 것이다. 출퇴근 시간을 이용해 스마트폰 등으로 내용을 파악한다. 매일의 주가에 영향을 미치는 뉴스뿐만 아니라 10년, 20년 단위로 계속되는 거대한 조류를 남들보다 조금이라도 먼저 파악하고자 애쓴다.

미디어 이외에는 오프라인 모임 등 투자자들의 모임에서 얻는 정보를 중시한다. 다양한 실력자들의 이야기를 듣는 것은 쉽고 빠른 정보 수집 방법이며, 그 모임에서 발견하는 것도 많다. 그래서 그들이 모이는 장소에 적극적으로 참여한다. 참고로 투자자 동료와의 술 모임은 좋아하는 이야기를 하며 즐거운 시간을 보낼 수 있는 기회이기도 하다. 투자 활동과는 별개라는 생각으로 시간이 허용하는 한 전부 참석한다고 한다.

트위터나 블로그 등도 편리한 도구라고 생각한다. 하지만 이런 곳에서 얻는 정보나 화제의 종목은 불특정 다수에게 일방통행으로 발신된 '뒤늦은 정보=주가는 고평가'로 파악한다. 그보다는 참가한 오프라인 모임에서 화제에 오른 개별 종목에 대해 토론하고 다른 투자자의 생각을 이해하면서 자신의 분석을 가미하는 방식을 우선한다. 이 단계를 거쳐 투자할 가치가 있는지 판단한다.

실제로 투자할 종목을 선정할 때는 그 업계가 성장하고 있는 등 주가의 하락 리스크가 낮으면서 한동안 방치하더라도 사업이 쉽게 흔들리지 않는 기업을 대상으로 삼는다고 한다. 구체적으로는 유이자 부채가 적고, 재무 체질이 양호하며, 사업이 안정된 가치주에 주목한다. 또한 ① 사업적으로 과다경쟁에 휘말릴 위험성이 낮은, 즉 판매 가격의 설정력이 강한 영역(의료 등 사람의 생명과 관련된 분야, 교육, 보석 장신구나 화장품 등), ② 원가가 낮고 이익률이 높은 비즈니스(컨설팅, IT 계열) 관점에서 종목의 저력을 확인한다. 유행을 심하게 탄다고 생각하는 음식점 계열은 후보에서 제외한다. 매수 후에는 거의 매매를 하지 않고, 그날그날의 주가는 물론 사분기 결산도 그다지 신경 쓰지 않는다.

도리데미나미 씨가 실천하는 '돈이 열리는 나무 투자법'

도리데미나미 씨는 투자 원금 제로인 상태에서 계속 배당과 우대를 받을 수 있는 '돈이 열리는 나무'를 자신의 포트폴리오에 착실히 늘려나가고 있다.

방법은 다음과 같다. 먼저 고배당·인기 우대 종목을 일정 수량 매수한다. 그 후 주가가 상승하면 배당과 우대를 받을 수 있는 최소 수량만을 남기고 투자 원금에 해당하는 금액의 주식을 팔아 이익을 실현한다.

이것으로 투자 원금을 회수하고, 공짜로 돈이 열리는 나무를 얻은 상황이 완성되었다. 이후에는 주가가 하락하든, 예를 들어 기업이 도산한다고 해도 절대로 손해를 보지 않는 '궁극의 장기 자산주'가 된다. 이런 주식이 많으면 마음에도 여유가 생긴다.

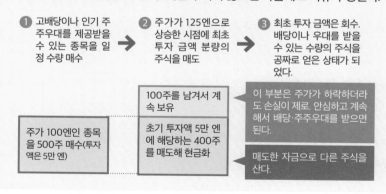

❶ 고배당이나 인기 주주우대를 제공받을 수 있는 종목을 일정 수량 매수

❷ 주가가 125엔으로 상승한 시점에 최초 투자 금액 분량의 주식을 매도

❸ 최초 투자 금액은 회수. 배당이나 우대를 받을 수 있는 수량의 주식을 공짜로 얻은 상태가 되었다.

100주를 남겨서 계속 보유

이 부분은 주가가 하락하더라도 손실이 제로. 안심하고 계속해서 배당·주주우대를 받으면 된다.

주가 100엔인 종목을 500주 매수(투자액은 5만 엔)

초기 투자액 5만 엔에 해당하는 400주를 매도해 현금화

매도한 자금으로 다른 주식을 산다.

로쿠스케

투자해야 할
종목의 특징을
조사, 분석해둔다

🌳 실례편 4

프로의 종목 선정을
참고한다

종목 선정은 차분하게,
서두르지 않는다

"핸들 조작이 필요 없는 자율주행 자동차를 타는 감각으로 투자할 수 있도록 안정 성장주를 고르고 있습니다."

로쿠스케 씨는 종목을 선정할 때 기업의 실적이 자동으로 확대되는 시스템이 확실히 갖춰져 있는지 파악한다. 안심하고 장기 보유할 수 있는지에 중점을 두는 발상으로, '구매 후에는 방치 투자'가 기본 자세다. 도리데미나미 씨와 비슷한 스타일이라고 할 수 있다.

매일의 루틴은 보유 주식의 비즈니스 모델의 변화나 강렬한 악재가 없는지 확인한다. 그리고, 앞으로 매수를 검토 중인 종목을 포함한 총 10종목 정도에 대해 적시공시 정보가 나온 것은 없는지, 트위터 등에 나쁜 뉴스가 올라오지는 않았는지 조사하는 정도다.

트위터의 경우는 그날의 정보가 대부분 나왔을 시점인 20시 이후를 노려서 대상

평일의 루틴

① 귀가 후 적시공시 정보를 확인한다.

② 귀가 후 트위터로 키워드를 검색한다(대상은 10종목 정도).

약 15분

효율화 POINT!	• 종목 선정을 프로의 선택에 맡겨본다. • 스톡형 안정 수익 기업을 선택한다. • 평일에는 보유, 주목 종목을 확인하는 정도로만 한다.

종목의 키워드 검색을 할 뿐이다. 이러한 일련의 작업을 15분 정도에 끝낸다.

종목을 발굴할 때는 유력 펀드매니저가 운용하는 펀드에 편입된 종목과 이들이 종목을 선택하는 관점 등도 참고한다. 개인 투자자는 경영자를 직접 만나서 이야기를 들어보기가 어렵기 때문에 경영자의 생생한 목소리를 들을 수 있는 프로의 관점은 귀중한 참고자료가 된다. 그리고 그 관점으로 선택된 종목은 상당히 유망하다는 것이 로쿠스케 씨의 판단이다.

참고 종목을 선택한 뒤에는 비즈니스 모델을 기준으로 대상을 압축한다. 임대료나 월정액 수수료처럼 항상 일정 수입을 기대할 수 있는 이른바 스톡형 비즈니스를 하는 기업을 고른다. 이때 해약 가능성이 낮은 안정된 고객 기반을 보유하고 있는지도 분석한다. 또한 기반이 되는 사업으로 얻은 안정 수익을 신규 사업 개척 등 가치 있는 투자에 사용해 서서히 사업 내용을 확대해나갈 수 있는 기업인지도 중요한 판단 재료로 삼는다. 이러한 요소를 충족한다면 사업 성장에 대한 자율주행 기능이 작용하고 있다고 생각한다.

지금까지는 기업의 복리후생 대행 등으로 안정 수입을 얻고 있는 릴로그룹처럼

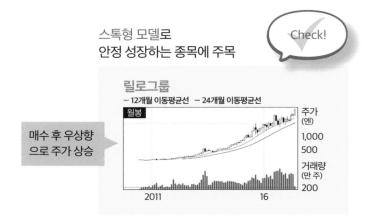

스톡형 모델로
안정 성장하는 종목에 주목

Check!

릴로그룹
— 12개월 이동평균선 — 24개월 이동평균선

월봉

주가
(엔)

1,000
500

거래량
(만 주)
200

2011   16

매수 후 우상향
으로 주가 상승

주가가 견실하게 우상향 중인 종목에 집중투자해 자산을 착실히 불려왔다.

　보유 종목의 이익실현은 주로 비즈니스 모델이나 기업의 신규 투자가 감소했는지의 여부로 판단한다. 단기적인 주가 변동은 매도 소재로 삼지 않기 때문에 매일의 주가 변동에 휘둘려 일희일비하는 일은 없다.

오발주

1년에 한 번
승부 종목 리스트를
작성한다.

🌳 실례편 5

평소에는 전체적인
시황을 살핀다

사전에 승부 종목 리스트를 만들어
대폭 조정 시 매수에 나선다

오발주 씨는 소형주 중심의 가치주 투자가 주된 전략이다. 투자를 위해서 해야 할 행동을 명확하게 정해놓고 평소의 루틴을 최대한 단순화했다. 먼저, 기회가 찾아왔을 때 매수에 나설 '승부 종목'을 1년에 한 번, 10월에 한꺼번에 선정해 리스트를 작성한다. 그리고 평소에는 미리 정해놓은 '매수' 신호가 나오기만을 기다린다.

264쪽의 ①은 10월에 작성하기 직전의 승부 종목 리스트 중 일부다. 승부 종목을 추출할 때는 증권회사가 계좌개설 고객에게 제공하는 종목 스크리닝 기능을 사용해 PER 12배 이하, PBR 3배 이하, ROE 5% 이상 등의 조건을 충족하는 저평가 종목을 대상으로 한다.

종목 선정 시기를 10월로 삼은 이유는 매년 이 시기가 아노말리적으로 주식시장 전체가 약세를 띠어 저평가 주식이 많은 시기이기 때문이다.

"제 경험상 이 시기에 후보 종목을 고르는 것이 가장 성공률이 높았습니다."

평일의 루틴

① 닛케이평균주가의 움직임을 파악한다(대폭 상승이나 조정 시에는 더욱 자세히 점검).

② 귀가 후 적시공시정보를 확인한다(대상은 10종목 정도).

약 30분
~1시간

효율화 POINT!	• 기본적으로 연 1회 종목 선정을 한다. • 평소에는 기회를 엿볼 뿐이다. • 정보 수집은 승부 종목에 집중한다.

'승부 종목 리스트'를 입력할 때는 5단계로 분류한다. 100~500주의 범위에서 좀 더 매력도가 높다고 생각되는 종목일수록 주식의 수를 늘려서 매수 우선순위를 높인다. 그런 후 이 비율은 적절히 조정해나간다.

리스트가 완성되었으면 다음에는 '매수 타이밍'을 찾는다. 이것은 매일의 루틴인데, 방법은 간단하다. 보통은 주식시장의 대체적인 움직임을 살필 뿐이다. 역추세 전략으로 공략하기 때문에 크게 하락했다 싶은 날 좀 더 자세하게 신호에 불이 들어왔는지 확인하면 된다.

오발주 씨가 매수 신호를 확인할 때 사용하는 정보는 야후! 파이낸스의 '고괴리율(25일·마이너스)' 순위다. 이것은 각 종목의 25일 이동평균선에서 마이너스 방향으로 괴리된 하락 종목의 순위로, 주식시장 전체가 얼어붙었을 때는 괴리율이 큰 종목이 다수 등장한다. 이것을 확인해 괴리율 마이너스 25%의 종목이 50개 이상이 된 시점을 매수 기회로 삼는다. 다만 이 순위에 표시된 하락 종목을 사는 것은 아니다. 이 종목 정보는 어디까지나 시장이 얼마나 얼어붙었는지를 보는 용도일 뿐이다. 실제로 사는 것은 10월에 선정한 승부 종목 리스트의 종목이다.

지금까지의 경험에 따르면 '매수 신호가 뜨는 것은 1년에 2~3회 정도'라고 한다. 닛케이평균주가가 25일 이동평균선을 10% 밑돌았을 때 등이다. 그리고 평균주가의 움직임을 보기만 해도 신호가 떴는지 판단할 수 있다. 그래서 매일 순위 정보를 볼 필요는 없고 평상시에는 평균주가를 확인하는 정도이다.

이익실현을 검토하는 타이밍은 시장 전체가 강세를 보일 때다. 이 경우는 야후! 파이낸스의 '고괴리율(25일 · 플러스)'을 확인한다. 25일 이동평균선에서 플러스 방향으로 괴리된 종목의 순위를 보여주는 페이지다. 여기에 괴리율 25%인 종목이 50개 이상 등장했을 때 이익확정 신호에 불이 들어왔다고 판단했다. 이 타이밍과 이익확정 ②, ③(264쪽 참고)을 고려하면서 투자의 묘미가 있는 종목으로 갈아탄다.

참고로, 승부 종목을 추출할 때의 조건으로 먼저 'PER 12배'를 사용한다. 그 이유는 이 수준이 전혀 성장하지 않는 기업의 주식에 대한 투자자의 최소 한도 기대치라고 생각하기 때문이다. 이것은 독자적인 실적을 바탕으로 한 근거로, 주식의 수익률을 8%로 한정해 산출한 값이다(수익률은 PER의 역수의 관계).

가치주를 노리는 오발주 씨는 PER 12배 이하의 저평가 상태일 때 매수한 뒤 12배에 도달했을 때 매도함으로써 주가 상승 이익을 노리는 전략을 사용한다. 또한 리스트 편입 조건으로 'ROE(자기자본이익률) 5%'를 설정한 이유는 ROE가 7%를 넘으면 주가가 고평가되기 쉽다고 생각하기 때문이다. 그래서 그 직전 수준인 5% 정도의 종목을 노린다.

여기까지가 오발주 씨의 기본 패턴이다. 기본적으로는 주가가 하락했을 때 사서 그 후의 반등을 노리는 역추세 전략을 구사하지만, 실적 예상을 상향 수정한 종목에 대해서는 추세추종 전략으로 뛰어든다. 상향 수정이 재료가 된 주가 상승에 올라타 포트폴리오 전체의 수익 향상을 노린다.

그래서 기업의 중요 공시정보를 얻을 수 있는 적시공시 정보는 매일 확인한다. 아울러 분기별 결산 시즌에는 '주탐' 사이트의 '결산 속보'를 이용해 실적의 진척률이 좋은 상향 수정 후보가 없는지도 주의 깊게 관찰한다. 그러다 보니 이 시기에는 자기도 모르게 몰두하다 수면부족에 빠진다고 한다.

매매 방법을 루틴화

종목 선정은 1년에 1회, 평소에는 매수 타이밍을 파악한다.

매수 시의 패턴

① 매해 10월, 승부 종목 리스트

승부 종목의 일부

후지 소프트 서비스 뷰로	500주
리스크몬스터	500주
도쿄 보드 공업	500주
유아활동 연구소	500주
액시즈	400주
히라야마 홀딩스	300주

좀 더 적극적으로 노리는 종목은 매수 희망 주식의 수를 늘려서 우선순위를 높게 잡는다.

추출의 기준
❶ PER 12배 이하
❷ PBR 3배 이하
❸ ROE 5% 이상

② 매일의 일과는 매수 타이밍을 살피는 정도다

야후! 파이낸스의 기술적 지표 관련 순위 중 '고괴리율(25일·마이너스)'에 괴리율 마이너스 25%인 종목이 50개 이상 등장하면 매수 신호로 본다.

이익확정은 언제 할까?

아래의 ①~③ 등을 기준으로 이익 확정을 검토

❶ 야후! 파이낸스의 기술적 지표 관련 순위 중 '고괴리율(25일·플러스)'에 괴리율 플러스 25%인 종목이 50개 이상 등장한 시기(주식시장 전체가 강세)

❷ 보유 종목 중에 PER 12배에 도달한 종목이 출현

❸ 다른 매력적인 저평가 종목을 발견했을 때

➡ 실적 향상으로 5년 후의 PER이 7.5배가 될 것 같은 종목으로 갈아탄다. 갈아탈 매력적인 종목이 없으면 현금화한다.

억대 투자자의 말 ⑤

저평가주 투자를 추구하는 도카이의 구도자

주식1000

"기관 투자자들이 보지 않는 작고 수수한 종목은 기업의 가치와 시장의 평가(주가) 사이에 괴리가 발생하기 쉬우며, 여기에 투자 기회가 있습니다."

—《일본 주식시장의 승부사들 Ⅰ》중에서

주식시장의 급락은 언제 찾아올지 알 수 없다.
중요한 일은 폭락 시의 손실을 줄이는 것이다.
그리고 현금을 보유해놓았다가 기회가 왔을 때
매수에 나서는 것이다.

급락장에
대비한다

억대 투자자들에게
성공 투자법을 배운다

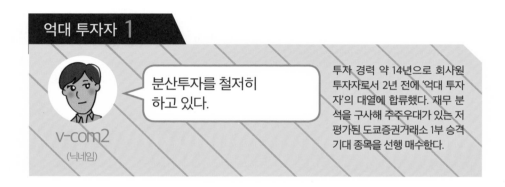

억대 투자자 1

분산투자를 철저히
하고 있다.

v-com2
(닉네임)

투자 경력 약 14년으로 회사원
투자자로서 2년 전에 '억대 투자
자'의 대열에 합류했다. 재무 분
석을 구사해 주주우대가 있는 저
평가된 도쿄증권거래소 1부 승격
기대 종목을 선행 매수한다.

다음 호기를 노리고 현금을 확보
'셀링클라이맥스'를 파악해 매수 개시

먼저, 도쿄증권거래소 1부 승격이 기대되는 종목을 선행 매수하는 투자법이 장기
인 v-com2 씨의 행동을 살펴보자. 수많은 폭락 국면을 '매수의 기회'로 살린 실력
자 중 한 명이다.

v-com2 씨의 투자 스타일은 대폭 조정 후의 반등을 노리는 역추세파다. 물론
주가가 반드시 V자로 회복한다는 보장은 없으며, 반등에 시간이 걸릴 경우도 드물
지 않다. 하지만 v-com2 씨가 주로 노리는 종목은 주주우대가 있는 종목이다. 화
폐처럼 사용할 수 있는 QUO 카드나 식사우대권 등 생활에 도움이 되는 우대를 지
속적으로 받음으로써 초초해하지 않고 상승을 기다릴 수 있다고 한다. 회사원으로
일하면서 정기적인 수입이 있는 것도 강점이다.

폭락이 절호의 매수 기회임을 알고 있더라도 정작 매수 자금이 없으면 손을 댈

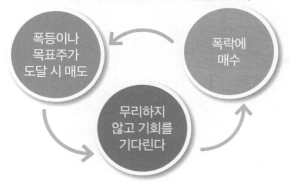

자연스럽게 대기 자금이 생기는 흐름을 만든다

폭등이나
목표주가
도달 시 매도

폭락에
매수

무리하지
않고 기회를
기다린다

수가 없다. 이것은 많은 사람이 안고 있는 고민인데, v-com2 씨의 경우는 자신이 정한 투자 루틴을 실천하는 가운데 자연스럽게 자금 확보를 실행하고 있다. 이 점은 참고할 가치가 있다.

포인트 중 하나는 미리 목표로 정해놓은 수준에 도달하면 더 욕심을 내지 않고 이익을 확정하는 것이다. v-com2 씨는 매수 전에 목표주가를 설정하고 주가가 그 수준에 도달하면 매도 타이밍으로 삼는다.

목표주가를 산출하는 절차는, 먼저 기업의 중기 경영 계획 등을 확인해 3년 후의 1주당 이익(①)을 예상한다. 다음에는 적절한 PER의 수준을 15배(②) 신용평가손익률 마이너스로 20% 이하로 15배(②)로 놓고, ①과 ②를 PER 산출의 계산식(PER=주가÷1주당 이익)에 대입해 구한다. 목표주가가 현재의 주가보다 높으면 그만큼의 상승 이익을 기대할 수 있다.

2017년 5~7월에는 RIZAP(라이잡) 그룹과 주요 자회사의 주식이 일제히 대폭 상승해 'RIZAP 축제'라고 불리며 화제가 되었다. 이러한 시기도 매도 타이밍으로 활용한다.

7월 4일까지 RIZAP 그룹 자회사 주식의 대부분을 매도하는 데 성공

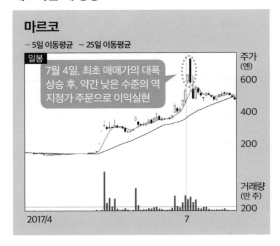

마르코

— 5일 이동평균 — 25일 이동평균

일봉

7월 4일, 최초 매매가의 대폭 상승 후, 약간 낮은 수준의 역지정가 주문으로 이익실현

주가 (엔)
600
400
200

거래량 (만 주)
200

2017/4   7

"제 경험상, 과열 기미를 보이며 급등한 종목은 일단 하락하면 브레이크가 없을 때가 많습니다".

v-com2 씨는 과열되었다고 생각한 종목은 빠르게 매도하고 빠져나온다. 고가에서 약간 낮은 수준에 역지정가 주문을 넣어, 주가가 하락하기 시작하면 즉시 철수한다.

사실 v-com2 씨는 RIZAP 그룹의 주식을 이전부터 분석하고 있었다. '축제 전'부터 주가가 하락의 눌림목이 나타날 때마다 추가 매수를 계속해왔으며, 자회사의 주식도 복수 종목을 보유하고 있었다. 원래는 주주우대를 받거나 주주우대를 아직 도입하지 않은 종목의 우대 신설을 기대하면서 상승을 기다린다는 계획이었다. 그러나 갑작스러운 연일 폭등으로 경계태세에 돌입했다. 그리고 결국 RIZAP 그룹을 포함해 자회사 주식의 대부분을 거의 고가일 때 매도함으로써 다음 폭락에 대비할 수 있는 충분한 자금을 확보할 수 있었다.

매수 신호로 삼는 '셀링클라이맥스'의 기준
1 VIX지수가 30~40
2 신용평가손익률 마이너스 20% 이하
3 그 밖에 추가 증거금 회피를 위한 매도가 대량으로 발생했다고 생각되는 타이밍

매수 신호를 알아둔다

폭락 시의 매수 신호도 파악해놓으면 움직이기가 용이하다. v-com2 씨의 경우, 이 이상에서 파는 사람이 없을 것으로 여겨지는 '셀링클라이맥스'를 의식한다. 판단 기준은 ① VIX지수 30~40, ② 신용평가손익률 마이너스 20% 이하 등이다. 그밖에 신용거래의 추가 증거금을 회

실천 메모

✓ 목표주가 등을 정하고 매도 조건을 계획한다.

✓ 현금이 수중에 들어와도 바로 주식을 사지 않고 기다린다.

✓ 철저히 분산투자를 하며, 한 종목에 자금을 집중하지 않는다.

피하기 위한 매도 물량이 대량으로 발생했다고 생각되는 시기도 노린다. 예를 들어 주식시장 전체가 크게 하락한 다음 날 아침에 시장가 매도 주문이 대량으로 쏟아져 하한가를 기록하는 종목이 군데군데 보일 때가 있다. 이런 경우는 매수의 호기로 본다.

때로는 망설이기도 하지만, "주식은 폭락장에 사서 장기 투자하는 것이 좋다"라는 사와카미 아쓰토의 글이나 인기 개인 투자자 미키마루의 블로그를 읽고 용기를 낸다.

기업의 유동자산에 주목해
저평가를 판단

주식1000
(닉네임)

가치주를 노리는 전업 투자자로
투자 경력 29년이다. 중학교 2학
년 때 모아놓았던 세뱃돈 40만
엔을 자본금으로 투자를 시작한
이래 현재까지 3억 엔 이상의 누
적 이익을 달성했다.

현금 부자인 저평가주에 투자해
급락장에서의 이익 하락 확대를 막는다

주식1000 씨의 행동력과 급락장에서도 견실한 움직임을 기대할 수 있는 종목을 선
택하는 방법도 참고할 만하다. 주가가 본래의 가치보다 저평가된 상태로 방치되
고 있는 종목을 사들여 적정가격으로 돌아갔을 때 파는 가치(저평가)주 투자자 주식
1000 씨는 폭락장을 절호의 매수 타이밍으로 생각한다. 폭락장에서는 실력파 종목
조차 팔자 주문이 쏟아질 때가 많기 때문이다.

리먼 브라더스 사태 당시는 예상을 뛰어넘는 폭락에 가진 자금을 전부 사용해버
렸다. 그런데 평소에는 상상할 수도 없을 만큼 저평가주가 굴러다니는 상황을 지
켜만 볼 수가 없어 현금화 가능한 자산을 모조리 팔아 마련한 600만 엔으로 폭풍
속에서 열심히 주식을 사들였다.

현재는 그 '소동'의 교훈을 살려 여유 있는 자금관리에 힘쓰고 있다. ① 1년 치 생
활비는 확보(전업 투자자이기 때문에 조금 보수적으로), 운용자산의 10%는 비상금으로
평소에는 손을 대지 않는다. ② 한 차례의 하락에 자금을 전부 투입하지 않는다.
③ 레버리지 거래가 가능한 신용거래는 어지간히 자신 있는 호기가 아니면 이용
하지 않는다. 이것을 평상시의 규칙으로 정하고 다음에 찾아올 대폭 조정의 시기

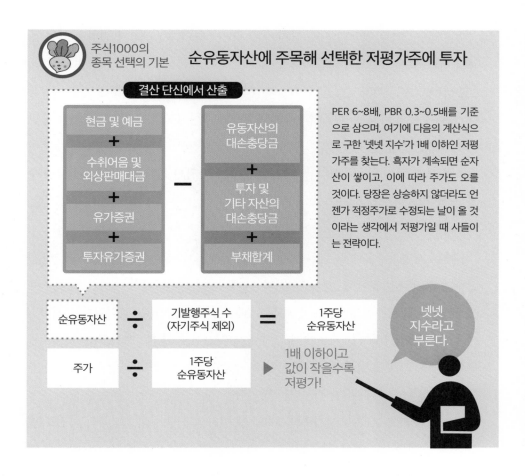

주식1000의
종목 선택의 기본 **순유동자산에 주목해 선택한 저평가주에 투자**

결산 단신에서 산출

현금 및 예금
+
수취어음 및
외상판매대금
+
유가증권
+
투자유가증권

−

유동자산의
대손충당금
+
투자 및
기타 자산의
대손충당금
+
부채합계

PER 6~8배, PBR 0.3~0.5배를 기준으로 삼으며, 여기에 다음의 계산식으로 구한 '넷넷 지수'가 1배 이하인 저평가주를 찾는다. 흑자가 계속되면 순자산이 쌓이고, 이에 따라 주가도 오를 것이다. 당장은 상승하지 않더라도 언젠가 적정주가로 수정되는 날이 올 것이라는 생각에서 저평가일 때 사들이는 전략이다.

순유동자산 ÷ 기발행주식 수
(자기주식 제외) = 1주당
순유동자산

주가 ÷ 1주당
순유동자산 ▶ 1배 이하이고
값이 작을수록
저평가!

넷넷
지수라고
부른다.

에 대비하는 중이다. 또한 레버리지 거래는 이용하더라도 한도를 1.2배까지로 정했다. 폭락장에서는 주가 변동이 극심한 까닭에 레버리지를 높이면 필요 이상으로 불안감이 생겨나 냉정하게 판단하기 어렵기 때문이다.

저평가주를 선택해 큰 폭의 하락을 방지한다

폭락 시 자신 있게 매수에 나서기 위해 평소부터 기업을 면밀하게 분석하는 자세는 특히 배워야 할 부분이다.

"투자를 할 때는 기업의 본래 가치에 주목해야 하며, 이 가치가 변하지 않는 한 주가 하락에는 신경 쓰지 않습니다."

주식1000 씨는 투자 종목을 선택할 때 기업이 보유한 유동자산(현금 등)에 주목한다. 보유자산의 가치를 정확히 파악하고 있으면 주식시장의 폭락으로 주가가 동반 하락해도 동요할 필요가 없다. 오히려 주가가 하락하면 그만큼 저평가의 수준이 높아져 투자 묘미가 상승한다. 언젠가는 주가가 기업의 본래 가치에 맞춰 상향 수정될 것이라는 생각이다.

실제로 저평가주를 찾을 때는 유동자산의 합계에서 총부채를 뺀 '순유동자산'을 산출해 주가와 비교한다. 계산 결과 최종적인 값이 1 이하라면 저평가된 '넷넷주'에 해당한다고 판단하고 매수 대상으로 삼는다. 다만 적자 기업은 시간이 지나면서 유동자산이 감소하기 때문에 대상에서 제외한다. 값이 1 이하가 되는 넷넷주는 평상시에는 그렇게 자주 볼 수 없지만 폭락장에서는 대량으로 발생하기도 한다. 주식1000 씨는 이때가 투자 기회라고 말한다.

또한 투자 대상이 주로 시가총액 200억 엔 이하의 신흥시장 소형주라는 점도 매수 시의 용기를 뒷받침해주는 포인트가 된다. 이런 종목은 일반적으로 대형 기관 투자자 등이 손을 대지 않기 때문에 개인 투자자를 중심으로 거래되는 일이 많다. 그래서 주식1000 씨는 '개인의 투매가 일단락되면 그 이상의 하락은 한정적'이라고 생각한다.

주가가 대폭 조정된 동일본대지진 당시는 야마다 컨설팅 그룹, 고메효, 마무치 모터 세 종목을 중심으로 매수해 이익을 올렸다. 세 종목 모두 폭락으로 저평가도가 높

실천 메모

✓ '오른다'보다 '잘 내리지 않는다'를 의식하며 저평가를 중시한다.

✓ 순유동자산과 주가를 비교해 저평가인지 판단한다.

✓ 외국인이나 기관 투자자가 잘 투자하지 않는 소형주를 노린다.

2011년 3월, 동일본 대지진으로 하락할 때 '넷넷주'로 판단한 3종목을 매수

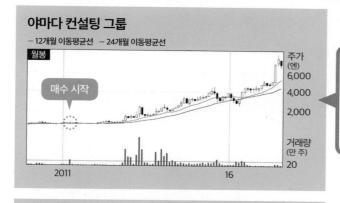

야마다 컨설팅 그룹
- 12개월 이동평균선 - 24개월 이동평균선

월봉

매수 시작

주가
(엔)
6,000
4,000
2,000

거래량
(만 주)
20

2011   16

경영 조언 등을 하
는 회사로, 지진과
는 상관관계가 작다
고 판단

고메효
- 12개월 이동평균선 - 24개월 이동평균선

월봉

매수 시작

주가
(엔)
3,000
2,000
1,000

거래량
(만 주)
50

2011   16

재고자산에 환금성
이 높은 금이 많아
'유사시의 안전자산'
으로서도 높이 평가

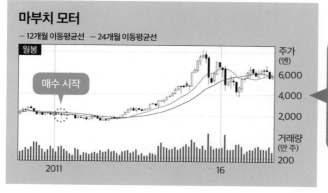

마부치 모터
- 12개월 이동평균선 - 24개월 이동평균선

월봉

매수 시작

주가
(엔)
6,000
4,000
2,000

거래량
(만 주)
200

2011   16

우량 대형주가 넷넷
주에 해당되는 일은
드물기 때문에 둘도
없는 기회

아져 넷넷주의 대상이 된 것은 매수 재료였다.

　해외 브랜드나 보석장신구 등의 중고매매 사업을 하는 고메효에 대해서는 넷넷주인지 판단할 때 약간 변형된 계산식으로 산출을 시도했다. 보통 소매업이 취급하는 재고자산은 환금이 어려워 유동자산으로 보지 않는다. 하지만 고메효의 재고 중에는 환금성이 높은 '금'이 많다는 데 주목했다. 그래서 이것도 유동자산의 일부로 생각하고 계산해보니 넷넷주에 해당됨을 알고 매수에 나섰다. 금은 '유사시의 안전자산'으로 평가받는다는 점도 고려했다.

자신감을 갖고 사려면
사전 공부가 중요하다.

우치다
마모루

자산관리사 자격을 보유한 전업
투자자로 장기적 관점의 역발상
투자가 특기이다. 폭락장이나 급
락한 '사연 있는 주식'에 주목한
다. 운용자산은 3억 엔 이상이다.

폭락 시의 자금 융통을 위한
비장의 수단을 여러 개 생각해놓는다

"큰 폭의 조정기에 주식을 살 수 있는 사람이 투자에 승리할 수 있다."

전업 투자자인 우치다 마모루 씨는 이렇게 말하며 폭락 국면에서 매수의 자세를
관철해왔다. 물론 지옥도 많이 경험했지만, 그만큼 배울 점도 많다.

우치다 씨는 주식시장 전체의 급락은 물론이고, 개별 종목이 분식회계 등의 불
상사로 하한가까지 하락하는 상황이 오면 즉시 매수한 뒤 반등을 노리는 기법을
반복해 자산을 3억 엔 이상으로 확대했다. 우치다 씨가 투자한 종목으로는 2011년
에 회계부정이 발각된 올림푸스, 2016년에 연비 데이터의 부정이 발각된 미쓰비시
자동차, 최근 분식결산으로 주가가 하락했던 도시바 등이 있다.

투자 스타일은 전형적인 역추세파이기 때문에 매수한 종목의 저평가도가 희석
된 시점에 일찌감치 이익을 실현하기 시작한다. 현재는 아베노믹스가 시작되기 전
후부터 사 모았던 종목을 서서히 현금화하고 있다. 한때 주식 100%의 풀 포지션이
었던 투자비율을 낮춰 운용자금의 40%를 현금으로 보유해 비교적 여유롭게 운용
하고 있다. 언제 대폭락이 찾아오더라도 매수에 나설 수 있는 상태다.

폭락 시의 자금 융통을 위한 '비장의 수단' 3단계

① 신용거래 활용

보유 주식을 담보로 레버리지 거래를 할 수 있는 신용거래다. 평소에는 절대 사용하지 않으며, 폭락의 기회에서만 활용한다.

② 보험상품 활용

현재 가입 중인 개인연금보험의 적립금을 활용한다. '계약대출'을 이용하면 적립금액의 90%까지 돈을 빌릴 수 있다.

③ 카드론 활용

회사원 시절에 여러 장 만들어놓았던 신용카드의 카드론을 활용한다. 다만 금리가 높기 때문에 어지간한 상황이 아니면 사용하지 않는다.

지금은 매수 자금에 여유가 있지만, 우치다 씨는 폭락장이 찾아왔을 때 매수에 활용할 자금이 부족하지 않도록 '그때' 취해야 할 행동을 항상 시뮬레이션한다. 이 것은 당장이라도 마련해놓아야 할 대책이다.

먼저 명심해야 할 점은 크게 하락했다 싶더라도 그곳이 대바닥이라고 생각하지 않는 것이다. 더 내려갈 가능성도 염두에 두고 몇 차례에 걸쳐 물타기 매수를 할 수 있도록 자금을 마련할 방법도 궁리해야 한다. 우치다 씨의 경우는 폭락이 일어 났을 때 주가의 부진이 길어질 것을 염두에 두고 3단계에 걸친 '비장의 수단'을 생 각해놓았다.

첫 번째 단계는 신용거래의 활용이다. 신용거래를 이용하면 현재의 보유 주식을 담보로 평가액의 약 3배까지 레버리지를 이용한 거래를 할 수 있다. 폭락 시에는 실적이 좋은 우량 종목이나 평소에는 고평가 상태여서 사기 어려운 인기 우대 종목이 할인판매를 하듯이 낮은 가격에 팔릴 때가 많다. 때문에 레버리지를 걸어서 이것을 최대한 사 모은다는 계획이다.

다만 우치다 씨에게 신용거래는 어디까지나 유사시에만 출동하는 특별부대 같은 것이다. 때문에 평상시에는 절대 손을 대지 않고 여유 있게 현물거래만 한다. 과거에는 레버리지를 활용한 신용거래를 자주 이용했다. 하지만 예기치 못한 폭락에 휘말려 자금이 부족해지는 바람에 거래에서 철수할 수밖에 없었다. 이런 상황을 경험한 뒤, 신용거래는 폭락 시에만 사용하는 옵션으로 남겨두기로 결정했다.

두 번째 비장의 수단은 신용거래를 최대한 활용해도 자금이 부족할 경우 현재 가입한 보험상품을 활용하는 것이다. 다만 이 수단은 상당한 유사시에만 사용하는 것으로 한정하며, 실제로 이 수단을 동원한 경우는 거의 없다. 현재 가입 중인 개인연금보험의 경우는 적립금액의 90%까지 대출을 받을 수 있다. 이것을 담보로 자금 부족을 방지해 거래에서 철수하지 않도록 조절한다. 그리고 저평가된 우량주가 있으면 과감하게 매수에 나설 생각이다.

One Point

보험 가입자가 이용할 수 있는
계약대출제도란?

생명보험이나 연금보험 등의 가입자는 보험을 해약하면 해약환급금을 받을 수 있는데, 이 것을 담보로 돈을 빌릴 수 있다. 이것이 계약대출제도다.
빌릴 수 있는 금액은 해약환급금의 70~90% 범위 내이며, 금리는 3~10%대이다. 보험회사나 가입한 보험의 종류에 따라 차이가 있다. 신청은 보험회사의 창구뿐만 아니라 인터넷에서도 가능하다. 실제로 자신의 계좌에 입금되기까지 어느 정도 시간이 걸리는지 파악해놓으면 당황하지 않고 이용할 수 있다. 만약 빌린 돈을 갚을 가능성이 없을 경우 보험 자체가 해약될 수도 있다.

**2016년 6월, 브렉시트 결정으로
폭락했을 때는 복수의 종목을 매수**

이시미쓰 상사

─ 13주 이동평균선 ─ 26주 이동평균선

주봉

추가 매수분
이익실현

추가 매수

주가
(엔)

400

350

300

거래량
(만 주)

10

2016/1   17/1   8

> 항상 역추세의 관점에서 기회를 노리며, 브렉시트 투표 전날 상당히 낮은 수준으로 지정가 주문을 해두었다.

세 번째 비장의 수단은 최악의 사태를 피하기 위한 최후의 보루에 가까운 방책으로, 카드론을 활용하는 방법이다. 다만 대출금리가 높기 때문에 현실적으로 이 수단을 이용할 일은 없을 것으로 생각하고 있다.

사실은 네 번째 비장의 수단도 생각해놓았지만, 어디까지나 머릿속으로 생각만 한 수준으로서 말하자면 부적과도 같은 존재라고 한다.

실천 메모

✔ 폭락 시에는 반드시 매수한다!
단, 사전 공부는 필수다.

✔ 매수 후 더 하락하면 계속해서
추가 매수한다.

✔ 신용거래는 폭락 시에만 이용하고,
평소에는 이용하지 않는다.

과거의 바닥권도 의식하며
줍는다

종목 선택의 관점에서는 "폭락 시에 지나치게 불안해지지 않도록 투자 기업의 실적과 재무 내용을 자세히 조사하는 것이 중요합니다"라고 강조한다. 자금 조달 방법을 생각해놓는 동시에 사고 싶은 종목의 조사도 사전에 진행하는 것이 필수라고 한다.

저평가주를 노리는 우치다 씨는 PER이나 PBR, 배당수익률, ROE 등의 기본적인 투자지표를 종합적으로 판단한다. 지금의 실적이 호조라면 주가가 이미 천장권에 있을 경우도 많다. 때문에 현재는 실적이 그다지 좋지 않지만 다음 분기 이후 호전될 것 같은 종목에 주목한다. 과거의 주가도 10년 전까지 거슬러 올라가서 확인하고, 그 사이에 기록했던 바닥권에서 사도록 의식한다.

언제나 역추세의 관점에서 기회를 노리는 우치다 씨는 2016년 6월의 브렉시트 투표일 전날에 다음 날 주가가 큰 폭으로 하락할 가능성이 있다고 보았다. 그리고 전부터 노리고 있었던 우대 종목에 지정가 주문을 설정해놓았다. 이 방법으로 저렴한 가격에 얻은 종목 중 하나가 커피원두를 도매하는 이시미쓰 상사다.

보유 주식의 수가 일정 이상이 되면 우대가 업그레이드되기 때문에 추가 매수의 기회를 노리고 있었던 종목이었다. 그리고 '이 정도라면 사도 괜찮다'는 수준에서 지정가 주문을 한 것이 브렉시트 결정에 따른 일시적 하락으로 거래가 성사되어 저평가된 가격에 획득할 수 있었다.

억대 투자자 4

철저히 절약해서 폭락에
강한 가계를 만든다.

오발주
(닉네임)

절약이 장기인 회사원 투자자.
리먼 브라더스 사태 이후로는 순
조롭게 운용자산을 확대해 2013
년에 '억대 투자자'에 입성했다.
아베노믹스 경기를 이용해 자산
을 2배로 만들었고, 현재의 금융
자산은 2억 7,000만 엔이다.

리먼 브라더스 사태의 실패를 교훈 삼아
평소부터 매매를 규칙화

오발주 씨의 리스크 관리법은 비교적 실천하기 쉬운 방법이다. 리먼 브라더스 사태로 자산이 크게 감소했던 쓰디쓴 경험을 교훈삼아 평소부터 유사시를 대비한다. 장기적인 관점에서는 추세추종, 단기적인 관점에서는 역추세의 발상으로 '공격'과 '수비'의 조화를 추구하고 있다.

먼저 큰 흐름으로써, 공격적인 투자를 해도 되는 시기인지 알기 위해 1년 동안의 장기 추세를 보여주는 52주(12개월) 이동평균선에 주목한다. 52주 이동평균선과 현재의 닛케이평균주가의 위치를 비교해서 주가가 더 위라면 강세, 아래라면 약세인 시기로 판단한다.

주가가 52주 이동평균선을 뚫고 내려가면 이때부터는 현금비율을 높인다. 주식시장의 상황에 따라서는 전체 자산의 30% 전후를 현금화하고 보수적으로 운용한다. 반대로 52주 이동평균선을 웃돌면 운용자산을 거의 총동원해 최대한 매수한다. 참고로 닛케이평균주가는 2016년 가을부터 52주 이동평균선을 뚫고 상승했으며, 현재(2017년)는 전체적으로 강세인 시기다.

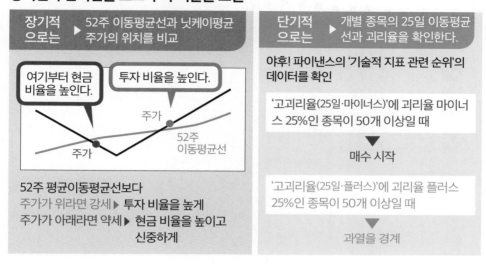

장기선과 단기선을 보고 투자 비율을 조절

장기적으로는 ▶ 52주 이동평균선과 닛케이평균 주가의 위치를 비교

여기부터 현금 비율을 높인다.

투자 비율을 높인다.

주가

52주 이동평균선

주가

52주 평균이동평균선보다
주가가 위라면 강세 ▶ 투자 비율을 높게
주가가 아래라면 약세 ▶ 현금 비율을 높이고 신중하게

단기적으로는 ▶ 개별 종목의 25일 이동평균 선과 괴리율을 확인한다.

야후! 파이낸스의 '기술적 지표 관련 순위'의 데이터를 확인

'고괴리율(25일·마이너스)'에 괴리율 마이너스 25%인 종목이 50개 이상일 때

▼

매수 시작

'고괴리율(25일·플러스)'에 괴리율 플러스 25%인 종목이 50개 이상일 때

▼

과열을 경계

상방 괴리 종목이 많으면 경계

한편 작은 흐름으로는 단기적인 관점에서 시장이 과열 상태가 아닌지 확인한다. 이 경우는 25일 이동평균선으로부터 상방 괴리된 종목의 수에 주목한다. 구체적으로는 야후! 파이낸스의 '기술적 지표 관련 순위'를 확인해 '고괴리율(25일 · 플러스)' 항목에 괴리율 플러스 25%인 종목(25일 이동평균선에서 25% 상방 괴리된 종목)이 50개 이상이면 단기적인 과열을 경계한다. 그리고 보유 종목의 이익실현을 검토해 현금 비율을 높게 조정한다.

큰 조정이 있으면 그때는 전력을 다해서 매수에 나선다. 하지만 평소에는 야후! 파이낸스의 정보를 보고 매수 여부를 판별한다. 매수 기회를 노릴 경우는 '고괴리율(25일 · 마이너스)'을 확인해 괴리율 마이너스 25%인 종목(25일 이동평균선에서 25% 하방 괴리된 종목)이 50개 이상일 때 주가가 필요 이상으로 하락했다고 생각될 때 매수에 나선다.

이때 실제로 사는 종목은 1년에 한 번, 가을에 작성하는 '승부 종목 리스트'에 오

실천 메모

✅ 폭락 시에 살 '승부 종목 리스트'를 사전에 작성한다.

✅ 평소부터 절약에 힘쓰고, 자산을 줄이지 않는 시스템을 구축한다.

✅ 현금을 여러 계좌에 나눠서 보관하고, 평소에는 잊어버린다.

른 종목이다. 야후! 파이낸스의 하방 괴리율이 높은 종목을 노리는 것이 아니며, 오발주 씨 자신이 사전에 주목하고 있던 실력파 저평가 종목을 매수한다.

아무리 자금관리를 규칙화하더라도 주식시장의 호조가 지속되면 자기도 모르게 주식의 비율을 높이고 싶은 충동에 사로잡힌다. 이럴 때 소중한 자산을 써버리지 않도록 은행과 증권계좌를 복수로 만들어 대응한다. 일부러 많은 계좌에 조금씩 나눠서 보관함으로써 자금을 많이 가지고 있다는 감각을 약화시킨다. 그리고 일일이 인출해서 사용하는 것이 귀찮게 느껴지도록 만드는 것이다. 이렇게 해서 평소에는 돈이 있다는 사실을 잊어버리도록 노력하고 있다.

쇼크가 발생했을 때의 행동 계획도 준비해놓았다.

테스타
(닉네임)

2005년에 투자를 시작한 이래 초단기 매매로 19억 엔이 넘는 이익을 올린 실력파 전업 투자자이다. 현재는 중장기를 아우르는 올라운드 투자로 자산을 확대 중이다.

쇼크는 언제든 일어난다.
일정액의 손실은 항상 각오

"앞으로 'ㅇㅇ 쇼크'라는 이름이 붙은 폭락은 반드시 일어납니다. 항상 그것을 전제로 거래해야 합니다."

이렇게 말하는 테스타 씨의 생각도 참고가 된다. 테스타 씨는 현재 주식투자로 약 19억 엔의 누계이익을 달성한 실력자다. 2005년에 주식투자를 시작한 이래 분초 단위의 거래로 이익을 쌓아나가는 '스캘핑'이라는 기법을 통해 자산을 10억 엔 이상으로 불렸다. 최근에는 REIT(부동산 투자신탁)나 고배당 종목에 대한 장기 투자, 펀더멘털을 고려한 중장기 투자 등의 비중도 높여서 복수의 시간축과 투자법을 이용하는 올라운드 투자자로 변신했다.

2017년 6월에는 닛케이평균주가가 2만 엔 전후를 오가는 횡보장에서 1개월 동안 2억 엔이 넘는 이익을 내 자신의 월간 최고 이익 기록을 2개월 연속 경신했다. 올라운더가 된 뒤로 점점 파워업하고 있다.

폭락 대책에서 본받을 부분은 자신의 보유 자산액을 보수적으로 추정하고 항상 안전한 투자 배분을 의식하며 거래한다는 점이다. 그의 운용자산은 약 15억 엔으로, 3배 이상의 레버리지를 걸 수 있는 신용거래를 최대한으로 이용한다면 45억 엔

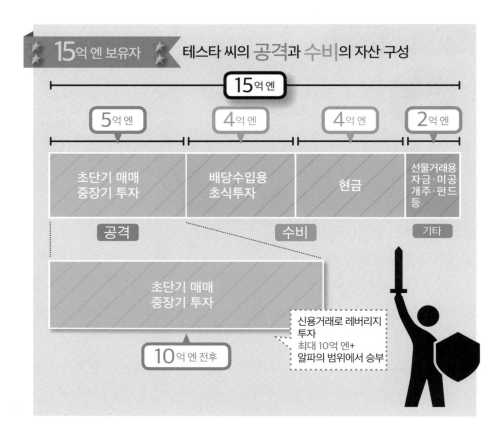

15억 엔 보유자 · 테스타 씨의 **공격**과 **수비**의 자산 구성

15억 엔

5억 엔	4억 엔	4억 엔	2억 엔
초단기 매매 중장기 투자	배당수입용 초식투자	현금	선물거래용 자금·미공개주·펀드 등

공격 / 수비 / 기타

초단기 매매 중장기 투자

10억 엔 전후

신용거래로 레버리지 투자
최대 10억 엔+
알파의 범위에서 승부

까지 거래할 수 있다. 그러나 리스크를 높이는 방법은 절대 사용하지 않는다. 투자를 시작할 무렵부터 "자산을 불리기보다 줄이지 않는 것이 중요하다"를 신조로 삼아온 테스타 씨는 투자의 규모가 현재 자산의 3분의 2를 초과하면 스스로 위험 신호로 느낀다고 한다.

또한 '○○ 쇼크'는 언제나 찾아올 수 있다고 생각하며, 그럴 경우 2억 엔 정도는 잃을 각오도 하고 있다. 그래서 실제로 그렇게 되었을 때 실망하지 않도록 실질적인 자산액을 현재의 평가액보다 2억 엔 적은 13억 엔 정도로 인식하고 있으며, 그에 맞춰 리스크를 관리하고 있다.

현재는 운용자금 15억 엔 가운데 단기 투자를 포함해 비교적 공격적인 거래에 사용할 자금으로 5억 엔을 할당했다. 이것을 증거금으로 레버리지를 걸어서 최대 10억 엔 전후의 자금으로 매매하고 있다. 이 정도의 규모라면 설령 '○○ 쇼크'가 찾아와서 닛케이평균주가가 1만 3,000엔 정도까지 추락해도 파산의 리스크는 없을 것으로 예상하고 있다. 물론 보유 자산액

실천 메모

✓ 폭락을 염두에 두고 자산의 3분의 2가 넘는 규모의 투자는 하지 않는다.

✓ 순자산은 실제 보유 자산액보다 적다고 인식한다.

✓ 유사시에 해야 할 행동을 사전에 시뮬레이션한다.

이 늘어나면 그에 맞춰서 투자 자산도 늘릴 예정이다.

자산의 성질별로 계획을 작성한다

정말로 ○○쇼크가 발생했을 때 어떤 행동을 할지 대략적인 계획을 세워놓은 것도 본받을 점이다. 먼저 해야 할 일은 쇼크의 원인을 분석하는 것이다. 한정된 지역에서 일어난 재해 등 비교적 짧은 기간에 회복이 가능한 쇼크인지, 아니면 리먼 브라더스 사태처럼 세계적인 신용 불안을 유발해 장기화가 우려되는 쇼크인지, 그리고 그 진원지가 어디인지 등을 생각한다. 그 내용에 따라 현재 보유한 종목 중 무엇을 남기고, 무엇을 처분할지 판별하는 것이 기본 방침이라고 한다.

데이트레이딩 등의 단기 매매는 무조건 즉시 마무리한다. 폭락 시에는 하루의 가격 변동이 쉽게 극심해지기 때문이다. 이것을 기회로 보고 적극적으로 단기 매매에 나서는 투자자도 많지만, 테스타 씨는 "그 타이밍에 무리할 필요는 없습니다. 폭락 시의 거래는 평소의 거래와 질이 다른데, 그 거래에서 큰 손해를 보면 감각이 엉망이 될 위험성이 있지요"라며 활발한 거래는 삼간다.

중장기 투자의 경우는 쇼크의 원인에 따라서 종목을 취사선택한다. 만약 판단이 서지 않는다면 일단 전부 처분한 뒤 그 돈으로 정말 사고 싶은 종목을 사들일 생각

이라고 한다.

닛케이평균주가가 1만 엔을 위협할 만큼 대폭 조정되는 사태가 일어날 것도 예상하고, 그때가 와도 당황하지 않도록 마음의 준비를 하고 있다. 냉정하게 배당수익이 높은 REIT나 재무 체질이 튼튼한 고배당 종목 등 장기적으로 안정된 수입을 기대할 수 있는 종목을 차분하게 사들인다는 계획이다. 폭락 속도가 너무 빠르다면 중장기 투자 작전을 짜는 동시에, 선물을 매도해서 당장의 손실이 확대되는 것을 막을 생각도 하고 있다.

폭락이 찾아온다면?
지금 생각하고 있는 행동 시나리오

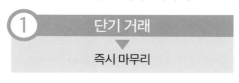

① 단기 거래

즉시 마무리

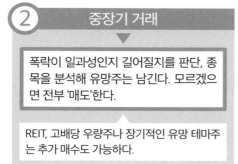

② 중장기 거래

폭락이 일과성인지 길어질지를 판단, 종목을 분석해 유망주는 남긴다. 모르겠으면 전부 '매도'한다.

REIT, 고배당 우량주나 장기적인 유망 테마주는 추가 매수도 가능하다.

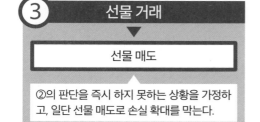

③ 선물 거래

선물 매도

②의 판단을 즉시 하지 못하는 상황을 가정하고, 일단 선물 매도로 손실 확대를 막는다.

2016년 6월의 브렉시트 쇼크 때는 투표일 전날 낙관적인 분위기가 퍼졌던 것을 경계해 '기대한 결과가 나오지 않았을 경우의 큰 손실을 메우는 것이 중요하다'고 생각하고 미리 선물을 매도함으로써 결과적으로 이익을 획득할 수 있었다.

테스타 씨의 폭락에 대한 마음가짐을 들으면 리스크 관리의 측면에서도 상당히 경험이 풍부하다는 느낌을 받는다. 그러나 사실 폭락에 대한 리스크 관리를 의식하기 시작한 것은 올라운더로 변신한 최근부터라고 한다. 초단기 매매만 하던 시절에는 그날 중에 거래를 마무리하는 까닭에 리스크를 다음 날로 가져갈 일이 없었던 것이다. "사실은 장기 투자가 될수록 리스크 관리가 중요해집니다"라고 말하며, 앞으로 한층 주의를 기울일 생각이라고 한다.

개인이 '소세이 그룹'의 최대주주

고미 다이스케

"저는 과거의 매수가격은 전혀 신경 쓰지 않습니다. 주가
가 올랐더라도 더 오를 것이라고 생각하면 추가 매수하고,
어느 수준에 이르면 일부를 줄여서 현금화합니다. 특히 경
호온라인 엔터테인먼트 투자에서 성공한 뒤부터 주가에
맞춰서 포지션을 조정하고 있습니다. 시가총액의 경우는
동종 업계의 다른 기업이나 업종이라도 성장성이 비슷한
기업과 비교해서 현재와 미래의 주가 수준을 볼 때 참고
자료로 삼습니다."

—《일본 주식시장의 승부사들 I》중에서

투자에 성공하기 위해서는 크게 잃지 않는 것이 중요하다. "이유 없는 실패는 없다"라는 말이 있다.
억대 투자자들의 실패 사례를 통해 실패를 줄이고 승률을 높일 방법을 배우자.

뼈아픈
실패에서 배운다

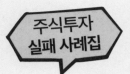
주식투자
실패 사례집

억대 투자자를 성공으로
이끈 실패 경험

성공적인 투자로 억대의 자산을 축적한 실력자들도 쓰디쓴
실패의 경험을 갖고 있다. 그들에게 훗날의 성공으로 이어진
귀중한 '실패'의 이야기를 들어보자.

잘못된 판단

실패
1

우대 수익률에 정신이 팔려 조사가 허술했다

북의 가족 & 케이비 두 회사 모두 현재는 상장폐지   수업료 ▶ 약 170만 엔

억대 투자자

우치다 마모루

자산관리사 자격을 보유한 전업 투자자로 장기적인 관점의 역발상 투자가 장기이다. 폭락장이나 급락한 '사연 있는 주식'에 주목한다. 운용자산은 3억 엔 이상이다.

실패의 원인

❶ 우대에 정신이 팔려 검토가 허술했다.

❷ 주가가 하락했음에도 우대의 매력을 과신했다.

❸ 점포의 조사를 미뤘다.

"점포를 찾아가 보는 것이 뭐가 어렵다고…. 투자 전에 관찰했어야 했습니다."

꼼꼼하게 기업을 연구해 중·장기적인 주가 상승 이익을 노리는 우치다 마모루 씨는 투자한 기업이 계속해서 도산한 쓰디쓴 경험을 갖고 있다. 특히 우대 수익률에 매료되어서 산 주점 체인 북의 가족은 결국 한 번도 우대 혜택을 받지 못한 채 도산했다. 역시 도산한 회사 케이비까지 포함하면 약 170만 엔이나 되는 투자 자금을 허무하게 날렸다. 전업 투자자로 변신한 직후의 우치다 씨에게는 뼈아픈 손실이었지만, 이 실패는 많은 교훈을 준 귀중한 경험이 되었다.

가장 후회되는 점은 투자할 때 점포의 관찰을 게을리 했던 것이다. 한 번 정도는 직접 점포에 가서 음식의 맛이나 손님의 반응을 확인했어야 했다.

북의 가족의 우대 내용은 매년 3만 엔(보유 주식의 수를 늘리면 5만 엔)의 가치가 있는 식사권 제공으로, 수익률로 환산하면 상당히 매력적이었다. 실적이 좋은 편은 아니어서 매수 후에도 주가가 계속 하락했지만, 높은 우대 수익률에 마음을 빼앗긴 탓에 낙관적으로 판단하고 말았다. 우대 권리 확정일이 다가오면 상승할 것이라는 생각에 물타기 매수도 했다.

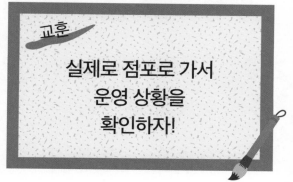

교훈

실제로 점포로 가서
운영 상황을
확인하자!

그러나 주가 하락은 멈추지 않았다. '권리 확정일이 다가오고 있는데 왜 이러지? 뭔가 이상한데?'라는 생각에 드디어 직접 점포를 찾아가 본 우치다 씨는 비로소 자신의 투자가 실패했음을 깨달았다. 유동인구가 많은 토요일에, 그것도 도쿄 시부야의 중심이라는 좋은 입지에 자리하고 있음에도 파리만 날리고 있었던 것이다.

결국 얼마 후 회사는 도산했고, 우치다 씨는 큰돈을 잃었다. 실적 분석과 점포 조사를 게을리 하면 이런 큰 대가를 치를 수도 있음을 통감한 실패였다.

함께 도산한 케이비는 냉동식품을 북의 가족에 납품하는 회사였다. 케이비는 저평가 상태여서 주가 상승을 노릴 수 있다고 생각했다. 그래서 도산 자체도 놀라웠지만, 우치다 씨에게 더 큰 충격을 준 것은 회사가 분식결산을 하고 있었다는 것이다. 나중에 알게 된 사실이지만, 매출액을 실제보다 10배로 부풀려서 적자를 흑자로 둔갑시켰던 것이다. 확률은 낮지만 감사법인이 승인한 결산서에도 부정이 있을 수 있음을 깨달았다.

이후 우치다 씨는 회계에 관한 기초 지식을 쌓았고, 결산서를 볼 때 흑자라고 해서 방심하지 않기로 했다. 또한 조작이 가능한 매출액이나 이익보다 현금흐름이나 현금 잔액 등을 중시하며 분석하고 있다.

실패 2 회사를 설립한 경영자가 교체된 것을 간과했다

타스코 시스템 현재는 상장폐지 　　　　　수업료 ▶ 약 100만 엔

투자한 회사가 도산한 쓰라린 경험은 또 있다. 메밀국수 주점 '기타마에소바 다카다야'로 친숙한 타스코 시스템도 그중 하나다.

타스코 시스템에 투자하기 시작한 때는 2004년경으로, 이것도 매력적인 주주우대가 계기였다. 한때는 점포가 100개를 돌파할 정도로 성장했다. 하지만 급격한 확대로 서비스의 질이 저하되어 고객이 이탈하면서 실적이 악화되었다.

2008년에는 채무 초과로 상장폐지되었고, 2016년에는 도산에 몰렸다. 우치다 씨는 우대품으로 식사권을 받아왔지만 그것을 감안한다고 해도 100만 엔 정도의 손실을 입었다.

이 실패에서 얻은 가장 큰 교훈은 "회사를 세우고 성장시킨 일대 代 카리스마 경영자가 교체되었을 때는 주의해야 한다"는 것이었다. 타스코 시스템은 다카다 다카히사 사장이 창업해 규모를 키운 회사다.

"다카다 사장의 시대에 이미 경영이 어려워지고 있었다고는 하지만, 그분이 경

영에서 물러난 시점에서는 좀 더
위기감을 느껴야 했습니다"라고
우치다 씨는 회상했다. 카리스마
가 넘치는 실력파 사장인 다카다
씨가 퇴임한 뒤 경영은 더욱 어려
워졌고, 주가는 끝없이 추락했다.

이후 우치다 씨는 보유 종목의

교훈

후임 경영자가
수준 미달은 아닌지
의심하라!

주주총회에 적극적으로 참석하고 있다. 사장은 물론이고, 사장을 보좌하는 경영진
과 차기 사장 후보로 여겨지는 인물의 경영 실력도 주시하고 있다.

실패 3

교묘한 프레젠테이션에 넘어가 조사를
소홀히 한 채 성급하게 매수했다

Now Loading 현재는 상장폐지

수업료 ▶ 약 700만 엔

억대 투자자

아일(닉네임)

전업 투자자로 소매업이나 외식 등 주변의 서비
스업에 주목, 집중투자하는 저평가·성장주 투자
자이다. 중·장기적으로 주가 상승을 노린다. 운용
자산은 약 3억 엔이다.

실패의 원인

1. 이익을 낸 직후여서 방심했다.
2. 사장의 프레젠테이션을 과신했다.
3. 판단 재료가 부족한 상태에서 성급
하게 샀다.

중장기적인 관점에서 저평가 성장주에 투자하는 아일 씨는 투자한 기업의 점포,
주주총회, IR 이벤트 등을 적극적으로 찾아다니며 열심히 기업을 연구하는 현장
주의 투자자다. 유망하다고 생각하는 기업이 있으면 처음에는 소량을 시험 매수하
고, 그 후 주주총회 등에 참석하면서 경영 상태를 계속 확인한다. 그래서 유망하다

는 생각이 더욱 강해지면 추가 매수한다. 이런 지속적인 관찰이 중요함을 통감한 계기는 12년 전에 열린 '나고야증권거래소 IR EXPO'에서 발굴한 기업에 투자했다가 실패한 뼈아픈 경험 때문이었다.

'이런 놀라운 기업이 있었다니!' 지금도 잊히지 않는 2005년 7월, 아일 씨는 엑스포의 기업 소개 부스에 처음 참가한 Now Loading(나우로딩)에 완전히 매료되었다. 그리고 금요일과 토요일 이틀에 걸쳐 개최된 엑스포가 끝난 뒤 찾아온 첫 영업일인 월요일에 즉시 매수를 단행했다.

광고업이 주력인 이 기업은 당시 불과 1개월 전에 상장되었는데, 사장의 기업 프레젠테이션에서 상당한 성장 가능성이 느껴졌고 투자자로서 매료되었다. 그런데 매력적으로 느꼈던 사장의 프레젠테이션은 사실 빛 좋은 개살구였다. 그 후 실적

Now Loading의 주가는 계속 하락했다

은 하락곡선을 그렸고, 그와 함께 주가도 하락세를 면치 못했다. 결국 눈물을 삼키며 손절매를 했는데, 이로 인한 손실액은 무려 700만 엔에 이르렀다.

"저는 장기 투자 스타일이기 때문에 성급하게 사지 말고 반년에서 1년 정도는 사장의 발언이 실적에 제대로 반영되고 있는지 지켜봐야 했습니다."

이때의 교훈에서 아일 씨는 어느 정도 기간을 두고 기업을 관찰한 다음 본격적인 매수에 나서고 있다. 특히 기업 소개 프

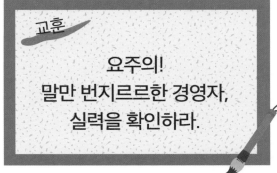

교훈

요주의!
말만 번지르르한 경영자,
실력을 확인하라.

레젠테이션을 볼 때는 화술이나 분위기에 넘어가지 않도록 주의한다. 너무 솔깃한 이야기를 들으면 오히려 경계심마저 품게 되었다고 한다.

이 실패의 원인 중 하나는 자신의 투자 판단이 적중해 큰 이익을 낸 게오(현재는 게오홀딩스)의 성공으로 자만했던 것이라는 분석도 했다. 이익실현 직후여서 자금도 풍부했기 때문에 정신이 해이해져 있었다고 반성하고, 훗날을 위한 교훈으로 삼았다.

그리고 이 경험을 살려서 투자한 것이 다음해인 2006년에 같은 엑스포에서 발견한 티아다. 매년 주주총회에도 참석하며 충분히 관찰한 끝에 투자했는데, 이번에는 착실하게 이익을 내고 있다.

실패 4 · 인터넷 게시판의 헛소문에 속았다

세가 현재는 세가사미 홀딩스

수업료 ▶ 약 400만 엔

'투자로 이익을 낸 뒤일수록 신중하게'라는 교훈을 얻은 실패담으로는 2000년에 투자했던 세가의 예도 있다. 이때는 10배 상승주가 된 패스트리테일링의 투자가 성공한 뒤여서 큰돈이 수중에 들어와 우쭐해진 상태였다.

세가의 투자에서 저지른 잘못은 인터넷에 올라온 헛소문을 믿고 공격적으로 매수한 것이었다. 당시는 야후! 파이낸스 등의 종목 데이터 페이지에 투자자가 글을 쓸 수 있는 게시판이 활성화되어 있었다. 아일 씨는 한 사이트의 세가 게시판에서 '실적 부진으로 가정용 게임기 시장에서 철수한 세가를 미국 마이크로소프트가 인수해 재건하려 한다'라는 글을 발견했다.

'지금 이 문제를 결정하기 위해 임원회의가 시작되었다' 등 현장감이 넘치는 내용에 그 정보가 진짜라고 믿어버린 아일 씨는 즉시 세가의 주식을 매수했다.

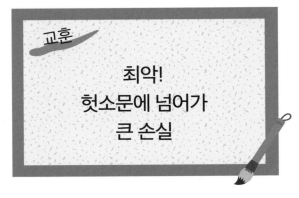

교훈

최악!
헛소문에 넘어가
큰 손실

그리고 대역전을 기대했다. 하지만 아무리 기다려도 인수 발표 소식은 들리지 않았고, 그것이 헛소문이었음을 깨달았을 때는 이미 늦어버린 뒤였다. 신용거래로 샀던 탓에 주식이 하락하는 와중에도 상환을 할 수밖에 없었고, 결국 손실액이 약 400만 엔에 이르는 대참사로 막을 내렸다.

이 실패를 교훈 삼아 아일 씨는 트위터 등의 정보를 그대로 믿지 않고 자신의 조사를 중시하게 되었다. 지금은 자신의 눈으로 직접 보고 경영 상황을 관찰할 수 있는 회사에 집중적으로 투자하고 있다.

영업사원의 호언장담을 그대로 믿어버렸다

실패 5

영업사원에게 추천받은 종목

수업료 ▶ 약 100만 엔

마쓰노스케(닉네임)

금융기관에서 일하는 겸업 투자자로 투자 경력은 10년이다. 우대주 투자, 도쿄증권거래소 1부 승격 종목 선행투자 등의 이벤트 투자를 비롯한 폭넓은 기법을 통해 운용자산을 1억 엔 이상으로 확대했다. 'The Goal' 사이트에서 정보를 발신하고 있다.

억대 투자자

회사원인 마쓰노스케 씨는 주주우대 권리 확정일이나 1부 승격주 선행투자 등의 이벤트 투자부터 펀더멘털을 고려한 중장기 투자까지 폭넓게 구사하는 겸업 투자자다. 투자 실패 경험의 대부분은 후반에 소개할 오발주 관련이지만, 그중에는 안일한 투자 판단으로 100만 엔에 이르는 손실을 초래한 쓰디쓴 경험도 있다.

마쓰노스케 씨가 저지른 잘못은 증권회사 영업사원이 권하는 종목을 제대로 조사해보지도 않은 채 대량으로 매수해버린 것이었다. 평소에 친분이 있는 믿을 만한 담당자가 자신만만하게 이 종목이 유망하다며 권유하자 한 번에 1,000만 엔이나 되는 자금을 쏟아 붓고 말았다.

냉정하게 생각했다면 그랬을 리가 없지만, 너무나도 자신 있게 추천하는 모습을 보면서 주가 상승으로 이어질 내부정보를 갖고 있는 것이 아닌가 하는 기대를 품었다고 한다.

그러나 이후 그 영업사원도 예상하지 못했던 악재가 보도되면서 주가는 크게 하락했고, 마쓰노스케 씨의 손실액도 불어났다. 충격적인 경험이었지만, 마쓰노스케 씨는 이것도 투자력을 높이기 위한 수업료였다고 긍정적으로 받아들였다. 그리고 이후로는 아무리 저명하고 실력 있는 사람의 의견이라도 무작정 받아들이지 않고, 자신의 머리로 충분히 생각하려고 노력한다.

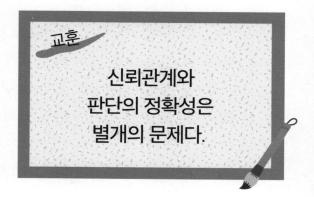

교훈

신뢰관계와
판단의 정확성은
별개의 문제다.

IT 버블에 기고만장해져 무턱대고 사들였다

미국 IT 관련주

수업료 ▶ 약 300만 엔

유나기(닉네임)

30만 엔으로 시작해 자산을 억대로 불린 실력자로 투자 경력은 약 17년이다. 현재는 전업 투자자로 이벤트 투자가 장기이다.

억대 투자자

실패의 원인

1 버블인 줄 모르고 자신의 실력이라고 과신했다.

2 전문가의 '조만간 회복된다'는 말을 그대로 믿었다.

3 공부와 경험이 부족함에도 공격적으로 매수했다.

유나기 씨는 신고가를 돌파한 타이밍에 매수를 개시해 추세추종 전략으로 이익을 쌓아나가고 있다. 의도와 달리 주가가 하락하면 손절매를 감행해 손실을 억제한다. 이와 같이 '손절매 도사'가 될 수 있었던 데는 투자를 시작한 지 얼마 안 되었을 무렵에 미국에서 맛본 쓰디쓴 경험 때문이었다.

IT 버블기였던 당시 유나기 씨는 회사원으로서 미국에 부임 중이었는데, 그곳에서 산 미국 아마존닷컴 등 IT 관련주가 연일 크게 상승하며 투자 1년 차에 자산을 배로 불리는 쾌조의 스타트를 보였다. 그리고 너무나도 큰 성공에 '나는 투자의 천재였는지도…'라며 기고만장해져 IT 관련주를 계속 사들였다.

그러나 버블이 붕괴되자 그때까지 쌓아올렸던 자산도 순식간에 거품처럼 사라졌다. 고가권에서 추가 매수했던 분량이 폭탄이 되어서 운용자산의 대부분을 잃은 것이다. 지금 생각해보면 이른 단계에 손절매를 했어야 했다. 하지만 경제방송에 나온 애널리스트가 다음 분기가 되면 실적이 회복될 것이라

교훈

차트는 정직하다. 손절매를 주저하지 마라!

며 낙관적으로 전망하자 그것을
무작정 믿은 것이 잘못이었다.
물론 '나는 투자의 천재야'라는
자만심도 올바른 판단을 방해했
다고 한다.

이 경험에서 유나기 씨는 '현
재의 사실'로서 시장참가자의 심
리가 집약되어 있는 주가 차트의
중요성을 다시 한번 인식하게 됐
다. 그리고 차트가 하락 추세로
전환되어 자신이 생각하는 매도
신호가 떴다면 과감하게 손절매
한다는 규칙을 철저히 지키고 있
다. 그 덕분에 리먼 브라더스 사
태 때는 거의 손실이 없는 상태
로 빠져나올 수 있었다고 한다.

아일 씨도 스퀘어(현재는 스퀘
어에닉스 홀딩스)에 투자했다가 IT
버블의 붕괴로 비슷한 실패를 경
험했다. 그 뒤로는 어떤 종목이

지나치게 급등하면 일부를 매도하고 상황을 지켜보는 식으로 대응하게 되었다.

버블에 대응하기 위해서는 주식시장이 축제 분위기일 때 냉정하게 이익을 실현
하는 것도 중요하다.

'10배 상승주'를 달성하고 싶은 욕심에 매도 타이밍을 놓쳤다

실패 7

아큐셀라 현재는 구보타제약 홀딩스

수업료 ▶ 약 7,000만 엔

도리데미나미 (닉네임)

IT기업 근무. 증권계좌의 패스워드를 다섯 번 이상 잊어버린 자칭 초장기 투자다. 지금은 보기드문(!?) 올드 스타일의 투자 기법을 고집한다. 2017년에 '억대 투자자'에 입성하다.

억대 투자자

실패의 원인

1. 최초의 '10배 상승주' 달성이 가까워지자 판단이 안일해졌다.

2. 연일 자산이 불어나자 마음이 들떴다.

3. 이익실현 규칙 등 계획이 없었다.

"집 한 채 값을 날린 셈이지요."

도리데미나미 씨는 주가가 단기간에 10배까지 올랐다 싶더니 순식간에 급락한 아큐셀라의 투자로 실패를 맛봤다. 주가가 낮았을 때 사들였던 덕분에 손실은 면했지만, 최고가를 기준으로 생각하면 놓친 이익은 약 7,000만 엔에 이른다. 투자 동료들이 이 일을 가지고 놀릴 때마다 씁쓸함을 감출 수가 없다고 한다.

목표였던 자산 1억 엔이라는 정상에 도달하는가 싶었지만, 주가의 급락과 함께

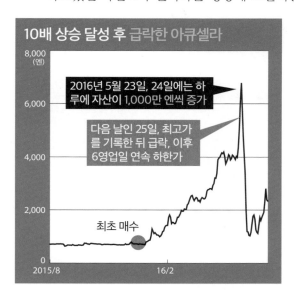

10배 상승 달성 후 급락한 아큐셀라

2016년 5월 23일, 24일에는 하루에 자산이 1,000만 엔씩 증가

다음 날인 25일, 최고가를 기록한 뒤 급락, 이후 6영업일 연속 하한가

최초 매수

굴러 떨어졌다. 도리데미나미 씨는 그때를 되돌아보면서 "지금 생각해보면 주가가 과열 기미를 보인다고 느꼈을 때 냉정하게 이익을 실현했어야 했습니다"라고 말했다

도리데미나미 씨가 아큐셀라의 주식을 처음 매수한 시기는 2015년으로, 운용자산이 9,000만 엔에 도달해 '억대 투자자'를 눈앞에 뒀

302

을 때였다. 동료의 소개로 알게 된 아큐셀라는 2014년의 IPO로 시초가 2,300엔을 기록한 뒤 경영자의 집안싸움 등의 문제로 저평가인 채 방치되고 있었다. 하지만 아큐셀라는 노인성 황반변성증이라는 안과질환의 치료약을 개발 중이었

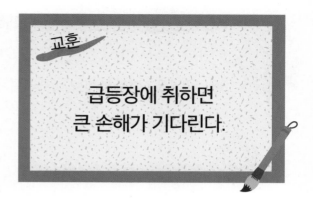

교훈

급등장에 취하면 큰 손해가 기다린다.

는데, 그 시장의 규모가 크고 유사한 약이 없다는 점에서 큰 기대를 품고 1만 주 이상을 매수했다.

그런데 매수 직후부터 아큐셀라의 주식이 급상승하더니 3개월도 되지 않아 투자액이 배로 불어났다. '여기부터는 고평가 수준이 아닐까?'라고 느낀 뒤에도 상승세는 멈추지 않았고, 급락 전인 2016년 5월 23일과 24일에는 하루에 자산이 1,000만 엔이나 증가했다.

그런데 다음 날인 25일, 주가가 최고가인 7,700엔을 기록한 뒤 급락하기 시작했다. 그리고 다음 날 아침에 개발 중인 약에서 유의미한 효과가 발견되지 않았다는 발표가 나오면서 6영업일 연속으로 하한가를 기록하는 사태가 벌어졌다. 주가는 단숨에 최고가의 7분의 1까지 급락했고, 동시에 도리데미나미 씨의 평가이익 7,000만 엔도 허공으로 사라졌다. 도리데미나미 씨는 "지금 생각해보면 억대 투자자 달성에 이어 '10배 상승주도 달성하고 있다'는 욕심이 생기는 바람에 이익실현이 늦어진 것이었습니다"라고 후회했다.

이 쓰디쓴 경험에서 현재는 포트폴리오의 자산배분을 수시로 조정한다는 규칙을 세워놓았다. 한 종목이 자산 전체의 20%를 넘기면 초과분을 매도해 이익을 실현한다는 규칙을 정했고, 이후 철저히 지키고 있다.

실패 8

리스크 관리에 소홀한 채 레버리지 2배를 걸었다가 지진으로 자산을 크게 잃었다

3월 우대 & 《회사사계보》 유망 종목

수업료 ▶ 자산의 30%

유나기(닉네임)

실패의 원인

1. 주식시장이 강세인 시기였던 탓에 방심했다.
2. 유사시를 대비한 준비가 부족했다.
3. 주식시장에 '설마'가 일어날 수 있음을 간과했다.

손절매를 철저히 하며 역추세 전략으로 성공적으로 투자해온 유나기 씨도 주식시장의 '설마'에 호되게 당한 경험이 있다. 바로 2011년 3월에 발생한 동일본 대지진의 영향으로 주식시장이 크게 하락했을 때다.

아노말리의 관점에서 보면 3월의 주주우대 권리 확정일을 전후한 봄 시즌에는 주식시장이 호조를 띤다. 그래서 유나기 씨는 신용거래를 이용해 레버리지 2배라는 공격적인 투자를 했다. 그런데 동일본 대지진이라는 돌발적인 사건으로 주식시장이 대폭락했다. 그리고 이것이 역효과를 내서 자산의 감소 규모가 확대되었다. 순식간에 운용자산의 30%가 사라진 것이다.

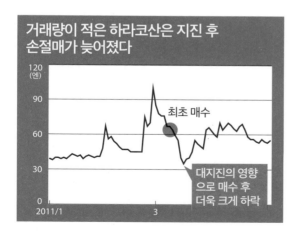

거래량이 적은 하라코산은 지진 후 손절매가 늦어졌다

120(엔)
90
최초 매수
60
30
대지진의 영향으로 매수 후 더욱 크게 하락
0
2011/1   3

당시 유나기 씨는 오리엔탈랜드와 콜로와이드 등 주로 3월 우대 종목을 공격적으로 매수했다. 아울러 당시는 《회사사계보》에서 호실적 공표가 예상되는 종목을 미리 사놓는 '사계보 선행 매수'가 통용되던 시기였다. 마침 발매일이 지진 발생일과 비슷했던 까닭에 이에 맞춰서 유망 종목도 대량으로 매수해놓았다.

게다가 엎친 데 덮친 격으로 당시는 크게 하락한 종목을 기계적으로 매수하는 역추세 투자도 하고 있었다. 예를 들어 하라코산 등은 지진 발생 직전에 연일 크게 하

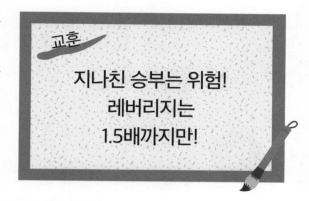

교훈

지나친 승부는 위험!
레버리지는
1.5배까지만!

락하고 있었는데, 이런 종목을 몇 개 보유하고 있었다.

물론 이때도 손절매를 단행하지 않았던 것은 아니다. 그럼에도 손실이 커진 이유는 너무나도 갑작스러운 주가 폭락에 대응이 늦어졌고, 거래량이 적은 종목이 하한가를 기록하는 바람에 팔고 싶어도 팔 수 없는 상황이 되어버렸기 때문이다. 앞에서 언급한 하라코산 등이 무거운 짐이 되었다.

결과적으로는 지진에 따른 대폭락을 대바닥으로 주가는 반등했지만, 유나기 씨는 유사시가 되면 재빨리 손절매를 해서 현금화해야 한다고 생각한다. 현금이 남아 있으면 다시 유망주를 골라서 매수할 수 있고, 어떤 상황에서나 어떤 형태로든 대책을 세우기가 용이하기 때문이다.

이 쓰디쓴 경험을 교훈 삼아 이후에는 레버리지의 상한선을 최대 1.5배까지로 억제하고, 1배 이상으로 승부할 때는 폭락 시 즉시 대응할 수 있는 태세를 갖추기로 했다. 선물의 공매도나 주식시장이 하락했을 때 이익이 나는 옵션거래 등이다.

주식시장이 호조일 때는 리스크 관리에 소홀해지기 쉬운데, 이 체험담을 참고로 항상 '설마'가 일어날 것을 염두에 두면서 투자에 임해야 한다.

실패 9 주목한 포인트는 옳았지만 함정이 숨어 있었다

아스라포트 다이닝

수업료 ▶ 약 500만 엔

B코미(닉네임)

증권회사 딜러, 보험회사 펀드매니저를 경험했고, 데이트레이딩부터 중·장기 투자까지 폭넓은 투자법을 구사한다. 현재는 투자 지도 등을 하는 회사의 경영자로도 활약 중이다. 운용자산 약 1억 5,000만 엔이다.

억대 투자자

만회 종목 선택 포인트

✔ 경쟁력이 낮은 중소 식품 업계의 성장 여지는 크다.

✔ 주가에 엄격한 눈을 가진 사람이 최고 경영자이다.

✔ 실패했던 원인을 보완하는 조건이 갖춰져 있다.

금융기관에서 딜러와 펀드매니저를 경험한 B코미 씨는 데이트레이딩부터 중장기 투자까지 폭넓게 소화해내는 실력파 개인 투자자로, 투자스쿨의 강사도 맡고 있다. 종목을 선택할 때 거시경제적인 시점을 개별 종목에 적용하는 스타일로, 먼저 장기적으로 추진되는 국책사업, 수명이 긴 테마가 무엇인지 생각한다.

이런 프로세스를 거치는 가운데 주목했던 것이 적극적으로 M&A를 실시하며 효율적으로 사업을 전개하는 기업군이었다. 특히 후계자 부족이나 설비의 노후화 같은 문제로 이익이 증가하지 않는 등의 구조적인 문제점을 안고 있는 중소 식품기업을 인수해 사업을 확대하고 있는 기업이 투자 가치가 높다고 생각해 몰래 주목하고 있었다.

아스라포트 다이닝의 경우, 기본적으로 이 종목을 선택한 이유 자체는 문제가 없었다. 하지만 생각지 못한 함정이 숨어 있었다. 당초 B코미 씨는 M&A에 적극적인 이 회사가 인수의 상승 효과로 매출이 3배, 이익도 3배가 될 것이라고 예상했다. 그런데 이익이 기대대로 증가하지 않았고, 주가도 부진이 계속되었다. 이에 원인을 조사해본 B코미 씨는 비상장 기업인 모회사가 인수 후 기업 재생에 직접 관여해 이익의 대부분을 가져가고 있다는 사실을 알게 되었다. 결국 이익이 증가하지 않으면 주가 상승은 없다고 판단하고, 주가가 상승하지 않는 종목에 자금을 묵혀

두는 사태를 피하기 위해 조기에 손절을 단행했다.

실패로 끝난 투자를 만회하기 위해 다음으로 선택한 종목은 요시무라 푸드 홀딩스로, 역시 중소 식품 업계에서 M&A를 실시하는 기업이다. 실패의 교훈을 살려서 이번에는 그 기업이 직접 재생을 담당하고 그 이익을 가져가는 시스템인지 주의 깊게 확인한 뒤 매수했다. 그리고 매수 후의 주가는 예상대로 견고한 추이를 보였다.

투자가 실패한 요인을 분석해서 개선함으로써 B코미 씨

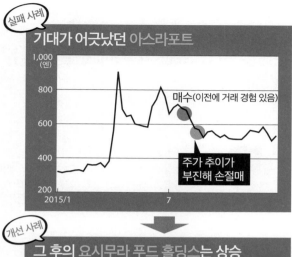

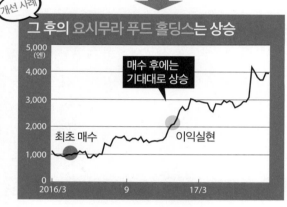

는 한 단계 성장할 수 있었다. B코미 씨는 성공 사례의 응용과 실패 요인의 개선을 반복함으로써 투자 기술을 끌어올려야 한다고 주장한다.

잘 모르는 분야에 손을 댔다가 기회를 놓쳤다

실패 10

해외 자산으로 전환

수업료 ▶ 기회 손실

DAIBOUCHOU(닉네임)

투자 경력 17년이고 현재는 전업 투자자다. 부동산주에 집중투자해 6년 만에 200만 엔을 10억 엔까지 불린 실력자이다. 리먼 브라더스 사태로 반 토막이 났지만 저평가주 투자로 전환해 운용자산 확대 중이다.

억대 투자자

"1억 엔의 손실을 견뎌낼 수 없다면 1억 엔 이상을 벌어놓는 수밖에 없습니다".

DAIBOUCHOU 씨는 폭락은 피할 수 없는 것이지만, '리스크가 두려워 보수적이 되기보다 폭락 전에 최대한 벌어놓는 것이야말로 살아남는 길'이라는 생각으로 투자에 임한다. 흉내 내기는 쉽지 않지만, 이 사고방식은 참고하면 좋을 것이다.

현재 주식과 병행해서 부동산에도 투자해 일정한 임대료 수입을 확보하고 있다. 이를 통해 마음의 여유를 가지면서 운용자산은 기본적으로 항상 투자에 100% 사용하고 있다. 이처럼 리스크를 과감하게 짊어지는 데는 과거에 했던 두 차례의 후회가 큰 영향을 끼쳤다고 한다.

두 차례 후회한 경험이 리스크를 두려워하지 않는 투자 정신에 불을 붙였다

후회 1 | 2008년 리먼 사태 전후

기존의 투자 전략에 의문을 느껴 일부 자금을 베트남과 중국 주식으로 전환

⬇

자금의 유동성이 부족해져 일본 주식에 투자할 기회를 놓쳤다.

후회 2 | 2011년 대지진 직후

일본 주식에 불안감을 느껴 미국 사채 등의 보수적 투자를 중시

⬇

아베노믹스 경기 전후의 절호의 매수 기회에 자금이 불충분했다.

308

자신의 기억으로는 눈에 띄는 손실을 낸 적이 없지만, 큰 기회를 놓친 뼈아픈 경험은 있다고 한다. 리스크가 두려워 분산투자를 한다고 했는데, 그것이 오히려 불필요한 리스크를 초래해 운용 성적을 악화시킨 경험이다.

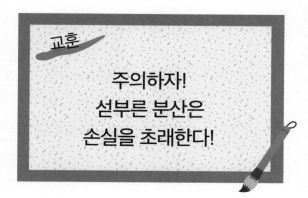

교훈

주의하자!
섣부른 분산은
손실을 초래한다!

첫 번째는 2007~2008년의 리먼 브라더스 사태 전후다. 주식시장의 폭락과 함께 그때까지 투자에 성공해왔던 부동산펀드의 파산이 이어지면서 자신의 투자법이 앞으로 통용될지에 대한 불안감이 커졌다. 이와 같은 심리적 동요로 보유 주식을 전부 매도하고, 그 자금으로 중국 주식펀드, 베트남의 미상장주 등에 투자했다. 미지의 분야이기는 했지만 언뜻 매력적으로 보였다.

그러나 해외 자산은 엔화 강세로 환차손이 발생해 주가의 상승 이익을 좀먹는 바람에 나쁜 성적을 기록하고 말았다. 특히 베트남 주식이 발목을 심하게 끌어당겼는데, 대폭 하락했을 뿐만 아니라 만기 전에는 해약이 불가능했다. 이것이 이후에 부동산을 사기 위해서 받은 대출의 상환과 맞물려서 자금이 동결되는 사태를 초래했고, 그 결과 일본 주식으로 자금을 불릴 기회를 놓치고 말았다. '부동산 매입은 그렇다 치더라도 평범하게 일본 주식을 운용했더라면 그런 일은 없었을 텐데…'라는 후회가 밀려드는 경험이었다.

두 번째는 2011년에 동일본 대지진이 일어난 직후였다. 이때도 역시 일본 주식에 불안감을 느끼고 일부를 해외 주식으로 전환했다. 이때는 주가 상승에 환차익도 있었지만, 그럼에도 전체적인 성적은 지진 후의 폭락에서 반등한 일본 주식에 미치지 못했다.

DAIBOUCHOU 씨는 "이 시기는 일본 주식의 대바닥이었습니다. 일본 주식으로 승부했더라면 그 후 아베노믹스 경기가 시작되었을 때 뛰어들 자금을 충분히 준비할 수 있었을 텐데…"라며 아쉬움을 감추지 못했다.

현재는 분산투자를 한다는 생각으로 미지의 분야에 뛰어든 것이 잘못이었다고 반성하고 있다. 분산투자 자체는 올바른 발상이지만 자신과는 맞지 않음을 깨달았다. 해외 주식보다 면밀한 정보 수집이 가능한 일본 주식이 자신에게 더 잘 맞으며, 불안할 때일수록 도망치지 말고 자신 있는 분야에서 승부해야 한다는 것을 재인식했다.

실패 11 오발주 후 주식이 팔리지 않아 손실이 확대되었다

퍼스트에스코 현재는 에프온

수업료 ▶ 약 140만 엔

마쓰노스케(닉네임)

"오발주로 본 손해만 해도 200만~300만 엔 정도는 될 겁니다."

회사원이면서 억대 투자자인 마쓰노스케 씨는 이렇게 말했다. 발주 실수가 많다는 것은 마쓰노스케 씨 자신도 인정하는 바이다. 하지만 그중에서도 2016년의 퍼스트에스코 오발주는 타격이 큰 실수였다. '4,400주'의 매수 주문을 넣었어야 하는데 '0'을 하나 더 입력하는 바람에 '4만 4,000주'를 매수해버린 것이다.

그 결과 약 140만 엔의 손실을 봤다. 하필 상한가가 되느냐 마느냐 하는 타이밍에 대량의 매수 주문을 넣어버렸다. 그리고 이를 노렸다는 듯이 매도 주문이 대량으로 쏟아져 취소할 틈도 없이 거래가 성사되고 말았다.

오발주를 저질렀던 퍼스트에스코

2016년 2월 15일, 상한가 근처의 거래량이 증가한 타이밍에 대량 매수라는 발주 실수를 저질렀다.

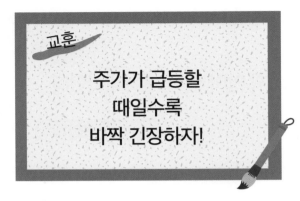

교훈

**주가가 급등할
때일수록
바짝 긴장하자!**

원래 이 종목을 눈여겨본 이유는 실적의 측면에서 매력을 느꼈기 때문이었다. 나중에 생각해보면 이 판단 자체는 틀리지 않았다. 하지만 아무리 그렇다 해도 200만 엔 정도를 투자할 예정이었는데 2,000만 엔이나 되는 규모의 주식을 보유하게 되는 것은 예상 밖의 상황이었다. 그래서 포트폴리오 전체의 균형이 무너지는 상황을 피하기 위해 즉시 초과분을 팔려고 시도했다.

그런데 문제는 하필이면 평소 유동성이 매우 빈약한 종목이라는 사실이었다. 이 때문에 대량의 주식을 바로 팔 수 없었고, 이틀에 걸쳐 찔끔찔끔 처분해야 했다. 그런 까닭에 매수 후의 주가 동향이 나쁘지는 않았지만, 결과적으로 큰 손실을 내고 말았다.

초과분의 처분은 그리 나쁘지 않은 복구 방법이었다고 생각하지만, 얄궂게도 처분 후 주가가 계속 상승했다. 전부 그대로 보유하며 장기 투자했다면 반대로 큰 수익을 낼 수 있었다. 마쓰노스케 씨는 이것을 귀중한 경험으로 삼아 재발 방지에 노력하고 있다. 남의 일이라고 생각하지 말고 항상 주의를 기울어야 할 실수다.

억대 투자자

오발주(닉네임)는
자신의 오발주를
계기로 개명

오발주로 손실을 입은 것에 대한 후회에서 그 실수를 경계하기 위해 닉네임을 바꾼 투자자도 있다. 개인 투자자인 오발주 씨다. 오발주 씨가 실수를 저지른 종목은 산코 마케팅 푸드다. 500주를 매수했어야 하는데 5만 주를 발주했다. 그것도 신용거래였던 탓에 당시의 운용자산 약 3,000만 엔을 크게 웃도는 4,000만 엔 이상의 거래가 성립되어버린 것이다. 여기에 엎친 데 덮친 격으로 매수 후 주가가 급락하면서 추가 증거금이 필요할지도 모르는 상황에 몰렸다.

이에 오발주 씨는 다음 날 회사를 쉬고 혼자서 작전회의를 열었다. 머리를 식히고 차분하게 생각한 끝에 절반은 팔고, 나머지는 장기적으로 주가 회복을 기다리자는 결론을 내렸다. 그리고 최종적으로는 100만 엔의 손실로 사태를 마무리했다. 자산을 계속 확대하고 있었던 오발주 씨에게는 정신적 타격이 큰 경험이었다.

대실패를 교훈 삼아 주문은 엄격하게!

B코미 (닉네임)

"오발주한 적이 없는 딜러는 본 적이 없습니다."

딜러 경험이 있는 B코미 씨의 말에 따르면 그 세계에서는 오발주가 드물지 않다고 한다. 다만 말은 그렇게 해도 경우에 따라서는 정신적으로 큰 타격을 입는다. 현역 시절에 후배 딜러가 대규모 발주 실수를 저질렀을 때의 혼란을 교훈 삼아, 개인 투자자가 된 지금도 거래용 책상에 앉을 때마다 긴장의 끈을 놓지 않는다.

숙취가 있거나 기분이 나쁠 때, 짜증이 날 때는 거래를 삼간다. 또한 오발주나 예정 외의 금액으로 거래가 성사되는 사태를 최대한 방지하기 위해 반드시 지정가로 주문을 실행한다. 특히 사고팔 때의 작은 가격 차이가 이익에 큰 영향을 끼치는 단기 매매의 경우는 예정한 가격에 주문이 성사되지 않는다면, "다음 기회를 노린다는 마음가짐으로 대응하는 것이 좋습니다"라고 말한다.

22주를 2만 2,000주로 주문! 운용 담당에서 제외되는 비극이···

- 전직 증권사 딜러 H

충격으로 유체이탈이라도 되었었는지, 그때 어떻게 집으로 돌아가고 일주일을 어떻게 보냈는지 전혀 기억이 안 난다. 거울 앞에 서니 5킬로그램이나 빠져 홀쭉해진 내 모습이 보인다. 식사도 제대로 하지 못했다.

눈앞에는 오발주에 대한 경위서가 흩어져 있다. 꿈이었으면 좋겠다고 생각했지만 역시 꿈이 아닌 모양이다. 신입에 수습이라고는 하지만 유능한 딜러인 내가 세 자릿수의 입력 실수라니···.

기발행 주식 수의 절반이 넘는 규모의 엄청난 발주 실수를 저질렀다니….

그 악몽으로부터 12년, 공백의 일주일은 결국 기억해내지 못했지만, 주문 화면을 멍하니 바라보며 온몸의 피가 빠져나가는 것 같은 감각을 느꼈던 것만큼은 몸이 기억하고 있다. 그때 죽을힘을 다해서 반대 매매를 시도해 복구에 성공하기는 했지만, 지금처럼 트위터가 활성화되어서 대량 매도 주문의 정보가 순식간에 퍼지기라도 했더라면…. 생각만 해도 온몸의 털이 곤두선다. 비정상적인 주문을 눈치 챈 투자자가 거의 없었던 것이 그나마 다행이었다.

그날의 악몽 같은 경험이 있었기에 개인 트레이더로 독립할 수 있었는지도 모른다. 지금은 좋은 의미에서 배짱이 생긴 느낌이다. 그런 실수는 초조함이나 오만함이 생겼을 때 일어나기 쉽다. 앞으로는 냉정함을 유지하며 트레이더로서 실력을 키워나가는 수밖에 없다. 과거의 나에게 복수할 방법은 그것뿐이다!

🔥 10분 동안 펼쳐진 지옥 같은 소동

 12:29 메디빅 그룹의 주식을 14만 7,000엔에 30주 매수 주문

 12:30 매수 주문 30주 중 22주가 체결

 12:32 체결된 주식을 매도할 때, 키보드의 1주와 1,000주 키를 착각해 '2만 2,000주'로 잘못 입력! 이때 화면상에 수량 제한 초과 경고 화면이 떴지만 무의식중에 닫아버림. 2만 2,000주의 매도 주문이 발생했고, 그중 62주가 체결됨

 12:33 14만 7,000엔의 호가창에 2만 1,938주의 매도 주문이 잔류. 이 잔류분을 지우기 위해 즉시 2만 1,938주의 매수 주문을 실행

 12:38 해소되지 않은 것으로 생각된 매도 포지션을 해소하기 위해 시장가 매수 주문을 실행 후 상사에게 상황을 보고한다. 그 후 아직 124주의 매도 포지션이 잔류 상태임이 판명되어 시장에 영향을 미치지 않는 금액으로 매도 포지션을 해소해 장부를 맞췄다.

 12:40 기다렸다는 듯이 상사의 벼락 같은 호통이!
대량의 경위서도 제출하도록 지시받았다(흑흑…).

실패 12 '매도·매수'의 발주 실수로 재정거래에 실패

마쓰노스케

> 작업에 익숙해지고 흥이 날 때일수록 실수가 발생하기 쉽다!

이번에 소개하는 사례는 재정거래에 동반된 실수다. 재정거래란 마쓰노스케 씨 등이 자주 사용하는 투자법으로, 도요타 자동차와 닛산 자동차 등 비슷한 주가 움직임이 예상되는 조합에서 '도요타가 고평가' 등으로 일시적인 가격 차이가 발생했을 때 저평가된 쪽을 사고 고평가된 쪽을 팔아 이익을 내는 거래 기법이다.

어긋났던 가격이 수정되는 과정을 노리므로 주식시장 전체가 상승하든 하락하든 이익을 기대할 수 있다. 재정거래를 위한 조합은 '도요타와 닛산', '노무라 홀딩스와 다이와 증권 그룹 본사' 등 다양하다.

이 전략의 핵심은 '노무라 매수', '다이와 매도'의 <u>거래를 동시에 실시하고 완료도 동시에 하는</u> 것이다. 이론대로 하지 않으면 전략이 기능하지 않는다. 그런데 마쓰노스케 씨는 자신도 모르게 '다이와 매도'만 실행하고 방치하는 실수를 종종 저질렀다. '노무라 매수'를 하려고 했는데 실수로 '노무라 매도'를 한 적도 있다.

참고로 이 실수의 경우 주가가 하락하면 이익이 난다. 그러나 어째서인지 실수했을 때는 반드시 불리한 쪽으로 주가가 움직여서 손해를 본다고 한다.

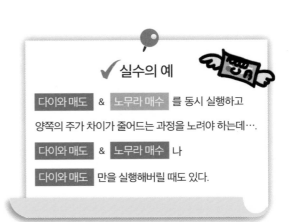

✔ 실수의 예

다이와 매도 & 노무라 매수 를 동시 실행하고 양쪽의 주가 차이가 줄어드는 과정을 노려야 하는데….

다이와 매도 & 노무라 매수 나

다이와 매도 만을 실행해버릴 때도 있다.

마쓰노스케 씨의 말에 따르면 '이익이 나서 방심하고 있을 때' 실수를 저지르기 쉽다고 한다. 이 점도 항상 의식하기 바란다.

지정가 주문의 종류를 착각해 식은땀을!

기껏 전략을 생각해내도 발주를 실수하면 의미가 없으므로 주문할 때는 신중하게!

유나기

유나기 씨가 경험한 주문 방법과 관련된 실수도 확인해두자. 지정가로 주문을 해야 하는데 시장가 주문을 하는 바람에 생각지도 않았던 고가에 매수하는 실수를 경험해본 사람은 많을 것이다. 또한 시장가와 지정가 이외에도 여러 가지 주문 방법을 지정할 수 있다. 이 때문에 주문 실수를 저지르는 경우도 있다. 중급자 이상을 위한 거래 형태로, 초보자가 혼동을 일으킬 가능성도 있다.

실수할 가능성이 있는 예는 ① 매도의 경우 가장 높은 매수호가, 매수의 경우 가장 낮은 매도호가로 자동 주문하는 '최유리지정가'와 ② 매수의 경우 최우선 매수호가, 매도의 경우 최우선 매도호가의 지정가 가격으로 자동 주문하는 '최우선지정가'를 혼동하는 것이다. 이러한 주문 방법은 투자자의 니즈에 대응하기 위해 신설된 주문 방법으로서 잘 이용하면 편리하다. 하지만 혼동하면 예상치 못한 손실을 낼 위험성도 있다. 거래 금액이 클 경우도 주의가 필요하다. 유나기 씨도 이것을 혼동해서 잘못 주문했다가 식은땀을 흘린 적이 있다고 한다.

거래화면을 재차 확인해서 주문을 잘못하여 당황하는 일이 없도록 주의하자.

위기를 기회로
폭락 국면에서도 과감하게 도전한 사례

FILE 1

투매가 쏟아진 구제불능 주식에도
수요가 있음에 주목

DAIBOU
CHOU

베이커런트 컨설팅

실패의 경험에서 리스크가 크다고 느끼더라도 자신의 판단이 옳다고 생각하면 과감하게 뛰어들게 된 DAIBOUCHOU 씨. 최근의 투자 사례로는 IT 시스템 구축과 인재파견 등의 사업을 하는 베이커런트 컨설팅이 있다. 두 차례의 사건으로 투매가 발생한 시기에 오히려 매수해 투자를 성공시켰다. 이른바 '사연 있는' 폭락 시에 이것을 기회로 보고 매수에 나설지 보류할지는 그것이 일시적인 문제인지 전망을 불투명하게 만드는 문제인지로 판단한다. 일시적인 문제라면 물론 매수다.

첫 번째 폭락은 2016년 연말로, 이때는 서비스 단가를 높이고 IT 컨설팅 사업에 뛰어든다는 노선변경의 실패에 따른 실적 악화가 원인이었다. 그 후 베이커런트는 노선변경의 수정을 발표했다. 이 발표로 이탈했던 고객이 돌아올지에 대한 불안은 있었다. 하지만 IT 업계는 인재가 부족한 까닭에 일정 수요는 있을 것으로 판단했다. 다만 주가가 최악인 시기에는 실적 회복에 대한 자신감이 없었기 때문에 상황을 지켜봤고, 이후 호결산을 기록하자 2017년 5월 15일에 매수를 개시했다. 결국 최악의 시기에 줍는 것은 실패했지만 반등의 움직임에는 올라타는 데 성공했다.

두 번째 폭락은 2017년 8월로, 베이커런트의 직원이 경쟁사로부터 기밀정보를 훔친 혐의로 제소당하자 주가가 폭락했다. 그러나 이것을 비교적 단기간에 해결할 수 있는 문제로 판단한 DAIBOUCHOU 씨는 폭락한 시점에 매수를 개시해 역시 그 후의 반등에 따른 이익을 획득했다.

FILE 2 스캔들이 발생했지만 본업은 견실, 일시적인 문제라고 판단

우치다 마모루

올림푸스

우치다 마모루 씨도 스캔들이 발생한 종목에 뛰어드는 유형의 투자자다. 물론 스캔들로 실적 악화가 심각해져서 실패 1, 2의 사례처럼 도산에 몰린 사례도 있었다. 하지만 시행착오를 반복하면서 투자 기술을 발전시키고 있다. 매수냐 보류냐를 판단하는 기준은 DAIBOUCHOU 씨와 비슷하다. 일시적인 문제인지, 해결에 시간이 걸리는 문제인지로 판단한다. 언뜻 심각해 보이는 상황이라도 그 회사의 본업이 견실하다면 장기적인 관점에서 매수를 개시한다.

2011년에 회계부정이 발각되어 폭락한 올림푸스의 경우는 타이밍이 조금 어긋난 아쉬운 사례였다. '본업은 견실하며, 기다리면 해결될 문제'라고 생각해 매수했는데, 매도 타이밍이 너무 빨랐다. 그 때문에 이후 대폭 상승 국면을 놓쳐버렸다.

"제 예측에 자신감을 갖고 실적이 회복될 때까지 기다렸어야 했습니다."

이 경험을 살려 현재는 역시 회계부정으로 흔들린 리소 교육의 주식을 보유 중이다. 회계처리는 분명 부적절했지만, 사업의 성장력 자체에는 문제가 없다고 판단해 매수한 종목이다. 너무 일찍 팔았던 올림푸스를 교훈 삼아서 이번에는 끈기 있게 지켜볼 생각이다. 그리고 실적 확대가 좀 더 계속될 것으로 보고 있다.

최악의 시기에서 10배까지 상승한 올림푸스

1,200엔에 최초 매수, 400엔대에 추가 매수한 뒤 다시 1,200엔까지 회복했을 때 이익실현

그 후 10배로

개인 투자자의 고민을 해결하는 가장 좋은 방법은
실력이 우수한 개인 투자자에게 물어보는 것이다.
그들의 살아 있는 투자 지혜를 흡수하자.

투자 고민
상담실

답변자

미나세 겐이치 | www9945 | 미키마루
주식1000 | 오발주 | 다케우치 히로키
DUKE. | 아일 | DAIBOUCHOU
로쿠스케 | v-com2

1

고민

ETF 매수를 시작했는데,
주위에 의논할 사람이 없습니다.
상담 상대를 어떻게 찾아야 할까요?

❀ **답변자**

미나세 겐이치

블로그 '우메야시키상점가의 랜덤워커'를 운영하며 인덱스 투자자에게 인기가 높은 겸업 투자자이다. 인덱스펀드의 적립과 ETF로 자산을 형성했다.

투자에 관해 부담 없이 의견을 교환하거나 의논할 수 있는 사람을 만드는 것은 중요한 일입니다. 자신과는 다른 시점에서 자신의 투자를 바라볼 수 있기 때문이지요. 그렇게 함으로써 새로운 지식을 얻거나 투자를 계속할 동기를 부여할 수 있습니다.

인터넷이나 SNS가 보급된 지금은 블로그를 운영하는 개인 투자자에게 메시지를 보내 의견을 구하거나 트위터에서 팔로우하고 있는 사람과 메시지를 주고받을 수도 있습니다. 그렇게 해서 마음이 맞으면 오프라인 모임 등에서 실제로 만나 교류를 강화합니다. 저도 오프라인 모임 등에 적극적으로 참가해 인덱스 투자에 관해 이야기를 나눌 수 있는 동료를 만들어왔습니다.

다만 이런 과정이 귀찮게 느껴지는 분도 계실 겁니다. 그럴 때는 처음부터 인터넷이나 블로그 등에서 참가자를 공개적으로 모집하는 이벤트에 참가하는 것도 하나의 방법입니다.

결론   이벤트나 오프라인 모임에 참가해 동료를 만들면 보는 눈이 넓어진다.

주식투자를 시작하고 싶은데, 최소 자본금으로 얼마가 필요한가요? 그 밖에도 주의해야 할 점이 있으면 가르쳐주십시오.

trouble

❀ 답변자
주식1000

40대, 중학생 시절부터 주식에 투자하다. 시가총액 200억 엔 이하의 종목 중에서 가치(저평가)주 투자를 실천한다. 연간 20% 이상의 수익률이 목표이고 금융자산은 약 2억 5,000만 엔이다.

자본금은 일단 100만 엔을 기준으로 생각하면 될 것입니다. 상장기업은 2017년 10월 7일 기준으로 3,956개이며, 대부분 최소 거래 단위가 100주입니다. 100만 엔이 있으면 전체의 98.4%에 해당하는 3,891사의 주식을 살 수 있지요. 괜찮은 종목을 살 수 없는 사태가 일어날 가능성은 상당히 낮아집니다. 그래도 일부 종목은 100만 엔으로 살 수가 없으므로 자본금이 100만 엔보다 많은 편이 유리합니다.

최근에는 최소 거래금액이 10만 엔 이하인 주식도 1,417종목(전체의 35.8%)이나 됩니다. 100만 엔 정도만 있으면 복수의 종목을 매수해서 최소한의 분산투자를 할 수 있다는 말입니다. 일부는 현금으로 남겨놓아서 주가가 하락했을 때 추가 매수하는 등의 대책을 세우는 등 기동적인 운용도 가능해지지요.

처음부터 100만 엔씩 준비하기는 부담스러운 분에게는 최근 주목을 끌고 있는 주주우대를 조합한 투자법도 추천합니다. 주주우대의 이점은 배당과 함께 금권이나 상품권 등의 우대품을 받을 수 있다는 것입니다. 배당과 우대품을 더한 수익률이 10%가 넘는 종목도 있습니다.

또한 장기 보유하면 우대 내용이 업그레이드되는 종목도 있으므로, 자금이 부족할 때는 그런 종목에 투자하는 것도 좋다고 생각합니다. 다만 우대품을 받더라도 주가가 하락하면 의미가 없으므로 실적이 좋은지, 주가가 고평가되어 있지는 않은

지 살피도록 하십시오.

주식투자를 할 때 알아두면 좋은 최소한의 지표로 PER과 PBR, 배당수익률, 자기자본비율, 주식수익률 등이 있습니다. 이런 지표들을 알아두면 주가가 저평가 상태인지, 재무 내용은 건전한지, 배당은 높은지 등 그 종목이 좋은 주식인지에 대한 최소한의 판단이 가능해집니다.

또한 주식투자는 젊었을 때 시작하는 편이 매우 유리합니다. 주식투자는 복리의 힘이 적용되는 투자법이기 때문에 남은 인생이 긴 사람일수록 유리하지요. 또한 젊었을 때 시작하면 실패하더라도 재도전이 충분히 가능합니다. 한 번의 실패에 굴하지 않고 계속 도전하는 정신력도 필요하다는 것이 개인적인 생각입니다.

 결론　자본금은 100만 엔이 기준, 상장기업의 대부분을 살 수 있다.

주가가 하락한 주식을 계속 가지고 있다가
큰 손해를 본 적이 여러 번 있습니다.
손절매를 잘하는 방법을 가르쳐주십시오.

❋ 답변자

DUKE.

윌리엄 오닐 등 저명한 투자자들의 투자법을 융합시킨 '신고가 브레이크 투자법'을 고안해 실천한다. 2014년에 주식투자 누계 이익이 1억 엔을 돌파, 저서는 《1승 4패로도 확실히 수익을 내는 신고가 브레이크 투자법》이 베스트셀러가 되었다.

손절매는 투자자의 등용문입니다. 우리는 신이 아닙니다. 당연하지만 예측이 틀리기도 하고 잘못을 저지르기도 합니다. 그때 어떻게 대처하느냐가 투자 성적을 크게 좌우합니다. 손절매를 제대로 하면 투자 성적은 극적으로 향상되지요.

저도 손절매를 잘못해서 큰 실패를 맛봤습니다. 졸저인 《1승 4패로도 확실히 수익을 내는 신고가 브레이크 투자법》에서도 소개한 파워업이라는 종목의 경우, 결과적으로 마이너스 33%에서 손절매를 해 1,000만 엔이라는 큰 손해를 입었습니다. 그때 저는 '손절매는 생명줄'이라는 교훈을 얻었지요. 만약 그 거래에서 마이너스 10%에 손절매를 해 손실을 억제할 수 있었다면 손실은 300만 엔에 그쳤을 겁니다. 무려 700만 엔의 차이지요. 이와 같이 손실을 억제하는 것은 같은 금액의 이익을 얻는 것과 똑같은 효과가 있습니다.

과거에 입었던 손실을 되돌아보시기 바랍니다. 손절매를 제대로 해서 상처를 초기에 봉합했다면 큰 손해로는 이어지지 않았을 것입니다. '내가 틀렸어'라는 사실을 받아들이고 잘못에 대처할 수 있도록 자신의 행동을 바꿔야 합니다.

먼저 최대한 리스크를 줄이십시오. 그리고 먼저 초기의 작은 손실을 받아들임으로써 큰 손실로부터 몸을 보호하십시오. 손절매를 하지 않고 평가손실을 안은 채 방치한다면 빠르든 늦든 시장에서 퇴장할 수밖에 없게 됩니다. 이것만큼은 단언할 수 있습니다.

제가 생각하는 손절매의 핵심은 '손실 10%를 절대 양보할 수 없는 마지노선으로 삼는 것'입니다. 손절매 선에 다다른 종목은 친절하게 "당신의 판단은 틀렸습니다"라고 경고하는 것이므로 즉시 기계적으로 손절매를 하십시오.

이때 망설여서는 안 됩니다. 애초에 매수가에서 10% 가까이 하락한 시점에 그 종목의 매수는 타이밍이든 종목 선택 자체든 문제가 있었다는 신호로 받아들이는 편이 좋습니다. '기다리다 보면 언젠가 오를지도 모른다'라고 생각해서는 안 됩니다. 확률로는 손실이 확대될 리스크가 압도적으로 높습니다.

손절매를 할 수 있는 투자자가 될 수 있다면 시장에서 살아남을 수 있을 것입니다. 이것이 훗날 성공하는 투자자가 되기 위한 길입니다.

 결론 손절매를 할 수 있으면 성적은 극적으로 향상된다. 손실이 10%를 넘기 전에 즉시 실행해야 한다.

고민

주식투자를 시작하고 싶은데, 일에 쫓겨 공부할 시간이 없습니다. 어떻게 해야 좋을까요?

❀ 답변자

로쿠스케

40대 초반의 겸업 투자자로 본업은 대기업의 영업직이다. 장기 투자를 표방하며 스톡형 비즈니스로 매출과 이익이 증가하고 있으며 사업의 내용도 확대하고 있는 기업의 주식에 집중투자한다. 금융자산은 약 2억 엔이다. 로쿠스케의 인기 블로그 '로쿠스케의 장기 투자 여행(http://blog.goo.ne.jp/6_suke)'

주식투자 공부를 시작하면 투자를 위해 고려해야 할 정보가 너무 많다는 데 당황할 것입니다. 거시경제의 동향, 주식시장의 수급, 금융이론, 투자 대상 기업이 속한 업계의 지식, 기업의 재무 분석, 주가의 기술적 분석 등 공부해야 할 것이 무한하게 느껴집니다.

한마디로 주식투자라고 해도 선택지는 여러 개가 있습니다. 국내 주식인지, 해외 주식인지, 개별주를 구입할 것인지, 펀드를 살 것인지, 투자 기법으로는 펀더멘털을 중시할 것인지, 아니면 기술적 지표를 중시할 것인지, 가치(저평가주)주와 성장주 중 어느 쪽을 선호하는지, 투자 기간은 어느 정도인지…. 이렇게 생각하면 '시간이 아무리 많아도 모자라', '어떻게 해야 할지 모르겠어'라고 느끼는 것도 무리는 아닙니다.

그러니 시간이 부족하다는 점을 반대로 이용해보면 어떨까요? '사용 가능한 시간 속에서 할 수 있는 일은 무엇일까?'부터 생각해서 자신에게 맞는 투자 기법을 선택하는 것입니다. 이것은 제가 실천하고 있는 방법이기도 합니다. 평일에는 투자에 시간을 할애하기가 어려운 분에게는 개별주를 장기 투자하는 방법을 추천합니다. 친숙한 기업의 비즈니스 모델을 그 기업이 속한 산업의 구조와 비교하며 나름대로 분석해, 경쟁 우위성이 계속되고 있다고 생각한다면 투자를 계속합니다. 이때 평소에 일을 하면서 얻은 업계 지식을 활용할 수 있다면 자신을 갖고 계속 보유할 수 있을 것이므로 금상첨화입니다.

이 투자 기법의 경우 투자처의 장기적인 기업 가치 증대에만 신경을 쓰면 되므로 매일 투자에 관해 생각하지 않아도 됩니다. 매일의 주가 변동에 얽매일 필요도 없습니다. 저 자신도 일이 바빠서 낮에는 주가를 살펴볼 시간이 없던 때에 이 투자 기법을 이용했습니다.

주말 등에 시간 여유가 생기면 분석할 기업을 늘리거나 다른 투자 기법을 서서히 공부하면 됩니다. '시간을 마련할 수가 없다'는 것은 인생에서 투자 이외에 우선하고 싶은 것이 있다는 증거이며, 저는 그것이 멋진 일이라고 생각합니다. 한정된 시간을 효율적으로 사용할 수 있는 투자 기법을 연구해보시기 바랍니다.

 결론 시간이 한정되어 있다면 개별주에 장기 투자해 기업 가치의 증대에만 관심을 집중한다.

해외 주식에 투자하고 싶지만 어려울 것 같아
망설여집니다. 해외 주식투자를 시작하는 방법이나
유의할 점을 가르쳐주십시오.

❖ 답변자
www9945

연봉 300만 엔으로 약 20년 동안 3억 엔이나 되는 자산을 쌓았다. 현재는 전업 투자자로 변신하였고, 주식시장의 변화를 빠르게 감지하는 능력이 뛰어나다. 베트남 등 해외 주식에도 투자하고 있다.

'엔화가 폭락해 엔화표시 자산의 가치가 크게 감소한다.' 이런 엔화 약세 리스크에 대비해 외화표시 자산을 보유하는 것은 유익한 일이라고 생각합니다. 저도 선진국이나 신흥국의 개별 기업 주식을 많이 보유하고 있습니다. 다만 해외 주식을 적극적으로 사고 있는 사람은 제 주위에도 그리 많지는 않습니다. 그 이유 중 하나는 해외 주식의 투자가 어렵다는 때문인 것 같습니다.

분명히 해외 기업의 상세한 정보를 입수해 분석하기는 어려운 일입니다. 일본에서 그 회사의 상품이나 서비스를 직접 이용해보고 편의성이나 인기 등을 확인할 수도 없습니다. 다만 예외는 있습니다. 일본 시장에 상품이나 서비스가 보급되어 있는 미국 기업입니다. 맥도날드, P&G, 아마존닷컴, 애플 등 누구나 아는 회사가 다수 존재합니다. 세계 시장점유율이 1위 또는 2위인 회사가 많으며, M&A를 구사해 점유율을 확대하고 있기 때문에 성장의 여지도 큽니다. 해외 주식에 투자한다면 먼저 미국 기업의 주식을 사십시오.

친숙한 미국 기업에 투자하는 방법으로 추천하는 것이 '다우의 개 투자법'입니다. 미국의 대표적인 주가지수인 '다우공업주 30종 평균'을 구성하는 유명 대기업 30종목 가운데 배당 수익률이 높은 순서대로 10종목을 균등하게 매수합니다. 배당 수익률이 높다는 말은 배당에 비해 주가가 저평가되었으므로, 주가 상승의 여지가 있다는 의미입니다. 그 점에 착안해 주가 상승 이익을 노리는 방법이지요.

주가가 상승해 배당수익률이 하락한 주식은 매도하고 다시 배당수익률이 높은 순서대로 10종목을 균등하게 매수하기를 정기적으로 반복해서 항상 다우지수의 구성 종목 가운데 저평가된 종목을 삽니다. 운용 성적이 다우지수를 웃돌 때가 많으며, 2016년의 수익률은 16.1%로 다우의 13.4%보다 높았습니다.

미국 주식에 투자할 때 명심할 점은 매수에 필요한 달러를 엔화가 강세일 때 사 모으는 것입니다. 엔화가 약세일 때 산 달러로 미국 주식을 사면 주가가 상승하더라도 그 이익이 엔화 강세로 상쇄될 수 있기 때문입니다. 또한 이것은 미국 주식에만 해당되는 이야기만은 아닙니다. 주식은 저평가 상태일 때 사야 합니다. 다우지수 등 미국 주식의 지표가 사상 최고치를 경신하고 있는 지금은 미국 주식을 살 때가 아니라고 생각합니다.

 결론　해외 주식에 투자한다면 일본에도 상품이나 서비스가 보급되어 있어 친숙한 미국 기업의 주식이 투자에 용이하다.

6 **고민**
trouble

진득하게 주가 상승을 기다리려고 해도 주가가
조금만 하락하면 마음이 불안해져서 팔아버리게
됩니다. 어떻게 해야 참을 수 있게 될까요?

❧ 답변자
아일

피터 린치를 모방한 성장주 투자를 실천한다. 서비스업의 성장 종목에 집중투자해 약 3억 엔의 금융자산을 쌓았다. '나고야 캐시플로 게임 모임'을 주최해 개인 투자자의 계몽에도 힘쓰고 있다.

눈앞의 주가 변동에 마음이 흔들려 사거나 팔아버리는 것은 누구나 거쳐가는 길입니다. 노벨경제학상을 수상한 행동경제학의 일인자 대니얼 카너먼은 '전망 이론'을 통해 사람은 이익을 얻는 상황에서는 이익을 확실히 손에 넣는 쪽을 우선하고, 반대로 손실을 입을 것 같은 상황에서는 손실의 실현을 두려워해 보유 주식을 묵히는 경향이 있음을 실증했습니다. 이익에 따른 기쁨보다 손실에 따른 슬픔이 더 크기 때문이지요. 이 이론에서도 사람은 주가가 조금이라도 오르면 평가이익을 잃을 것이 두려워 작은 이익에 팔려고 하는 경향이 있음을 알 수 있습니다.

저도 처음에는 그랬습니다. 하지만 서서히 눈앞의 주가 변동에 동요하지 않게 되었습니다. 피터 린치의 저서를 읽고 투자법을 바꾼 것이 전기轉機가 되었습니다. 연간 20~25%로 실적을 증가시키고 있는 성장 기업을 찾아내서 주식을 중장기적으로 보유하며 실적의 확대와 함께 주가가 크게 상승하기를 기다리기로 했지요. 그 회사가 장기적으로 계속 성장할 수 있을지 알아보기 위해 비즈니스 모델과 성

손실의 슬픔보다 이익으로 얻는 기쁨이 2배 이상 크다
(전망이론의 가치함수)

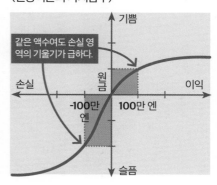

같은 액수여도 손실 영역의 기울기가 급하다.

기쁨

손실 ── 원금 ── 이익

-100만 엔   100만 엔

슬픔

장 전략, 경쟁자와의 경쟁관계, 사업상의 리스크 등을 자세히 조사합니다.

그런 다음 제 나름대로 성장 스토리와 목표주가를 계산합니다. 이런 작업을 반복해서 기업의 성장에 대한 확신이 깊어지면 주가가 조금 하락하더라도 언젠가는 회복되어 다시 상승할 것이라고 생각할 수 있게 됩니다. 따라서 눈앞의 주가는 신경 쓰지 않게 됩니다.

패스트리테일링이나 게오홀딩스 등에 대한 투자로 장기적으로는 기업의 성장과 함께 주가가 상승함을 실감하는 성공 체험을 거듭하면서 저 자신의 투자에 자신감이 생긴 것도 컸습니다. 이렇게 단기적으로 주가의 이익을 얻는 것이 아니라 기업의 성장에 투자한다는 의식을 갖는다면 눈앞의 주가에 흔들리지 않게 될 것입니다.

 기업을 자세히 조사해서 장래의 성장에 확신을 갖고 투자한다면 눈앞의 주가는 신경 쓰지 않게 된다.

7
고민
trouble

주식투자를 시작하고 싶은데, 주가가 하락할 것 같습니다. 기다리는 편이 나을까요, 아니면 지금 시작해도 될까요?

✿ 답변자

v-com2

우대주와 가치주에 대한 장기 투자를 기본으로, 도쿄증권거래소 1부 승격이 기대되는 2부 종목, 신흥시장 종목에 투자하는 수법을 연구·실천하고 있다. 운용자산은 약 1억 엔이다.

주식투자 경험이 없는 사람 중에는 주식시장 전체가 오를지 내릴지를 맞히는 것이 투자라고 생각하는 분도 많은 듯합니다. 그런데 애초에 '주가가 내릴 것 같다'는 사전에 알 수 있는 것일까요? 저 역시도 주식시장의 동향을 예측할 수가 없습니다.

한편 많은 사람이 '내릴 것 같다'고 걱정해 주식을 일제히 팔 때가 실제로는 주식을 사야 할 때였던 경험을 여러 번 했습니다. 그래서 저는 주식시장 전체를 예측하는 것이 무의미하다는 결론을 내리고, 개별 기업의 분석에 집중하고 있습니다. 그럼에도 장기적으로는 의외로 좋은 운용 성적을 내왔습니다.

주식시장 전체가 침체되었더라도 그 와중에 주가가 상승하는 기업은 존재합니다. 그런 기업을 발굴하는 쪽이 더 수익에도 도움이 되며 재미도 있지요. 저처럼 이런 감각으로 주식에 몰입하는 사람도 있음을 알아주셨으면 합니다.

언제 시작해야 할지(유리한지)는 아무도 알지 못합니다. 그러므로 언제 시작하더라도 상관없습니다. 다만 일단은 소액으로 시작해볼 것을 권합니다. 이를테면 주가가 반 토막이 나더라도 포기할 수 있을 정도의 금액이라고 할까요? 또한 닛케이 평균주가 등의 지표와 주가가 연동되는 유명 대기업이 아니라 주변에서 흔히 볼 수 있는 상품이나 서비스를 취급하는 작은 회사의 주식을 살 것을 추천합니다. 주주우대가 있는 종목부터 시작하는 것도 좋다고 생각합니다.

주주가 되면 그 기업을 좀 더 알고 싶어져서 관련 뉴스에 민감해집니다. 그리고 어떤 뉴스가 주가를 움직이는지 조금씩 알게 됩니다. 그 기업의 주가가 주식시장 전체와 어느 정도 연동되고 있는지도 실감할 수 있습니다. 이렇게 해서 자신이 몰랐던 세계를 맛보고 호기심이 커지면 다음 투자로 이어집니다.

처음부터 돈을 펑펑 벌려는 생각은 하지 않는 것이 좋습니다. 일단은 주식의 세계에 익숙해지는 것만으로도 큰 경험입니다. 작게 시작해서 익숙해졌다면 다음에는 어떤 투자가 자신에게 맞는지를 다양한 투자자의 저서나 블로그를 보면서 공부하면 됩니다. 저도 그렇게 해서 조금씩 성장해왔습니다. 실제로 성공한 개인 투자자 대부분이 상당한 독서가이며 스스로 공부를 계속해온 사람들입니다.

 결론 시장의 동향은 예측할 수 없으므로 언제 시작해도 상관없다. 그 대신 소액으로 시작해 경험을 쌓는다.

오를 만큼 올랐다고 생각해서 판 주식이 계속 올라서 후회했던 적이 있습니다. 어떻게 하면 그런 주식을 계속 가지고 있을 수 있을까요?

❋ 답변자

미키마루

저평가된 우대주를 선별해 장기 보유하는 '우대 가치주 투자'를 실천해 수억 엔의 자산을 쌓은 겸업 투자자이다. 블로그 '미키마루의 우대 가치주 일지'는 우대 마니아의 바이블로서 큰 인기를 모으고 있다.

가치(저평가)주 투자를 실천하는 개인 투자자들은 질문하신 것과 같은 경험을 자주 합니다. 저도 예외는 아니어서, 똑같은 일이 있을 때마다 후회해왔습니다.

가치주 투자에서는 PBR이나 PER, 배당수익률 등의 주가지표를 감안하거나 장래의 수익 증가 예상과 비교해서 현재의 주가가 저평가되었다고 판단한 종목을 매수합니다. 그러므로 지표 등으로 봤을 때 고평가되었다고 생각되는 수준까지 주가가 오르면 파는 것은 가치 투자자에게는 이치에 맞는 대응이라고 할 수 있습니다.

그런데 현실에서는 장기간에 걸쳐 저평가를 벗어나지 못하던 종목의 주가가 일단 오르기 시작하면 상승에 기세가 붙어서 고평가라고 생각되는 수준을 뛰어넘어 크게 오를 때가 종종 있습니다. 이런 종목을 상승 도중에 파는 것은 정말 아까운 일이지요. 가능하면 팔지 않고 계속 보유해서 예상을 웃돈 상승분도 손에 넣고 싶어지기 마련입니다. 물론 저도 그렇게 생각해왔습니다. 그리고 그것을 실현하기 위해서는 종목에 대한 견해를 도중에 변경할 필요가 있다는 생각에 이르렀습니다.

기세가 멈추지 않고 주가가 상승하는 종목은 더는 가치주가 아닙니다. 많은 투자자가 고평가인 종목을 사면서 성장주로 인식합니다. 그래서 저는 주가 상승의 기세에 올라타는 모멘텀 투자를 하고 있다고 인식을 전환해 고평가 상태여도 꾹 참고 보유하기로 했습니다.

기세를 타고 주가가 어디까지 오를지 예상하기는 불가능합니다. 그러므로 고점에서 팔려고 하지 말고 고점을 지나 주가가 하락하기 시작했을 때 팝니다. 다만 고점을 찍은 후에는 주가가 빠르게 하락할 때가 많으므로 재빨리 팔아치우는 것이 좋습니다. 스위스의 투자자 막스 귄터는 이것을 "가라앉는 배에서 뛰어내리는 것과 같다"라고 표현했습니다. 주식투자에서는 팔 때가 가장 어렵다고 하는데, 이 격언이 이 경우에도 적용됩니다. 판단이 안 선다면 그것이 진짜 고점이 아니었더라도 고가권에서 불안정한 움직임을 보인 뒤 10% 하락하면 판다는 식으로 규칙을 정하고 실행하는 것 또한 하나의 방법입니다.

 결론 저평가주가 예상 수준을 넘어서 상승할 경우는 의식을 바꿔서 계속 보유하고, 고점을 찍은 뒤 하락할 때 판다.

9

주식투자를 하면서 기업의 결산을 분석할 필요가 있다고 생각하는데, 너무 어렵습니다. 어떻게 공부해야 할까요?

❋ 답변자
다케우치 히로키

매출액이 연 5~10%, 당기순이익이 연 10% 이상 증가하고 있는 '중간 정도의 성장기업'의 주식을 저평가일 때 매수해 억 단위의 자산을 쌓았다. 주로 초보자를 대상으로 투자 정보를 제공하는 사이트 '쉽게 주식을 시작하는 방법'을 운영하고 있다.

먼저, 누구나 처음에는 '초보자'라는 사실을 다시 한번 인식했으면 합니다. 처음부터 기업의 결산을 완전히 이해할 수 있는 사람은 없습니다. 그러므로 "나는 숫자에 약해서…", "글자가 빽빽하면 현기증이 나서…" 같은 말을 하면서 멀리해서는 안 됩니다. 처음에는 자신이 알 수 있는 부분부터 이해해나간다는 자세로 부담 없이 시작하십시오.

기업의 결산서에 익숙해지기 위한 포인트는, 먼저 '비즈니스 모델이 친근하고 사업 내용을 구체적으로 연상할 수 있는 이해하기 쉬운 기업'의 결산서를 보십시오. 구체적으로는 외식기업이나 소매기업이 좋다고 생각합니다.

우동집을 예로 생각해봅시다. 기업의 결산서에는 크게 손익계산서, 재무상태표, 현금흐름표가 있는데, 일단은 손익계산서를 이해하는 데 집중합니다. 손익계산서에서 제일 먼저 나오는 '매출액'은 계산대에서 받은 돈의 합계입니다. '영업이익'은 매출액에서 우동집의 점포를 운영하는 데 필요한 비용(재료비와 인건비, 수도광열비 등)을 빼고 남은 이익입니다. 여기에서 세금을 빼면 '순이익'이 되지요. 상당히 간략화했지만, 이것이 사업에서 돈의 기본적인 흐름입니다. 이와 같이 비교적 돈의 흐름을 알기 쉬운 사업을 하는 기업의 결산서를 보면 숫자를 이해하는 포인트를 조금씩 파악하게 됩니다.

다음에 해야 할 일은 같은 회사의 과거 결산서를 보는 것입니다. 예를 들면 과거 5년분의 결산서를 이어서 봄으로써 '어떻게 성장(쇠퇴)해왔는가?', '회사의 계획은 어떻게 되고 있는가?', '회사의 실적 예상과 실제 숫자는 얼마나 차이가 나고 있는가?' 등 회사의 큰 틀이 대체적으로 보이게 됩니다. 과거의 자료는 미래를 상상하는 실마리가 되므로 회사를 알기 위해서도 확실히 알아둬야 합니다.

이렇게 해서 결산을 분석하기 위한 밑바탕을 만들었다면 투자 대상 회사의 최신 결산이 나올 때마다 내용을 확인합니다. 결산발표는 주가에 큰 영향을 미치므로 투자를 판단할 때도 중요한 이벤트이지요. 예상과 실제 숫자가 얼마나 차이가 났는지 확인하십시오.

결론 　외식기업이나 소매기업 등 친근하고 이해하기 쉬운 비즈니스 모델을 갖고 있는 기업의 결산서부터 시작해 서서히 이해의 깊이를 더한다.

개별주에 투자를 시작하려는 회사원입니다.
분산투자가 중요하다는 말을 들었는데,
보유하는 종목 수는 어느 정도가 적당할까요?

❀ 답변자

DAIBOUCHOU

부동산주 집중투자 등으로 6년 만에 200만 엔을 10억 엔까지 불린 실력자이다. 리먼 브라
더스 사태로 자산이 절반 이하까지 줄어드는 실패를 겪은 뒤에는 저평가주 투자로 전환한다.
운용자산은 서서히 회복 중이다. 블로그: http://daiboucho.seesaa.net/

주식투자에서 가장 이상적인 것은 주가가 큰 폭으로 오르는 종목에 집중투자 하는
것입니다. 하지만 주가 상승을 확실히 예상하기는 불가능하지요. 아무리 유망한
종목이라도 기대와 달리 주가가 하락할 수 있습니다. 이런 리스크를 회피하기 위
해 복수의 종목을 매수해 리스크를 분산해야 합니다.

저는 전업 투자자여서 종목의 조사와 분석에 시간을 들일 수 있기 때문에 100종
목 이상에 분산투자 하고 있습니다. 하지만 겸업 투자자의 경우는 이렇게 많은 종
목을 관리하기가 어려울 것입니다. 주가 상승에 따른 매각이익을 노리는 승부주라
면 5종목, 주주우대의 취득이 목적인 우대주라면 20종목이 보유 종목 상한선 기준
이라고 생각합니다.

승부주와 우대주의 상한선이 다른 이유는 우대주가 더 관리하기 쉽기 때문입니
다. 우대주의 경우는 기업의 결산이나 월간 매출액만 확인해도 됩니다. 하지만 승
부주의 경우는 조사해서 확인할 항목이 우대주에 비해 훨씬 많아집니다. 중기 경
영 계획에서 내세웠던 실적 목표의 진척 상황을 정기적으로 확인하고, 적시공시
정보를 자주 찾아보는 등 다양한 노력이 필요하지요.

이런 부담의 정도는 투자하려는 기업의 기업구조에 따라 달라집니다. 단일 사업
을 국내에서만 전개하는 기업과 다각화를 통해 복수의 서로 다른 사업을 국내외에

서 전개하는 기업 중에서는 후자가 조사해야 할 것이 압도적으로 많을 수밖에 없습니다. 그리고 확인해야 할 것이 많을수록 보유 종목의 수를 좁힐 수밖에 없겠지요.

승부주의 상한선을 5종목으로 설정한 이유는 조사·분석의 부담 때문만이 아닙니다. 종목의 수를 지나치게 늘리면 한 종목의 주가 상승이 포트폴리오 전체에 미치는 영향력이 작아져 자산을 크게 불릴 수가 없습니다. 이런 이유로 보유 종목의 수를 줄일 필요가 있습니다.

또한 보유 종목을 좁히는 편이 긴장감도 생깁니다. 적은 종목 중에서 성공작을 만들어야 하기 때문에 종목의 조사·분석에 진지하게 임하고 매매 타이밍도 심사숙고하게 됩니다. 이런 이점도 고려해서 일반적으로는 보유 종목의 수를 지나치게 늘리지 않는 것이 좋습니다.

 결론 　조사나 분석에 동반되는 부담이나 주가가 상승했을 경우의 영향력을 고려해 보유 종목의 수를 가급적 줄인다.

한 권으로 끝내는 기술적 분석의 모든 것
차트의 기술

김정환 지음 | 값 22,000원

기술적 분석 분야의 베스트셀러이며 스테디셀러이다. 투자가를 안전하게 지켜주고 투자의 중심을 꽉 잡아줄 나침반과 같은 책이다. 최고의 애널리스트가 설명하는 정통 기술적 분석에 관한 안내서로서 개인투자자라면 반드시 소장해야 하는 필수적인 책이다.

세계트레이딩월드컵 신기록 보유자의 마켓 사이클과 최적의 타이밍 매수법
장단기 투자의 비밀

래리 윌리엄스 지음 | 이은주 옮김 | 값 25,000원

투자 역사상 최고의 트레이더라 불리는 래리 윌리엄스의 국내 첫 번역본이다. 1987년 1만 달러를 110만 달러로 불리면서 세계선물트레이딩월드컵에서 우승한 사람으로, 여전히 그의 기록은 깨지지 않고 있다. 이 책은 래리 윌리엄스의 50년 매매 비법이 담긴 책이라고 할 수 있다. 변동성 돌파, 이익 패턴 등 매매기법은 물론이고 시장이 움직이는 방식, 주요 시장 주기, 저자가 개발한 지표와 분석법, 매수 시점과 매매 포지션 청산 시점, 손실을 최소화하는 방법 등이 상세히 적혀 있다.

세계에서 가장 비밀스러운 주식 투자 시스템
초수익 성장주 투자

마크 미너비니 지음 | 김태훈 옮김 | 김대현 감수 | 값 25,000원

'투자의 신'이라 불리는 마크 미너비니의 국내 첫 번역본이다. 이 책은 성장주 투자에 대해 다루고 있지만, 우리가 흔히 아는 테마주로 대표되는 위험한 성장주와는 거리가 있다. 마크 미너비니가 말하는 성장주는 재무제표 면에서 확실하게 성장하는 종목이다. 저자는 주식의 사이클을 1단계에서 4단계까지 그의 차트 예시를 통해 이야기하며 언제 사고팔아야 하는지를 알려준다.

일본 주식시장의 신
고레카와 긴조

고레카와 긴조 지음 | 강금철 옮김 | 값 17,500원

일본 주식시장의 신 고레카와 긴조의 자서전. 그의 일대기는 일본 주식시장 100년의 생생한 기록임과 동시에 일본 현대사의 살아있는 기록이기도 하다. 단순히 이론에 치우치지 않고 직접 몸으로 투자대상을 조사점검, 경기변동, 기업분석 및 정부정책에 대한 예측으로 대성공을 거둔 고레카와 긴조의 이야기다.

＊일러두기
이 책은 『일본의 주식 부자들 실천편』의 리커버판입니다.

나는 이 회사 주식으로 부자가 됐다!
일본 주식시장의 승부사들 II

초판 1쇄 발행 2020년 2월 20일
개정판 2쇄 발행 2023년 6월 16일

지은이 닛케이 머니 | 옮긴이 김정환

펴낸곳 (주)이레미디어
전화 031-908-8516(편집부), 031-919-8511(주문 및 관리) | 팩스 0303-0515-8907
주소 경기도 파주시 문예로 21 2층
홈페이지 www.iremedia.co.kr | 이메일 mango@mangou.co.kr
등록 제396-2004-35호

재무총괄 이종미 | 경영지원 김지선
편집 주혜란, 이병철 | 마케팅 김하경 | 표지 디자인 유어텍스트 | 본문 디자인 박정현

저작권자 ⓒ Nikkei Business Publications, Inc., 2017

ISBN 979-11-91328-82-0　03320

· 가격은 뒤표지에 있습니다.
· 잘못된 책은 구입하신 서점에서 교환해드립니다.
· 이 책은 투자 참고용이며, 투자손실에 대해서는 법적 책임을 지지 않습니다.

당신의 소중한 원고를 기다립니다. mango@mangou.co.kr